日本社会创业教育研究

刘原兵 —— 著

经济日报出版社

图书在版编目（CIP）数据

日本社会创业教育研究 / 刘原兵著 . –– 北京：经
济日报出版社，2021.9
　　ISBN 978-7-5196-0937-5

　　Ⅰ . ①日… Ⅱ . ①刘… Ⅲ . ①创造教育—研究—日本
Ⅳ . ① G40-012

　　中国版本图书馆 CIP 数据核字 (2021) 第 187289 号

日本社会创业教育研究

著　　者	刘原兵
责任编辑	门　睿
责任校对	王阿林
出版发行	经济日报出版社
地　　址	北京市西城区白纸坊东街 2 号 A 座综合楼 710（邮政编码 :100054）
电　　话	010-63567684（总编室）
	010-63584556（财经编辑部）
	010-63567687（企业与企业家史编辑部）
	010-63567683（经济与管理学术编辑部）
	010-63538621 63567692（发行部）
网　　址	www.edpbook.com.cn
E – mail	edpbook@126.com
经　　销	全国新华书店
印　　刷	廊坊市海涛印刷有限公司
开　　本	710×1000 毫米　1/16
印　　张	18
字　　数	265 千字
版　　次	2022 年 1 月第一版
印　　次	2022 年 1 月第一次印刷
书　　号	ISBN 978-7-5196-0937-5
定　　价	72.00 元

前　言

　　创业早已不局限于商业活动中，社会创业已经在全球范围内变成了一个火热的领域。对于持续时间过长的一些社会问题而言，作为解决方式的社会创业通常带来的是系统性变革，这些变革可能包括改变人们现有的观念、认知、习惯，甚至影响到一个国家的政策和立法环境等，从而从根本上助力于社会问题的解决。

　　作为一个热门的关注领域，大量的有志者投身于社会创业事业，并要求社会创业教育可以帮助他们解决在实践中遇到的问题，希望在社会创业教育项目中得到能力的提升。本研究以东亚近邻日本为研究对象国，利用大规模问卷调查与质性访谈研究相结合的方法，发掘了日本社会创业教育在内部生长与外部促进共同作用背景下的历史渊源，引入日本社会利益集团的概念，借鉴倡议政策联盟的分析框架，探究了日本社会创业教育政策的制定过程，并从不同的社会创业教育类型中选取了典型案例进行分析，以社会创业教育的目标、方法、内容为分析维度探索性地研究了日本社会创业教育的供需过程。

　　第一，日本社会创业教育的出现与全球化背景下社会创业教育的发展密切相关。根据大规模问卷调查，日本市民社会的不断发展、民众的社会贡献意识日益加强都为社会创业教育的发展提供了有力的内部环境，日本高等教育机构的改革也为大学参与社会创业教育活动提供了可能。

　　第二，日本社会创业教育是一个多部门涉及其中的领域。根据日本社会分析——利益集团的理论，对社会创业教育内的利益集团进行了厘定：政府部门、市民社会、市场力量、大学。借鉴政策倡议联盟的分析框架，通过对不同利益集团的日本社会创业教育政策制定专家的访谈，分析了以博弈和妥协为核心的日本社会创业教育政策制定过程。

第三，根据主导力量的不同将日本社会创业教育分为四种不同的类型：政府主导型、市民社会主导型、市场力量主导型、大学主导型，并对不同类型的社会创业教育进行了案例分析，对四种类型社会创业教育典型案例进行了访谈研究，分析了社会创业教育实践过程中供给与需求的特点，反馈了日本社会创业教育的实践状况。

本研究通过实证研究总结出了日本社会创业教育系统的构成体系，并进一步思考了日本社会创业教育的问题与经验，为我国发展社会创业教育提供了有益的思考和借鉴。

本研究为 2019 年浙江省哲学社会科学规划重点课题（19NDJC004Z）部分研究成果。

目 次

表目录

图目录

1

绪 论

　　创业作为一个曾局限在商业领域的概念，在 1995 年蒂蒙斯（Jeffry A. Timmos）的《创业学》（New Venture Creation）中被赋予了新的内涵，"创业是一种思考、推理和行动模式，是一种追求机会、权衡整体、具有领导能力的行为"。[①] 社会创业作为一种全新的创业形态，最先出现在美国和欧洲，自 20 世纪末开始走入公众视野并迅速发展。

　　近年，社会创业实践在世界范围内不断开展，特别是社会创业家尤努斯（Muhammad Yunus）获得 2006 年度诺贝尔和平奖后，这一现象引起了众多学者的关注。越来越多怀揣社会创业理想的人走入了课堂，为实现理想寻求自我提升。社会创业作为一种全新的创业模式，对创业者们提出了更高的要求，教育工作者在培养过程中会面对诸多矛盾与冲突。

　　在日本，每年有超过 3 万人自杀问题、以"暴走族"（飞车党，严重影响社会秩序）和"尼特族"（即 NEET，不读书、不就业、不进修或不参加就业辅导，终日无所事事的年轻人）为代表的青年人社会融入问题、空巢老人问题、没有年金收入的高龄贫困人群数量不断增加问题、跨越国境的环境问题等，一系列社会问题堆积如山。在倡导市民进行社会建设、步入"新公共时代"的语境下，由谁解决社会问题、由谁提供社会服务，成为了

---

① Timmons J. A. New Venture Creation：Entrepreneurship in the 21st Century［M］. Boston：Irwin - McGraw Hill，1999：53—54.

一个重要的课题。在该语境下，强调社会贡献不以赢利为目的，旨在解决社会问题的社会创业活动逐步走入人们的视野并得到了蓬勃发展。①

　　日本自 20 世纪 50 年代开始出现社会创业活动，其最初的实现形式是合作社，如农业合作社、消费者合作社等。到 20 世纪 80 年代后，日本出现了非营利商业企业，涌现出"大地宅配"（大地を守る会）、"和平之船"（Peace Boat）、"安全服务中心"（Anzen Center）、"公平贸易商会"（Fair Trade Company）等成功的社会企业。

　　2000 年，日本修改了社会福利法，明确提出了推进地区的社会福利事业目标，各都道府县纷纷制订了福利推进计划；同时日本民间社会团体、民间慈善组织等在为地区的福利发展、社会问题解决等方面都贡献了力量。日本政府先后制定了《新成长战略》（「新成長戦略」）、《产业结构变革2010》（「産業構造ビジョン2010」）、《新公共时代》（「新しい公共」）等政策，将社会创业作为一项国家战略来推动实施。

　　随着社会创业的发展，对社会创业者的要求逐渐提高，社会创业教育作为创业教育的拓展和深化，在全球范围内迅速发展。政府为社会创业教育的发展提供了政策环境，高等教育机构等社会组织纷纷投身于社会创业教育实践，市场力量也积极参与社会创业教育。对日本社会创业教育的研究，不仅可以反映实践过程中的诸多经验，也可为进一步发展社会创业教育提供重要的理论支持。

1.1　研究缘起与意义

1.1.1　研究缘起

1. 变革背景下的社会亟待创新创业

现代社会趋向多元和分化，随着社会的进步，私人空间内的个人选择

---

① 斎藤槙 . 社会起業家—社会責任ビジネスの新しい潮流 [M]. 东京：岩波书店，2004：46.

机会不断扩展，多元化、怀疑主义和个人主义已慢慢深入社会文化中。现代经济生活的全球化与人们以往所熟悉的环境产生了巨大的差异，这种差异也导致了诸多社会问题。

粮食、清洁饮用水、住房、医疗卫生等传统社会问题在世界很多地区仍未得到有效解决，甚至有愈演愈烈之趋势；而人口老龄化、气候变化、能源危机等新问题又接踵而至。同时，人们的需求层面也在悄然发生变化，从重视物质福利发展到重视精神世界的成长，从重视就业发展到强调工作体验。

在这种复杂的需求背后，实则是社会问题间错综复杂的关系，单一化应对策略已无法在解决问题的过程中发挥应有的作用，唯有寻找创新型解决方案方可达到解决问题的目的。各个社会主体已经逐渐意识到跨界合作在解决社会问题过程中的重要作用，社会创新已经逐渐成为一项协同工作，通过新的融合与合作方式，系统性地解决社会生活中共同面对的诸多问题。

越来越多的政界与学界人士认为消除社会痼疾需要社会创新。在创新创业领域，约瑟夫·熊彼特（Joseph A. Schumpeter）的创造性破坏理论（creative destruction）[1] 作为创新创业研究中的重要理论，是企业家理论与经济周期理论的基础。熊彼特语境下的创新，是从内部不断革新经济结构，不断打破原有结构，构建新的结构。社会问题的复杂性也决定了社会问题的解决同样需要创新创业，现代社会的各个主体已经开始认识到创新创业的重要作用。

作为社会领域的创造性变革，其表现形式多种多样，如企业、政府都可以是社会创新的主体。社会创新在促进社会发展和社会进步过程中的地位日渐凸显，在解决现代社会所面临的诸多社会问题、满足社会需求、创造社会价值等方面发挥着重要作用。而社会创新的最大意义在于实现解决社会问题过程中政府、企业、社会组织和普通公民的联合，这种趋势已经席卷全球。

---

[1] Schumpeter J. A. The Theory of Economic Development：An Inquiry into Profits，Capital，Interest，and the Business Cycle [M]. Cambridge：Harvard University Press，1934：327.

2. 社会创新依托于大量的社会创业者

时至今日，社会创新已经成为了全球范围内的焦点：2003 年社会创新领域的首本专业期刊《斯坦福社会创新评论》（Stanford Social Innovation Review）正式创立；2004 年伯恩斯坦的《如何改变世界》（How to Change the World）激励了无数的平凡人士成为改变世界的社会创业者；2006 年，尤努斯因创立格莱珉银行而获得诺贝尔和平奖，成为社会创新创业领域内的旗帜人物；2009 年，美国奥巴马政府成立了社会创新办公室（Office of Social Innovation），首推五千万美元的社会创新基金，以促进社会创新创业事业的发展；2012 年，英国制订大社会资本（Big Society Capital）金融机构协助社区计划，推动社会投资向慈善组织和社区公益团体倾斜；2014 年，欧盟全面启动社会企业支持计划（Social Bussiness Support Plan），推动商业手段在解决社会问题过程中的应用。

在过去的一个世纪，研究者对商业创业者进行了广泛的研究，分析了他们的行为、冒险和发展的导向，探索了他们的个人价值取向和内部控制点所在，寻求了一些线索用以解释商业创业者喜欢追求变化并善于利用变化的原因。以此为基础，对关于商业创业过程中的政策制定、体制性支持、商业创业者培养等开展了大量的理论研究，为实践发展提供了大量的理论参考。

与之相对，社会创业者较少受到大众的关注，直到 20 世纪末才逐渐走入大众视野。历史上，具备社会创业者特质的人一直被视为人道主义者或者圣人，在相当长的时期内都缺少对其的理论关注与研究。

在现阶段，社会创业者已经成为了参与社会创新的活跃主体，成为推动社会创新的重要推力。社会创业者具有强烈的社会使命感和实现社会目标的献身精神，具有创新创业能力和引领变革的能力，可以用创造性的方法来应对社会挑战，是社会变革的生产者。在世界范围内，社会创业者正在展示出自己的优势，以新的路径来回应社会问题，重构财富积累、福利提供与环境改善的全新创业模式。

3. 社会创业者呼唤社会创业教育的出现

近年来，关于"社会创业者"定义的尝试大量出现，学者格雷格·迪斯（J. Gregory Dees）把社会创业者称为"社会部门的变革促进者"，学者大卫·伯恩斯坦（David Bornstein）认为社会创业者具备以下特征："主动性、创造性、精力充沛、对结果执着的关注、自我修正的能力、对市场的深刻理解以及最重要的一点是对建立一个公正和人性世界的深刻承诺。"①

而在大量涌现的关于社会创业者的定义中，不乏认识上的误区，较为典型的是认为社会创业者是天生的而非后天培养的。其实只要对教育和经验持有基本认识就可以明辨这种看法的荒谬，教育和经验可以使人更加具有创新性、更加独立、具有更为清晰的目标。大量研究表明通过教育与培训，人们可以在掌控命运的意识层面上获得提升，对风险不确定的包容度会显著提高，自身的社会意识水平也会有明显的提升。

自 20 世纪 90 年代末，如何培养社会企业家，已经被欧美各国广泛关注，各种形式的社会创业教育和培训计划相继出现在一些商学院、社会创业研究中心以及社会创业基金会。

在众多培养社会创业者的机构中，大学一直占据着重要地位，特别是在大学社会服务功能日益被强调的语境下。在美国和欧洲，社会创业的相关课程大部分是作为商学院学生的选修课。社会创业的第一堂课始于 20 世纪 90 年代末，由哈佛大学格雷格·迪斯教授开设并讲授。据统计，目前遍布 35 个国家的 250 名教授正在积极开展社会创业教育，这些教授大部分来自于大学。

日本的社会创业教育要晚于欧美等国家，始于 21 世纪以后，仅就大学层面的社会创业教育而言，日本进行社会创业教育的大学虽数量不多，但均设立了社会创业相关的专业，均属于学位课程，学位层次覆盖了本科、硕士和博士。就目前而看，日本高校的社会创业教育方兴未艾，正处在朝阳期并且在实践过程中逐步形成了自己的特色和优势。

更重要的是，日本的社会创业教育类型多样，大学并不是唯一重要的力量。多方参与的态势形成了日本社会创业教育有别于其他国家的鲜明特

---

① David B. How to Change the World：SocialEntrepreneurs and the Power of New Ideas［M］. Oxford University Press，2007：45.

征，正基于此，才开始对日本社会创业教育进行研究考察。

1.1.2　研究意义

社会创业教育作为一种新生事物逐步走入人们的视野，以欧洲和美国为发端，扩散到全球。目前我国的社会创业教育尚不成体系，只有个别高校、民间组织在进行社会创业教育实践，而邻国日本的社会创业教育其源头与我们虽同出于欧美，但其发展态势却呈现出较鲜明于我国的差异性，因此对日本社会创业教育的发展过程与实践的分析有着重要的理论与现实意义。

第一，对日本社会创业教育的研究可以丰富我国对社会创业教育的理论研究成果，为我国的社会创业教育研究提供必要的研究参考。

社会创业作为一个新兴的研究与实践领域在中国方兴未艾，市民与市民社会组织推动的社会创新创业活动日益活跃。2010年开始举办的首届中国社会创新奖收到了161个社会创新项目申请，这在一定程度上反映了中国的社会创新创业最新态势。

社会创业教育作为推动社会创新、支持社会创业的重要推动力，在推动社会发展与进步、营造创新创业氛围的过程中至关重要。中国的社会创业教育发展缓慢，研究资料较少，研究成果匮乏，对国外社会创业教育的关注度明显不足，这种状况在很大程度上制约了我国社会创新创业的理论和实践发展。

第二，对日本社会创业教育的研究可以为我国创新型人才培养提供宝贵的实践经验，对进一步提升我国人才的创新能力大有裨益。

社会创业教育的本质是一种培养创新人才的教育，社会创业者所需的能力不是传统的学校教育或者社会教育所能提供的。社会创业教育的实践过程是学校、产业、社会多方合作的过程，这在日本社会创业教育的实践过程中有着鲜明的体现。

《国家中长期教育改革和发展规划纲要（2010—2020）》中明确提出了人才培养观念层面的更新，提出改革人才培养体制，推进初等、中等与高等教育的有机衔接，促进教学、科研、实践的紧密结合，实现学校、家庭、社会之间的密切配合，加强学校之间、校企之间、学校与科研机构之间的合作，形成体系开放、机制灵活、渠道互通、选择多样的人才培养体制。社会创业教育的内涵与实践很好地阐释了如何实现创新人才的培养，为完善我国的人才培养体制提供了参考。

第三，对日本社会创业教育的研究可以为我国理解日本市民社会发展、研究日本社会利益集团理论提供全新的探究视角，为深化我国的教育改革提供必要的理论支持。

日本社会创业教育的发展同日本的市民社会发展密切相关，2010 年，时任日本首相的鸠山由纪夫提出了"新公共时代"宣言①，至此，一直以来由日本政府部门担任的"公共服务"的角色，将逐步转变成以市民组织、企业法人等为主体。社会创业的发展打破了日本社会原有的利益集团格局，市民社会组织的影响力日渐增大，政府角色的转变初见端倪。

1.2　研究问题

社会创业教育作为社会创业的支持体系之一，其发展与实践是日本市民社会发展与利益集团博弈的缩影。对日本社会创业教育的研究可以从一个中观层面发现日本市民社会发展的现状，分析日本社会各个利益集团在教育领域内的博弈过程，为我国的教育改革提供一些有益的借鉴和思考。本研究拟解决的核心问题有：

第一，日本社会创业教育在怎样的背景下产生；

第二，日本对社会创业教育有哪些支持政策；

第三，日本社会创业教育支持政策的制定有着怎样的博弈过程；

第四，日本社会创业教育有着怎样的实践过程；

第五，日本社会创业教育的实践过程中各利益集团发挥着怎样的作用；

① 内閣府ホームヘーシ「新しい公共」円卓会議［EB/OL］http：//www5. cao. go. jp/entaku，2015－7－21.

第六，日本社会创业教育存在怎样的生态体系结构；

第七，日本社会创业教育对我国有哪些可借鉴和反思的经验。

1.3　研究思路与方法

1.3.1　研究思路

本研究通过对不同利益集团的分析，从日本社会创业教育的产生背景、政策决策、实践类型、供需反馈四个不同层面对日本社会创业教育进行深入分析，厘清日本社会创业教育发展过程中的矛盾与冲突，探索日本社会创业教育从无到有变迁过程中的主要推动力量，探究日本社会创业教育实践过程中的均衡抑或失衡状态。

本研究首先对国内相关研究进行了梳理，理清了社会创业与社会创业教育研究的基本脉络，基于已有研究，再对社会创业教育出现的历史经纬进行梳理，探索日本社会创业教育产生的原因和过程。

在梳理日本社会创业教育产生背景的基础上，本研究对日本的社会创业教育的政策决策过程进行分析：将日本学者辻中丰关于日本市民社会的分析理论——社会利益集团理论借鉴到对社会创业教育政策领域的研究，引入了政策倡议联盟这一政策分析工具，选取了日本社会创业教育系统内最主要的四个利益集团——政府、市民社会、市场、高等教育机构，通过对政策制定专家的访谈，分析在日本社会创业教育政策的制定与实施过程中不同利益集团的博弈与妥协过程。

在对日本社会创业教育政策分析的基础上，本研究深入到日本社会创业教育的实践领域，对日本现有的社会创业教育项目进行梳理，并根据主导力量的不同对日本社会创业教育进行类型分析。为深入分析不同类型社会创业教育的发展，研究采用了个案分析的方法，对每种类型的社会创业教育从产生背景到发展现状进行了分析。

在对日本社会创业教育进行类型分析的基础上，为辩证分析日本社会创业教育的实践状况，本研究对日本社会创业教育供需双方进行了访谈分析，探索日本社会创业教育过程中供需双方是否均衡，力图描绘出日本社会创业教育生态系统，为我国进一步开展社会创业教育提供经验借鉴，具体研究路线如图 1.1 所示。

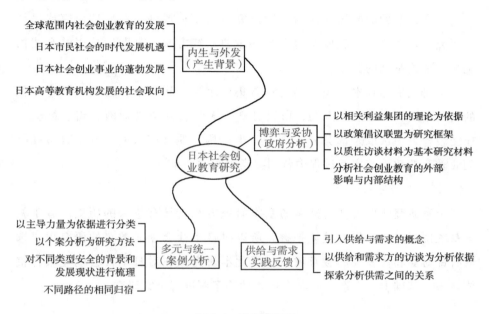

图 1.1　研究路线图

1.3.2　研究方法

1. 文献法

任何科学研究都是建立在前人和他人的研究成果之上，因此本研究首先对大量文献和资料进行了系统的梳理与总结。对与社会创业、社会创业教育、市民社会相关的中外研究文献，特别是对日本的相关研究进行了深入的分析，在文献分析的基础上提出了本研究的研究框架。

2. 问卷调查法

鉴于对日本社会创业现状的研究缺乏相应的文献，为了更好地阐释日本社会创业教育发展的语境，全面反映日本社会创业教育的发展背景，丰富日本社会创业的研究资料，本研究依托日本同志社大学社会创业研究中心的平台，开展了对日本社会企业的大规模问卷调查，从量化的角度清晰地呈现出日本社会对社会创业的认知水平、从业人员及收入规模、行业分布、组织形态、收支状况、发展方向等层面的发展现状。

3. 访谈法

社会科学领域的访谈作为一种研究方法不可或缺，在质性研究或民族志研究中，访谈都是获取实地资料的主要研究方法，其背后是以社会建构主义为理论基础的。

本研究借鉴日本市民社会的利益集团理论，从日本社会创业教育相关的利益集团——政府、市场、市民社会、大学、社会创业教育者、社会创业受教育者中选取了部分样本进行了半结构访谈，深入地发掘了日本社会创业教育的政策与实践过程中各利益集团间的关系。

4. 个案研究法

个案研究法作为社会科学的基本研究方法，具有悠久的历史。鉴于教育系统情况复杂，很难整体把握，所以对日本社会创业教育的研究更要选取有针对性和代表性的教育项目。因此本研究拟在对日本社会创业教育整体梳理的基础上，选取一些具有代表性的案例进行个案研究。

1.4　核心概念界定

1.4.1　社会创业

全球范围内对创业都表现出了高涨的热情，一些国家甚至将创业置于经济发展助推器的地位，从普通民众的角度来说，成功的创业可能会带来财富，从社会的角度来说，创业的过程本身就推动了社会的发展。但同传统意义上的商业创业相比，社会创业还是一个新兴的概念，社会创业的定义至今还未形成一个标准化的表述，概括起来主要有以下几种观点：

（1）从运作方式的角度来理解社会创业。学者里斯（Reis Tom）认为"社会创业就是将商业机制和市场竞争引入非营利组织，从而让这些组织以更高的效率为社会提供服务"[①]；帕蒙安迪（Pomerantz Mark）等学者也持类似的观点，认为社会创业之所以取得成功，其关键是引入了商业方法[②]。

（2）从双重性质的角度来定义社会创业。帕雷多（Peredo）和麦克考林（Mclean）认为社会创业者在创业过程中必不可少地会运用到商业化手段，同时其具有明确的社会目标，因而可以创造社会价值；学者格里高利·迪斯（J. Gregory Dees）认为社会创业包含两个概念：一是通过创新变革的方法解决社会问题，创造社会效益，二是运用商业经营模式创造造福社会的经济效益[③]，因此他从以下四个维度对社会创业进行定义：①社会创业可以持续地产生社会价值；②通过社会创业可以不断识别到新的机会；③社会创业的过程是不断创新、适应和学习的过程；④社会创业通常可以打破目前的资源限制。

（3）通过社会创业的组织性质来界定社会创业。约翰逊（Sherrill Johnson）认为社会创业的组织模式是以混合为特点的，既包括营利组织的活动，也包括非营利组织的活动以及政府跨部门的活动。[④] 这就意味着社会创业承担主体行为的多样化，既包括非营利企业的商业运作行为，也包括营利企业和非营利性组织开展的带有社会福祉性质的商业活动，还包括营利企业开展的企业社会责任活动。

以上的分析反映了学者们对社会创业理解视角的不同，但其中的共同点是不容忽视的：①社会创业具有高度的社会使命取向，通过创新变革实现社会目标，社会效益重于经济效益；②社会创业的创新性主要是通过组织模式创新来实现，即非营利组织的商业化运作，经营所得不用于分红，而是用于弥补公益资金的不足。

---

① Reis T. Unleashing the new resources and entrepreneurship for the common good: A scan, synthesis and scenario for action [EB/OL]. http://www.wkkf.org/Pubs/PhilVol/Pbu592.pdf, 2014－10－12.

② Pomerantz M. The business of social entrepreneurship in a "down economy" [J]. Business, 2003, 25 (3): 25－30.

③ Dees J. G. New definitions of social entrepreneurship: Free eye exams and Wheelchair drivers [EB/OL]. http://www.fuqua.edu/admin/extaff/news/faculty/dees＿2003.htm, 2014－3－21.

④ Johnson S. Literature review on social entrepreneurship. Canadian Centre for Social Entrepreneurship [EB/OL]. http://www.bus.uallberta.ca//ccse/Publications/Publications/Lis.20Rview％20SE％, 2014－3－21.

从更简单、直观的角度来理解社会创业，即是社会创业者创办社会企业进行的创业活动。社会企业是社会创业活动的组织载体，而社会创业活动就是创办和运营社会企业的活动，是社会企业通过提供新产品和新服务的方式达成社会目标的过程。

综上所述，本研究认为社会创业具有以下共同的特点：①具有明确的社会目的与社会使命；②以解决社会问题为导向，其实践重点在于对社会价值的创造；③组织模式的创新是社会创业实现的重要手段。

本研究认为社会创业是在"社会"和"创业"两个关键维度中寻求平衡的艺术。从社会层面看，社会创业致力于解决社会问题，为弱势群体服务，提供公共机构和自由市场体系并不能充分提供的对社会有益的产品；从创业层面看，社会创业将创新、创业的经济目标和社会目标整合起来，是新型、更高层次的创业活动。

1.4.2 社会企业

学界对社会企业概念研究的时间并不长，但商业与公益的结合可以追溯到 12 世纪，当时很多带有互助性质的行业协会出现在欧洲，这些行业协会的出现不仅影响了地方经济的发展，还承担了社区建设，修建学校、医院、济贫所等任务。进入新千年，社会企业呈现出了加速发展的趋势。目前，对于社会企业尚未形成普遍接受的权威定义，因此在介绍什么是社会企业时，多引用美国和英国的研究成果。

美国对于社会企业的定义最常见的是"企业化运作的非营利机构"①（enterprising nonprofits），或者更具体一点，用美国社会企业联盟（Social Enterprise Alliance）的定义："社会企业是一个用市场化的战略来实现社会使命的组织或组织的分支机构。这些战略包括用直接交换产品、服务和优惠待遇的方式获得收入。"②

---

① Dees J. G. et al. Enterprising Nonprofits：A Toolkit for Social Entrepreneurs [M]. John Wiley and Sons, Inc. 2001：233.

② Social Enterprise Alliance. Social Enterprise：a portrait of the field [R]. Social Enterprise Alliance，2009：1.

与美国社会企业相对应的是光谱图，如图 1.2 所示，其以简明直观的方式阐释了介于纯粹营利性商业企业与纯粹非营利性组织之间的四类组织，从社会企业在光谱中的位置来看，社会企业的首要目的是实现社会使命。

美国对于社会企业的定义以及光谱图强调了非营利组织必须有明确的"市场化战略"来实现财务的可持续性，这直接呼应了美国第三部门的发展现状，为组织在营利与非营利之间的转换提供了可能的路径。美国的社会企业没有从治理结构、雇用方式以及创造更广泛的社会价值的角度来定义，这也意味着在欧洲以合作社、互助社等形式存在的集体经济形态都被排除在外。

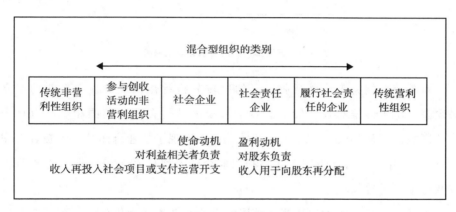

图 1.2　美国社会企业光谱图①

英国对于社会企业的定义普遍采用英国贸易与工业部在 2002 年给出的定义："拥有基本的社会目标而不是以最大化股东和所有者的利益为动机的企业，所获得的利润都再投入企业或社会中。"②

英国在界定社会企业时倾向于采用非线性的方式来描述社会企业的不同缘起，如图 1.3 所示，既有非营利组织为了获得更灵活的收入来源转型成为社会企业，也有政府公共服务的民营化，还包括商业背景出身的个人创

---

① Dees J. G. Social Enterprise：Private Initiatives for the Common Good ［R］. Harvard Business School，1994：13.

② Office of the Third Sector. Social Enterprise Action Plan ［J］. Scaling，New Heights，2006：10.

建的社会价值驱动企业，更包括传统的合作社、社区企业以及从中发展出来的更多变体。

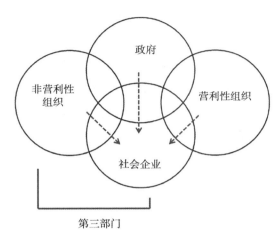

图 1.3　英国第三部门与社会企业来源①

　　对英美两国关于社会企业定义的比较分析旨在例证对社会企业的定义必须兼顾历史传统与现实影响。日本传统的社会企业同英国相似，也是合作社形式的。从 20 世纪 50 年代开始，日本出现了农业合作社、消费者合作社，到 80 年代，日本出现了非营利商业企业，集中在绿色农业、老年看护以及公平贸易等领域。

　　据日本经济产业省的估算，英国的社会企业市场规模已经达到了 5 兆亿日元，而日本的社会企业市场规模仅仅在 2 千亿日元左右。就市场规模而言，目前日本的社会企业市场与社交媒体市场相当，都具备相当的成长空间。

　　据日本经济产业省社会创业研究会的估算，日本潜在的社会企业市场有 2 兆亿日元之多。目前显现出的市场规模，仅为整体市场规模的十分之一，如何激发潜在的社会企业市场是日本社会创业发展需要面对的问题。

　　简单而言，社会企业就是致力于解决社会问题的创业类型。谈到一般

———————————

① 　Westall. A. Value – led, market – driven [J]. Institute for Public Policy Research，2001：45.

企业的模式，事业性和创新性是不可或缺的要素。而对于社会企业而言，还要关注社会性。社会企业以创业为手段，目标指向于社会问题，致力于创造新的社会价值模式和社会组织。因此，旨在培养社会创业人才的教育课程，与通常的 MBA 课程相比，要面对更多的障碍。

1.4.3　社会创业者

社会创业者，英文为"social entrepreneur"，其中单词"entrepreneur"的意思为"着手工作"，法国经济学家巴蒂斯特·萨伊（Batiste Say）扩展了这一概念，指为了创新从而承担风险和不确定性的人。对"social entre-preneur"，一些学者译为社会企业家，本研究使用"社会创业者"，意指社会创业活动的行动者与发动者、社会企业的创办者，既包括已经创立社会企业的企业家，也包括正在创业过程中的创业者。

国外学者从不同的角度定义了社会创业者。最先开创性地将企业家相关理论引介到社会创业领域，提出社会创业者概念的学者是威廉·德雷顿（William Drayton），他认为企业家不仅要从经济层面上注重企业发展，更要关注社会的进步。自此，企业家理论正式走出了经济的藩篱，德雷顿也成为社会创业者理论的鼻祖。

美国管理学家彼得·德鲁克（Peter Drucker）认为社会创业者是特殊的经济参与者，他们将经济资源从较低的领域转入具备更高生产力和产出的领域；学者格里高利·迪斯认为社会创业者是在社会中充当部分改革推动者角色的人[1]，社会创业者把实现社会价值作为自身使命，为了完成使命不断主动识别机会，参与社会价值的创造，他们的行动往往并不受制于外在条件，对目标服务对象显示出高度的责任感。

学者汤普森、艾维和里斯（Thompson，Alvy & Lees）则将社会创业者定义为那些意识到国家福利体系存在缺陷的人，而这些社会创业者的主要

---

[1]　Dees J. G. Enterprising nonprofits：What do you do when traditional sources of funding fall short? [J]. Harvard Business Review，1998：55－67.

工作就是集中力量弥补这些缺陷。①

日本在法律上还没有给社会创业者下一个明确的定义，而是认为社会创业者主要指那些运营 NPO 组织和以从事社会性业务为目的的个体。为了更加有效、高效地解决地区性社会问题，日本越来越重视 NPO 等市民活动的业务性，对于社会创业者的关心程度也不断提高。

综上所述，虽然对社会创业者的概念目前尚没有统一的清晰界定，但其本质内涵却已基本形成共识：社会创业者们借鉴企业的运作模式致力于建立一个更好的社会。与商业企业家相比，他们追求的并非经济利润，而是将企业家精神和创造力投入社会问题的解决过程。

社会创业者也并非传奇故事中的标新立异者或圣人，他们的来源很广泛，是社会责任感促使他们长期关注社会问题，进而发现新的机遇，构建新的组织，解决社会问题。伯恩斯坦在其 2005 年的研究中指出，一个社会创业者具有以下特征：精力充沛、具有较强的主动性和创造力、对结果抱有执着的关注、具备自我修正力、对市场有着深刻的理解力和洞察力，还有最重要的一点是有建立公正和人性世界的理想。本研究认为除了上面列出的特征外，还需要增加一条：强烈的社会意识。

1.4.4　社会创业教育

社会创业教育致力于培养解决社会突出问题、具有创新创业思维和能力的社会创业者，在政府、市场等相关利益者之间形成创新性社会治理模式。②

随着创业教育研究与实践的不断深入发展，发达国家已开始逐渐认识到创业教育并不应仅局限在经济领域，社会发展的其他领域同样需要具有创新精神的创造性人才。正基于此，创业教育开始日渐关注社会公益领域，特别是高校创业教育与知识创造传承、学术科技创新、服务社会促进经济发展的相结合，这些实践本身就具有高度的社会性。

① Thompson J. G. & Alvy A. L. Social entrepreneurship：A new look at the people and the potential [J]. Management Decision，2000，5（6）：328－338.
② 徐小洲，倪好. 社会创业教育：哈佛大学的经验与启示 [J]. 2016，1：143－149.

本研究认为社会创业教育是创业教育的创新、发展与深化，其主要表现为：

（1）社会创业教育拓展了创业教育的原有边界，创业不再只囿于营利性组织，还包括非营利性组织，以及各类混合组织，同时，更将创业拓展到对社会问题关注的层面上。

（2）社会创业教育将培养受教育者的社会责任感和担当精神作为首要目标，以社会利益为引领导向，使得受教育者在实现社会目标的同时完成自身的发展和蜕变。

（3）社会责任理念的培养极大地充实了原有的创业教育内容，产生出了社会创业教育的组织与运行新模式。社会创业教育使创业教育的理论与实践领域都更加丰满，通过社会创业教育，创业理念延伸到社会问题解决领域，极大地拓宽了创业实践范围。

（4）社会创业教育突出的社会性特征使得原有的创业教育组织模式不再能适应其要求，社会创业教育在组织模式层面的创新也为创业教育的发展提供了新的方向和可能，社会创业教育领域的开放性使得更多社会力量可以参与其中，这从一定程度上解决了创业教育一直以来所存在的师资、课程困局。

站在创业教育视野之外，以大教育观的视角来看待社会创业教育，其与育人的教育本质有着高度的契合。将社会创业教育置于基础教育阶段，其核心在于启迪学生的社会意识；将其置于高等教育阶段，其核心在于激发学生的社会问题与社会责任意识，促使学生投身于社会创业事业；将其置于成人教育阶段，其核心在于解决社会创业者实践中的难题。这种持续性、终身性的特点正契合了时代发展对教育提出的新要求。

1.5 相关研究发展与综述

作为一个全新的研究领域，学术界对社会创业问题的研究尚处在起步阶段，而早期对社会创业的研究也都处在商业创业领域的边缘。社会创业领域的前沿学者之一默里洛（Murry Low）将这一研究领域形容为"杂货铺"①，斯科特沙恩（Scott Shane）也持同样的观点："尽管社会企业家在世界经济范围内高度活跃，商学院也有相关的课程，然而对社会创业的学术化研究还很有限。"②

这种窘态反映了学科间关注点的巨大差异，来自不同学科的研究者带着各自学科特有的先见注视着社会创业领域，并且在不同学科的语境下来定义社会创业。尽管如此，在社会创业研究过程中还是形成了一些共识，也只有借由这些基本共识，本研究才得以划定学术边界并在力所能及的范围内进行讨论。

1.5.1　社会创业研究的发展与综述

"伴随着研究的发展，是时候停下脚步去回顾那些我们已经做过的，并展望未来新的方向以便迎接新的挑战。"③ 这一创业研究领域的著名论述，也成为了回顾社会创业研究的出发点与归宿。

社会创业作为近年来异常活跃的研究课题与实践领域，在全球范围内得到了迅速地发展。究其原因是社会挑战的不断出现、政府功能在一些社会领域内的失效，而与此同时具备高度社会责任感的社会创业者们又不断涌现。

有研究者指出社会创业者们所提供的解决社会问题的路径与手段往往要优于政府部门④，越来越多的实践者与研究者走入社会创业领域。当然也有一些学者对社会创业领域的研究提出了质疑，认为目前的大量研究都处在初级阶段。⑤ 本研究将对现有文献进行计量分析，以求更为清晰地展现社

① Low M. B. 2001. The Adolescence of Entrepreneurship Research: Specification of Purpose [J]. Entrepreneurship Theory and Practice 36: 17－25.

② Shane Scott A. Introduce to the Focused Issue on Entrepreneurship [J]. Management Science, 2006, 52: 155.

③ Low M. B. & MacMillan I. C. Entrepreneurship: Past Research and Future Challenges [J]. Journal of Management, 1988, 14: 139－161.

④ Kickul J. & Lyons T. S. Understanding Social Entrepreneurship: The Relentless Pursuit of Mission in an Ever Changing World [M]. London: Routledge, 2012: 294.

⑤ Nicholls A. The Legitimacy of Social Entrepreneurship: Reflexive Isomorphism in a Pre-Paradigmatic Field [J]. Entrepreneurship Theory & Practice, 2010, 34 (4): 611－633.

会创业这一领域内的研究状况。

1.5.1.1　国外（除日本外）社会创业研究的发展与综述

自 20 世纪末开始，社会创业受到了学者和实践者的关注，并且成为了国外学术研究的新热点。在 Google 学术搜索中以"社会创业（social entrepreneurship）"为主题词进行检索，其相关信息高达 46 万条，这从某种程度上反映了社会创业引起的极大关注与研究兴趣。以"社会创业（social entrepreneurship）"为主题词在 Web of Science 数据库中进行检索，共有 2199 篇相关文献，详见图 1.4 所示。

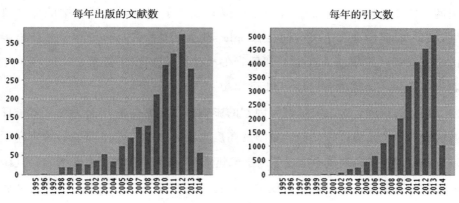

图 1.4　社会创业历年相关文献数和引文数

通过对社会创业研究文献的计量分析，可以得出在社会创业学科的研究过程中有五个重要的领域：

1. 文献的增长过程

"社会创业"这一名词何时首次出现已无从考证，但其首先出现在出版的专业文献中的时间是 1954 年，威廉·帕克（William N. Parker）在其著作《经济学史》（The Journal of Economic History）中对德国创业形式进行了简要的阐述，提出"对于德国工矿企业者而言，创业类型是创业行为与热情的外在表现形式。通常最直接的表现是对商业创业行为的关注，直接进行商业创业，创造就业岗位，关注利益追求；同时也会有人关注德国社会结构的种种问题，关注其发展过程中的失衡与偏差，这种热忱则是社会创业产生的起点"。① 随着社会的发展，社会创业的内涵也在不断发生变化，但促进社会流动仍然是社会创业的一个重要视角。可以说，帕克打开了社会创业研究之先河。

但在帕克之后的近 30 年间，几乎没有研究者触碰这一领域。特别是从文献计量学的视角而言，以领域内的主要学术出版物为界限，与社会创业相关的文献在 20 世纪 60 年代之后的 30 年间都没有被引用过。直到 1985 年出现了两个出版物才再次关注了社会创业问题，分别来自美国和荷兰。

此后，社会创业的相关研究持续增多，特别是 1999 年到 2000 年间，相关的研究文献增长了一倍。社会创业逐渐成为了创业研究领域中的重要议题，以"社会创业"为关键词在 google scholar 中检索，2009 年一年新出版的研究文献已经超过了 1000，到目前在 google scholar 中检索，2014 年一年新出版的相关研究文献已经达到了 2370。

排除数据库、检索关键词等因素的影响，社会创业的相关研究文献呈现几何级的增长趋势。从文献计量学的角度来看，这标志着出现了新的研究领域或者在现有学科领域中出现了"学术热点"。作为"学术热点"而言，其研究文献的数量基本上呈现抛物线形式，首先逐步增长，在达到一个峰值之后又呈现逐年下降的趋势。而作为新出现的研究领域而言，研究文献的数量也是在最初呈现增长趋势，过程中会出现下降、增长等反复情况，呈现波动形式，但总体上每年会保持在稳定状态或者出现较多数量的研究文献。

对于"社会创业"而言，如果有固定的研究机构、稳定的研究人员以及培养有关研究人员的课程，社会创业就有可能成为新的研究领域，而不仅仅只停留在学术热点这个层面。因此本研究将对社会创业的制度化进展进行分析。

2. 学术界的制度化进展

对特定研究主题在学术界的制度化程度测定主要有 7 个指标（其中的前 6 项可以从文献计量学的角度进行分析），这 7 个主要指标分别是：

---

① Parker W. N. Entrepreneurship, Industrial Organization, and Economic Growth: A German Example [J]. The Journal of Economic History, 1954, 14 (4): 380-400.

（1）与之相关的独立期刊的出现

近年来，出现了一系列有关社会创业的学术期刊，包括《斯坦福社会创新评论》（Stanford Social Innovation Review，2003），《社会企业杂志》（Social Enterprise Journal，2004），《社会责任杂志》（Social Responsibility Journal，2005），《创业社区杂志》（Journal of Enterprising Communities，2007），《社会创业杂志》（Journal of Social Entrepreneurship，2010）以及《国际社会创业与创新杂志》（International Journal of Social Entrepreneurship and Innovation，2011）等。

而《发展型创业杂志》（Journal of Developmental Entrepreneurship，1995）一直以来持续关注社会创业问题，早在社会创业走入大众视野之前，该期刊在对商业创业关注的过程中就已经渗透了社会创业的一些理念。同时也有一些期刊是专门关注社会创业问题的，如《世界商业杂志》（Journal of World Business）。另外，一些商业杂志也从不同的角度关注社会创业问题，如德国的商业杂志《经济与人》（enorm：Wirtschaft und Mensch）。

（2）相关研究成果被学科内顶级期刊接收的情况

如果某研究的相关成果被学科内顶级期刊所采用，那么此研究便会赢得巨大声誉与关注度。与所有新生事物一样，新的研究领域也要面对初来乍到的窘迫以及规模尚小、被人忽视等尴尬局面。所以这些研究领域的成果在顶级期刊上的发表可以说是该研究领域自身的转机，可以吸引更多研究者的关注，让更多的研究者加入该领域的研究。

另外，一些新的研究领域也可以被划归于现有研究领域之下，如社会创业研究通常被认为是创业研究的深入与发展，创业研究的顶级期刊都在最近开始关注社会创业，《创业理论与实践》（Entrepreneurship Theory & Practice）于 2006 年出版了第一篇关于社会创业的文章（Austin，Stevenson and Wei - Skillern 2006），《商业创投杂志》（Journal of Business Venturing）则在 2009 年出版了第一篇关于社会创业的文章（Mair and Martí 2009；Zahra et al. 2009）。

但是，综合性顶级期刊，如《管理学报》（Academy of Management Journal）、《管理学评论》（Academy of Management Review）、《管理科学》（Management Science）等到目前为止尚未发表社会创业相关的研究成果（截止 2014

年），不过，美国管理学会年会已经开始接受社会创业方面的投稿并设立了专门的工作坊，将一些优秀研究成果出版在《管理学习与教育学报》（Academy of Management Learning & Education）和《管理透视》（Academy of Management Perspectives）上，顶级期刊《管理科学季报》（Administrative Science Quarterly）也对社会创业领域作了两页的最新文献综述。

社会创业研究如果持续目前的发展趋势，更多的顶级期刊很快会出版与之相关的研究成果，但是目前有关社会创业的研究，主要还停留在对理论进行辨析的研究阶段，关注社会创业定义、内容等基本理论内容，在研究方法方面以定性研究为主，缺乏对社会创业实践领域的关注。

（3）相关研究独立编辑成册并出版

目前已经有大量有关社会创业的研究成果被编辑成册、独立成书出版发行，这股潮流开始于 20 世纪 90 年代并且自 2004 年有了明显的增长，在此期间出现了一些有影响力的研究，如莱得比特（Leadbeater C.）、伯恩斯坦（Bornstein D.）等一大批学者在该领域内的不断研究。[①]

此外还有一些出版物与社会创业领域密切相关，如《小微金融：趋势

---

① Leadbeater C. The Rise of Social Entrepreneurship ［M］. London：Demos，1997. Bornstein D. How to Change the World：Social Entrepreneurs and the Power of New Ideas ［M］. Oxford，UK：Oxford University Press，2004.

Mair J.，Robinson J. & Hockerts K. Social Entrepreneurship ［M］. Basingstoke, UK：Palgrave Macmillan，2006.

Nicholls A. Social Entrepreneurship：New Models of Sustainable Social Change ［M］. Oxford，UK：Oxford University Press，2006.

Perrini F. The New Social Entrepreneurship：What Awaits Social Entrepreneurship Ventures? ［M］. Northampton：Edward Elgar，2006.

Shockley GE.，Frank PM. & Stough RR. Non – market Entrepreneurship：Interdisciplinary Approaches ［M］. Cheltenham：Edward Elgar，2008.

Ziegler R. An Introduction to Social Entrepreneurship：Voices，Preconditions，Contex ［M］. Cheltenham：Edward Elgar，2006.

Fayolle A. and Matlay H. Handbook of Research on Social Entrepreneurshi ［M］. Cheltenham：Edward Elgar，2010.

Seymour R. Handbook of Research Methods on Social Entrepreneurshi ［M］. Cheltenham：Edward Elgar，2011.

Volkmann C.，Tokarski K. O. & Ernst K. Background，Characteristics and Context of Social Entrepreneurship ［C］. Volkmann，C et al.（ed）：Social Entrepreneurship and Social Business：An Introduction and Discussion with Case Studies，Wiesbaden etc.：Springer Gabler，2012.

与挑战》（Microfinance：Emerging Trends and Challenges）和《欧洲小额信贷手册》（Handbook of Microcredit in Europe）。

（4）在原有学科会议中为新出现的研究领域开辟独立的分会场或举行独立的学术年会

会议：社会创业已经被创业研究的顶级学术会议列入议程，如百森商学院创业研究会议（The Babson College Entrepreneurship Research Conference）、澳大利亚创业研究交流中心年会（Australian Centre for Entrepreneurship Research Exchange Annual Conference）、国际小企业世界大会（International Council of Small Business World Conference）等。

美国管理学年会自 2010 年开始已经有关于社会创业的主题演讲并设立了与社会创业相关的工作坊。有关社会创业的第一个学术年会——萨特社会创业大会（Satter Conference on Social Entrepreneurship）始于 2004 年。目前广为人知的是纽约大学斯特恩商学院举行的社会创业年会（NYU - Stern Conference on Social Entrepreneurship）。[1]

（5）相关教学材料不断增加，出现相关课本、教学材料等

教学材料的发展：全球的顶级商学院，包括哈佛商学院（Harvard Business School），西班牙 IESE 商学院（Instituto de Estudios Superiores de la Empresa），凯洛洛商学院（Kellog School of Management），西安大略大学毅伟商学院（Richard Ivey School of Business）以及香港大学（University of Hong Kong）都已经出版了有关社会创业的案例研究等教学材料。有关社会创业的最早专著是出版于 2012 年的《理解社会创业》（Understanding Social Entrepreneurship）和《社会创业与社会商业》（Social Entrepreneurship and Social Business）。

（6）出现相关领域的固定教职、教席、中心或者机构等

学术机构：社会创业中心出现在不同的国家和地区，具体如下所示（以社会创业机构首英文字母为序）（除日本外）：

---

[1] NYU - Stern Conference on Social Entrepreneurship [EB/OL] http：//www. stern. nyu. edu/experience - stern/about/departments - centers - initiatives/centers - of - research/berkley - center/programs/social - entrepreneurship/annual - conference - of - social - entrepreneurs.

• 阿育王麦肯锡社会创业研究中心（Ashoka McKinsey Center for Social Entrepreneurship）

• 加拿大艾伯塔大学社会创业中心（Canadian Centre for Social Entrepreneurship at the University of Alberta）

• 迈阿密大学（牛津）社会创业中心（Center for Social Entrepreneurship at Miami University）

• 杜克社会创业进展中心（Center for the Advancement of Social Entrepreneurship at Duke）

• 德国欧洲商学院社会创新与社会创业能力中心（Competence Center for Social Innovation and Social Entrepreneurship at European Business School，Germany）

• 柏林创世纪社会商业与影响策略研究所（Genisis Institute for Social Business and Impact Strategies in Berlin，Germany）

• 太平洋大学全球社会创业中心（Global Center for Social Entrepreneurship at the University of the Pacific，California）

• 法国英士国际商学院社会创新中心（INSEAD Social Innovation Center in France）

• 美国国立社会创业中心（US National Center for Social Entrepreneurship）

• 梅西大学新西兰社会创新与创业研究中心（New Zealand Social Innovation and Entrepreneurship Research Centre，Massey University）

• 瑞士日内瓦大学社会创业者学院（School for Social Entrepreneurs，University of Geneva，Switzerland）

• 瑞士日内瓦施瓦布社会创业基金会（Schwab Foundation for Social Entrepreneurship in Geneva，Switzerland）

• 牛津大学斯科尔社会创业中心（Skoll Centre for Social Entrepreneurship at Oxford University，UK）

• 哈佛大学戴维洛克菲勒中心社会企业知识网络（Social Enterprise Knowledge Network at Harvard University's David Rockefeller Center）

·德国慕尼黑斯塔森克创业中心社会创业部（Social Entrepreneurship Department at the Strascheg Center for Entrepreneurship in Munich，Germany）

·佩斯大学威尔逊社会创业中心（Wilson Center for Social Entrepreneurship at Pace University，New York）

除了这十五个发展突出的社会创业研究中心之外，其他有关社会创业的研究机构也在不断涌现，在全球范围内逐步形成了社会创业研究的网络。社会创业之所以可以得到迅速发展，其原因之一是其不仅符合学生的需要，还很好地满足了社会的需求。

在一些国家，社会创业研究的教席与教授制度已经形成，除了以上提到的社会创业中心外，在全球范围内一些大学（除日本外）也设立了研究机构[①]：

比利时：根特管理学院（Belgium：Vlerick Leuven Gent Management School）

加拿大：卡尔加里大学（Canada：University of Calgary）

丹麦：哥本哈根商学院（Denmark：Copenhagen Business School）

德国：吕讷堡大学（Germany：the Leuphana University Lüneburg）

印度：塔塔社会学院（India：Tata Institute of Social Sciences）

菲律宾：亚洲管理学院（Philippines：Asian Institute of Management）

荷兰：鹿特丹管理学院（Netherlands：Rotterdam School of Management）

英国：剑桥大学，诺丁汉大学（United Kingdom：University of Cambridge，University of Nottingham）

美国：波特兰州立大学，巴布森学院，斯坦福大学工商管理研究生院（United States of America：Portland State University，Babson College，Stanford Graduate School of Business）

---

① Volkmann C.，Tokarski K. O. & Ernst K. Background，Characteristics and Context of Social Entrepreneurship [A]. Volkmann C. et al. Social Entrepreneurship and Social Business：An Introduction and Discussion with Case Studies [C]. Wiesbaden：Springer Gabler，2012：11.

从社会创业研究中心、教席以及教授的发展情况来看，社会创业研究已经开始逐步步入正轨并呈现持续稳定的发展趋势。

（7）在相关领域的课程中出现与最新研究内容相关的内容，并且学生对该领域逐步产生兴趣

课堂内外的教学活动以及学生的主动性：创行（Enactus）是全球范围内知名的开展课堂外社会创业教育活动的组织，同时也体现出学生学习社会创业的主动性。

另一个带有竞争性的课堂外社会创业教育活动是始于 2005 年的"年度全球社会创业大赛"（Annual Global Social Entrepreneurship Competition），其由美国华盛顿大学福斯特商学院主办（Foster School of Business at the University of Washington，WA），参加比赛的团队来自全球范围。

在"可持续创新峰会"上，来自雷鸟商学院（Thunderbird School of Global Management）的罗伯特·赫斯里（Robert Hisrich）提出要将学生在社会创业方面的主动性和市场接轨，尽可能让学生参与社会创业实践。在纽约大学 Stern 商学院的"The Stewart Satter Program in Social Entrepreneurship"上，提出努力将课堂内外的社会创业教育结合在一起。社会创业教育在课程中的嵌入说明了其并非短期的热点，而是一个持续发展的过程。

目前，社会创业教育在课堂内外的深入尚有较大的空间，相关的项目与课程在数量上尚不足，在质量上参差不齐，大部分的社会创业课程还仅仅基于单一学科。

通过对以上七个因素的分析，可见社会创业研究已经走出了萌芽阶段并逐步走向成熟，相关研究主题以及研究方法的多样性正预示着这个领域步入了蓬勃发展期。

3. 相关的研究专题

通过对出版研究成果的题目、关键词以及摘要的分析，可知社会创业研究明显集中于特定的一些主题。对 124 篇社会创业研究文献进行文献计量学分析，如下表 1.1 所示，目前的社会创业研究集中关注以下课题。

表 1.1　目前社会创业相关文献的研究主题

研究主题	频率
对社会创业的定义、理论框架、现象以及类型的分析	54％
对社会创业影响、社会效益评估的分析	12％
对社会创业网络以及社群的分析	9％
对社会创业过程的分析	17％
有关社会创业研究的综述	12％
有关政策、资金等外部支持对社会投资者决策制定影响的研究	6％
对社会创业者的动机、方法、哲学的研究	6％
有关社会创新的研究	5％
对社会机会识别与发展的研究	9％
从组织理论分析社会企业的研究	8％
关于某一社会创业项目的报告	6％
关于社会创业教育的研究	8％
有关社会创业的访谈、评论（非科学研究而是一些主观评价）	4％
有关著作的书评	12％

注：频率相加并不等于100％，因为一些研究不仅涉及一个主题。

4. 有关社会创业的研究方法与未来发展方向

总体而言，社会创业领域内的研究方法通常是对已有研究方法的复制。[①] 这也反映了社会创业的很多研究成果缺乏支撑有力的实证研究论据。

单一案例分析和范本案例以及叙述研究是最为常见的实证研究。通常案例以及范本研究可以例证社会创业的基本理论概念，而叙述研究和其他类型的定性研究方法则是增强对社会创业领域理解的重要研究工具。[②]

因此需要更多比较式或者建构式的案例分析，用理论建构的视角取代

① Granados M. L., Hlupic V., Coakes E. & Mohamed S. Social enterprise and social entrepreneur-ship research and theory: A bibliometric analysis from 1991 to 2010 [J]. Social Enterprise Journal, 2011, 7 (3): 198－218.

② Gartner W. B. Entrepreneurial Narrative and a Science of the Imagination, Journal of Business Venturing [J]. Social Enterprise Journal, 2007, 22: 613－627.

单一或少数案例的分析视角，以案例为起点建立理论模型。[①] 从方法论角度而言，这种叙述方式的研究可以改善这个领域。

案例分析的采样通常是机会驱动型（以易得性或者方便性为出发点，如研究者通过社会网络进行的取样），值得被重视的是取样过程中的理论取向，理论化的抽样数据收集是以"进化理论或基于比较的概念"为驱动，抽样的目的是最大限度地接近研究的对象，以便依据其本质来建立概念和维度。[②]

而对案例的收集将止步于没有新见解出现之时，正如一些学者在研究中提到的"理论饱和"。[③] 这种方法同样适用于社会创业研究，研究会收集不同社会背景的社会企业家的相关数据，以便更好地确定研究以及变量的范围。[④] 但是，目前在社会创业研究领域内还没有足够多符合理论取向的案例研究，所以在未来，应该对社会创业定性研究方法投入更多的努力。

对社会创业的定量研究是非常有限的，主要集中在对维度、社会影响的测量[⑤]，以及对社会投资的评估。[⑥] 因此就目前的研究状况而言，有关社会创业的定量研究是最大的挑战。目前，尺度与记分卡已经被用于评估社会企业的融资状况，而对于社会企业家本身的一些特性也同样需要量化评价手段。

目前社会创业研究领域中缺乏足够的实证研究成果，因此对于社会创业研究尚缺乏足够的理论模型。基于现有的研究文献，社会创业被作为商

---

① Eisenhardt K. M. Building Theories from Case Study Research [J]. Academy of Management Review，1989，14（4）：532—550. Eisenhardt K. M. & Graebner M. E. Theory Building from Cases：Opportunities and Challenges [J]. Academy of Management Journal，2004，50（1）：25—32.

② Strauss A. L. & Corbin J. Basics of qualitative research：Techniques and procedures for developing grounded theory [M]. CA：Sage，1998：201.

③ Fauchart E. & Gruber M. Darwinians, Communitarians, and Missionaries：The Role of Founder Identity in Entrepreneurship [J]. Academy of Management Journal，2011，54（5）：939.

④ Glaser B. G. & Strauss A. L. The discovery of grounded theory：Strategies for qualitative research [M]. New Brunswick，NJ：Aldine Transaction，2006：329.

⑤ Mair J. & Sharma S. Performance Measurement and Social Entrepreneurship [A]. Volkmann，C et al. Social Entrepreneurship and Social Business：An Introduction and Discussion with Case Studies [C]. Wiesbaden etc. ：Springer Gabler，2011：176—189.

⑥ Spiess - Knafl W. & Achleitner A - K. Financing of Social Entrepreneurship [A]. Volkmann，C et al. （ed）：Social Entrepreneurship and Social Business：An Introduction and Discussion with Case Studies [C]. Wiesbaden etc. ：Springer Gabler，2011：157—173.

业创业的连续体。^① 社会创业与商业创业之间并非格格不入，毫无关联，社会创业与商业创业共同存在于创业连续体中，处在该连续体两端的分别是卓越的商业创业与纯粹的社会创业。

"理想主义"创业类型是可以分为纯粹的商业创业行为和社会创业行为的，但是在现实中创业行为都有着商业创业与社会创业的双重属性。施拉姆（Schramm C.）提出所有的创业行为都有其社会基础^②，而早前已经有学者提出过此观点^③；更有学者对新古典经济学将创业分化为社会与商业两个方向进行了质疑^④；也有学者对创业连续体提出了不同的见解，认为应该增加社会创新维度，以区分社会创业与其他社会商业行为。^⑤

如果承认创业连续体的存在，就可以通过界定相关维度来衡量创业行为是属于社会创业抑或是商业创业，对于创业连续体不同维度的分析也可以反映研究的不同层次和水平。

而目前这些评估工具仍停留在李克特量表以及因素分析等途径，与商

① Dees J. G. & Elias J. The challenges of combining social and commercial enterprise [J]. Business Ethics Quarterly, 1998, 8 (1): 165－178. Tan W. L., Williams J. & Tan T. M. Defining the "social" in "social entrepreneurship": Altruism and entrepreneurship [J]. International Entrepreneurship and Management Journal, 2005, 1 (1): 353－365.
Austin J., Stevenson H. H. & Wei–Skillern J. Social and Commercial Entrepreneurship: Same, Different, or Both? [J]. Entrepreneurship: Theory & Practice, 2006, 30 (1): 1－22.
Massetti, B. L. The Social Entrepreneurship Matrix as "Tipping Point" for Economic Change, paper presented at The First International Conference on Social Entrepreneurship [R]. Systems Thinking, & Complexity, Adelphi University, 2008: 24－26.
② Schramm C. All Entrepreneurship is Social [J]. Stanford Social Innovation Review, 2010: 21－22.
③ Bygrave W. & Minniti M. The Social Dynamics of Entrepreneurship [J]. Entrepreneurship Theory and Practice, 2000, 24 (3): 29－40.
④ Zafirovski M. Probing into the Social Layers of Entrepreneurship: Outlines of the Sociology of Enterprise [J]. Entrepreneurship and Regional Development, 1999, 11 (3): 351－371.
⑤ Spear R. Social Entrepreneurship: A Different Model? [J]. International Journal of Social Economics, 2006, 33 (5/6): 399－410.

业创业以及创业管理的分析途径无异①，即便目前对社会创业的实证研究已远多于 10 年前，但由于缺乏方法论层面的创新与突破，所以对社会创业的研究尚难以同商业创业领域相提并论。这也将是社会创业领域未来研究的主要方向。

5. 社会创业研究的影响力：定义高影响力作者及其贡献

文章的引用率可以从一定程度上反映研究的影响力及贡献度，即使一些引用是从反驳观点的角度出发。但就作者的影响力而言，单从引用率的角度进行衡量仍备受质疑，其道理显而易见，这就和不能依靠研究论文的引文数量来衡量研究的水平一样。

在衡量研究以及作者影响力的过程中，一个重要的制约因素不能被忽视。在之前的一些文献计量学研究中，数据库选择单一，往往只选择汤森路透（Thomson Reuters）的 Web of Science，但就社会科学而言，高水平的学术研究成果并没有被纳入到文献分析的范围内（并不是所有社会科学的高水平期刊都被 SCI 索引，同时值得注意的是并不是所有被 SCI 索引的研究就是高水平的研究，反之亦然）。例如，Emerald 出版的一些较高水平的期刊就并未被 SCI 索引，其中就包括可以反映社会创业研究核心走向的《社会企业杂志》（Social Enterprise Journal）、《社会创业杂志》（The Journal of Social Entrepreneurship）等。

Web of Science 数据库仅包括与创业相关的国际期刊 99 个中的 15 个②，

---

① Stevenson H. H. A. Perspective on Entrepreneurship [J]. Harvard Business School Publishing, Working Paper 1983，9：384. Stevenson H. H. & Gumpert E. The Heart of Entrepreneurship [J]. Harvard Business Review，1985，March - April：85—94.
Stevenson H. H. & Jarillo J. C. A Paradigm of Entrepreneurship：Entrepreneurial Management, Strategic Management Journal，1990，11（1）：17—27.
Brown T. E.，Davidsson P. & Wiklund J. An Operationalization of Stevenson's Conceptualization of Entrepreneurship as Opportunity - Based Firm Behavior [J]. Strategic Management Journal，2001，22：953—968.
Kuhn B.，Sassmannshausen，S. P. & Zollin R. "Entrepreneurial Management" as a Strategic Choice in Firm Behavior：Linking it with Performance [A]. Groen，A. et al.（ed.）：Proceedings of the "High technology Small Firms Conference（HTSF）" 2010 [C]. University of Twente, NL，2010.
② Sassmannshausen S. P. "99 Entrepreneurship Journals A Comparative Empirical Investigation of Rankings，Impact，and H/HC - Indexes" [J]. Schumpeter Discussion Papers SDP 2012：2.

因此很多与社会创业相关的研究文献在分析的过程中被忽视。相同的情况也出现在"EBSCO Business Source Complete"和"Science Direct"等数据库中，没有包含足够多关于社会创业的研究。因此在我们的研究中，利用 Google Scholar 作为数据库，收集更为全面的、完整的数据库。在此之前，已经有研究者利用 Google Scholar 作为数据库从文献计量学角度进行了分析[1]，本研究以前人研究为基础，利用 Google Scholar 整理了引用次数前 20位的文章及其作者。

本研究利用 Harzing 的 Publish or Perish 3.6 进行分析，将检索词定义为 social entrepreneurship。如果其检索结果中有超过 1000 篇与"social entrepreneurship"存在关联的研究论文，那么软件会自动将被引次数靠前的 1000 篇文献检索出来。尽管在创业研究领域内与社会创业相关的研究被引次数并不高[2]，但社会创业领域的研究呈现出了"高关注型"引用的趋势，实证性的研究被领域内的大部分研究所引用，并且存在着大量的相互引用的情况。

通过对国外社会创业研究英文文献的计量分析，呈现出如下特点，如表 1.2 所示。

对近 10 年社会创业文献增长率进行分析，1993—2004 年期间有关社会创业的相关研究在数量上呈现较低水平，但 2005—2009 年期间，每年有关社会创业的论文在数量上呈现稳步上升趋势，到 2010 年急剧加速，2010 年

---

[1] Harzing A. W. K. & Wal R. van. der. A Google Scholar H – Index for Journals: A Better Metric to Measure Journal Impact in Economics & Business? [J]. Paper presented at the 2008 Academy of Management Annual Meeting, Anaheim, California, August 8 — 13, 2008: 44. Harzing A. W. K. & Wal R. van. der. Google Scholar as a new source for citation analysis? [J]. Ethics in Science and Environmental Politics, 2008, 8 (1): 62—71.
Harzing A. W. K. & Wal R. van. der. A Google Scholar H – Index for Journals: An Alternative Metric to Measure Journal Impact in Economics & Business? [J]. Journal of the American Society for Information Science and Technology, 2009, 60 (1): 41—46.

[2] Sassmannshausen S. P. The Bibliometrics of Entrepreneurship Research: An Empirical Examination of Scholarly Behavior, Impact and the Development of the Field using the Case of Research into Entrepreneurship and Networks [R]. Proceedings of the 16th NORDIC Conference, Kolding, DK, 2010. Sassmannshausen S. P. Entrepreneurship – Forschung: Fach oder Modetrend? [M]. Köln, Lohmar: Josef Eul Verlag, 2012: 85.

表 1.2　社会创业领域 20 个高被引文献

Cites	Authors	Title	Year	Journal?
644	Dees	The meaning of social entrepreneurship	1998	No
632	Bornstein	How to change the world: Social entrepreneurs and the power of new ideas	2007	No
486	Borzaga	The emergence of social enterprise	2004	No
478	Deakins & Freel	Entrepreneurship and small firms	1996	No
450	Leadbeater	The rise of the social entrepreneur	1997	No
446	Mair & Marti	Social entrepreneurship research: A source of explanation, prediction, and delight	2006	Yes
430	Austin, Stevenson &Wei-Skillern	Social and commercial entrepreneurship: same, different, or both?	2006	Yes
345	Yunus	Creating a world without poverty: Social business and the future of capitalism	2009	No
289	Peredo & McLean	Social entrepreneurship: A critical review of the concept	2006	No
254	Eikenberry	The marketization of the nonprofit sector: civil society at risk?	2004	Yes
251	Dees & Emerson	Enterprising nonprofits: A toolkit for social entrepreneurs	2001	No
250	Alvord & Brown	Social entrepreneurship and societal transformation	2004	Yes
242	Dart	The legitimacy of social enterprise	2004	Yes
238	Martin & Osberg	Social entrepreneurship: the case for definition	2007	Yes
227	Thompson & Alvy	Social entrepreneurship—a new look at the people and the potential	2000	Yes
226	Mort & Weerawardena	Social entrepreneurship: Towards conceptualisation	2003	Yes
214	Thompson	The world of the social entrepreneur	2002	Yes
204	Weerawardena & Mort	Investigating social entrepreneurship: A multidimensional model	2006	Yes
199	Defourny	From third sector to social enterprise	2001	No
192	Nicholls	Social entrepreneurship: new models of sustainable social change	2006	No

Table 2: 20 most cited contributions on social entrepreneurship by March 2012 (according to our research using data from Google Scholar and Harzing's "Publish or Perish" software)

增长率达到 425％，此后几年呈现平均每年增加 12 篇的趋势。总体而言，83％的论文发表于近 5 年，这也说明社会创业是一个正在兴起的学术关注领域。如图 1.5 所示。

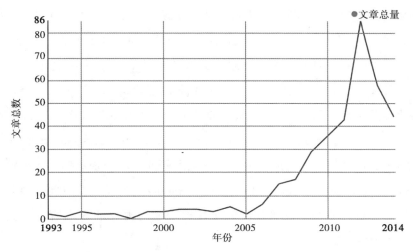

图 1.5 1993—2014 年社会创业文献增长情况

从社会创业研究发表成果作者的国别来看，主要涉及 35 个国家，以数量多少进行排名，前 8 名均为发达国家，依次为美国、英国、加拿大、澳大利亚、意大利、日本、新西兰、比利时，占相关论文总量的 82%。而在这之中，美国和英国两个国家的研究者主导了社会创业研究领域，占总发表量的 61%。如图 1.6 所示。

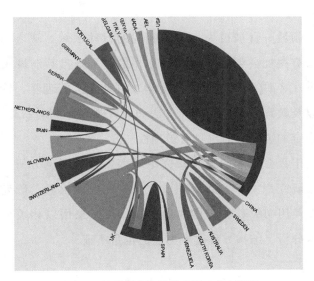

图 1.6 社会创业文献作者国家分布情况

从论文的期刊来源看，主要涉及 148 个期刊其中，其中在社会创业的专业期刊《社会企业》（Social Enterprise Journal）和《社会创业》（Journal of social entrepreneurship）中发表的论文占总量的 21％；在社会创业研究领域内较具代表性的 17 个期刊中发表的论文占总量的 59％。有 11 个刊登社会创业相关研究成果的期刊被 ISI 数据库收录，其中影响力最高（IF＝2.6）的期刊《世界商业研究杂志》（Journal of International Business Studies）共有 6 篇有关社会创业研究成果的文章，创业研究领域的顶级期刊《创业理论与实践》（Entrepreneurship Theory and Practice）也有 9 篇有关社会创业研究成果的文章。这些都说明社会创业在逐步成为独立的学术研究领域，并被学术界所认可。

通过对 2006—2011 年社会创业综述文章（J Mair，2006；Geoffrey Desa，2007；Jeremy C.Short，2009；Brigitte Hoogendoorn，2010；David Gras，2010；Othmar M.Lehner，2011）的分析，社会创业的研究存在以下特点和不足：

作为学术领域，社会创业仍处于起步阶段。在过去 20 余年中，研究一直停留在构建概念阶段，经验类文章自 21 世纪以后才逐步出现，但数量远低于概念文章。[①]

社会创业领域一直被视为一个前瞻性的行动领域，缺乏一个实证性的研究与论证。有关社会创业问题的研究，借鉴了来自新制度主义的大量研究框架，借鉴了不同学科（包括社会学、创业学、管理学、伦理学、政治学、心理学以及教育学等）的研究方法和研究视角，相对缺乏统一的范式，并且在理论内容的边界层面也具有模糊性。

在现有关于社会创业的经验研究中以探索性的案例分析、扎根理论研究为主的定性研究为主，多数研究没有严格的假设检验，研究设计中很少运用变量，多使用初级数据，样本量较小，很少采用以相关分析、描述统计分析、因素分析、结构方程建模为主的定量实证。

---

① Hoogendoorn B., Pennings E. & Thurik A. What do we know about social entrepreneurship: an analysis of empirical research [J]. International Review of Entrepreneurship，2010，8（2）：1—42.

1.5.1.2　日本社会创业研究的发展与综述

日本对社会创业问题的关注有着多方面的复杂原因。首先，日本自泡沫经济破碎后，各种社会问题层出不穷，2000 年（平成 12 年）日本修改了社会福利法，明确提出了"推进地区的社会福利"政策（「地域福祉の推進」），日本各都道府县都纷纷开始制定本地区的福利推进计划（「地域福祉計画」，而推进地区的福利不仅是政府的责任，日本民间社会团体、民间慈善组织等在地区的福利发展、社会问题的解决等诸多方面都发挥着重要的作用，因此，日本先后制定了"新成长战略"（「新成長戦略」）、"产业构造变革 2010"（「産業構造ビジョン2010」）、"新公共时代"（「新しい公共」）等政策，将社会创业作为一项国家战略来推动。日本社会创业的实践与研究在政府、社会以及市场的多轮驱动之下开始蓬勃发展。

日本的社会创业研究以美国和欧洲的研究为基础，并存在以美国和欧洲为代表的两种本体论。如表 1.3 所示，日本学者桥本理对这两种本体论进行了比较研究。[①] 可以说日本的社会创业研究以这两种不同的社会创业本体论为基础，发展了日本的社会创业者理论与社会企业理论。

表 1.3　有关社会创业的两种本体论比较

研究取向	以社会创业者个人的社会 使命感为焦点（以美国为代表）	以社会企业的组织构造以及与之相关的 社会政策为焦点（以欧洲为代表）
常用术语	社会企业、社会创业者、社会创业	社会企业、第三部门
研究对象	从非营利组织到一般的营利企业 （以非营利组织为主）	属于第三部门的所有组织机构 （非营利组织、合作社等均包括）
具体活动内容	解决社会问题、重视社会贡献	克服社会障碍 （对人提供社会服务、劳动统和等）

1. 社会创业者理论

在社会创业研究开始之前，以经营学者为中心的研究者们对创业者问

---

① 橋本理．EU における労働統合を目的とした社会的企業（ワーク・インテグレーション・ソーシャル・エンタープライズ）の動向—社会的企業論の批判的検討から [J]．関西大学社会学部紀要，2006，41（1）：37—62．

题已经开展了一系列的研究。自从社会创业走入研究者和实践者的视线，诸如"有关引领社会变革者们的理念与实践力"① 的讨论才在日本的大众媒体和各种学术研究中频频出现。

日本最早开始进行社会创业者研究的是学者町田洋次和齐藤慎。町田认为"社会创业者是以医疗、福祉、教育、环境、文化等从事社会服务为事业的创业者，不仅包括以完成社会使命为事业的创业者，还包括志在提高社会事业活力、创立非营利组织的人"。② 町田对于社会创业者的定义被此后的多位日本学者所采纳（松行，2003；石川，2006；速水，2007）。

而齐藤则认为"社会创业者是具备如下特征的人：一是胸怀强烈的社会责任感，着眼于地区和全球的多样化需求，在创业过程中灵活运用商业技能者；二是在资源短缺的情况下可以敏锐地抓住机遇并创造性地创立组织；三是重视团队精神，高效地组合各种社会资源，建立起创业所需的社会网络；四是不将创业作为收入的手段，而是作为自我实现的手段；五是从发展区域内的收益群体到发展中国家中的帮助对象，组织的利益以利益相关者的价值观为基础；六是重视长期效益"。③

虽然此后有学者对其研究结论提出了质疑，认为"在缺乏实证与理论的充分检验的前提下，对社会创业者的认识未免有过度夸大的倾向"④。但其对社会创业者意义的清晰厘定，对日本研究社会创业者奠定了良好的基础。

另外，日本对于商业创业者和社会创业者之间差异性和关联性的研究也十分丰富（石川，2006；石田，2008；狩俣，2008；神座，2005；服部，2007；速水，2007）。

首先，服部笃子作为社会创业者研究的代表，对商业创业者和社会创业者的不同进行了系统分析，指出商业创业者以财富的取得作为创业成功

---

① 服部篤子. 社会変革をもたらす社会起業家のアイデアと実行力 [J]. 21世紀フォーラム，2007，91：34—38.
② 町田洋次. 社会起業家—「よい社会」をつくる人たち [M]. PHP新書，2006：41.
③ 斎藤槇. 社会起業家—社会責任ビジネスの新しい潮流 [M]. 東京：岩波新書，2004：28—29.
④ 塚本一郎・山岸秀雄. ソーシャル・エンタープライズ 社会貢献をビジネスにする [M]. 東京：丸善，2010：59—83.

的标准，而社会创业者则以社会问题的解决作为创业成功的依据，同时服部根据对具体案例的研究将社会创业者分为四种类型，具体如表 1.4 所示。

表 1.4 社会创业者的类型

类型	内容
营利商业	具有高度的社会责任感，在开拓市场经验模式的同时，探索在社会问题解决领域的通用性（教育、环境领域的创业较为倾向此类型）
NPO	以国内社会问题的解决为目标开展创业活动，以非营利法人机构为组织主体，事业型 NPO 也属于此种类型（在福利领域内的创业多倾向此种类型）
差别修正	以解决全球范围内的不平等问题为目标（在国际合作、福利领域内较多）
区域再生	以促进地区内活力为目标，多将一般市民纳入创业过程（以体育、文化事业居多）

速水智子同样是社会创业者和商业创业者比较研究的代表学者，她认为"社会创业者的创业活动以社会弱势群体为目标对象，在组织运营方面实现可持续的难度较大，其成果也多表现为长期性"①。

速水还对商业创业者和社会创业者从创业动机、事业目标对象、事业领域、资金调配、商业模式以及创业理念六个维度和从社会属性及个人属性的角度进行了比较分析，详见表 1.5 所示。

表 1.5 社会创业者与商业创业者的比较

	社会创业者			商业创业者		
	活动	属性		活动	属性	
		社会	个人		社会	个人
1 创业动机	· 解决社会问题 · 救济社会排斥者	·		· 追求个人利益 · 扩大公司		·
2 目标对象	· 贫困、被社会排斥者 · 面临各种问题者	·		· 市场 （具有购买力的阶层）		·

① 速水智子.社会起業家における長期的支援と育成の体制について［J］.日本経営教育学会全国研究大会研究報告集 2007,57：70－73.

续表

	社会创业者			商业创业者		
	活动	属性		活动	属性	
		社会	个人		社会	个人
3 事业领域	• 社会事业 • 提供社会供给不足的社会产品	•		• 出售商品或服务		•
4 资金调配	• 公共部门与私人部门合作 • 社会责任投资 • 贷款 • 风险投资	•		• 直接金融资金 • 市场融资		•
5 商业模式	• 社会事业与商业事业分离 • 自主建立支援系统 • 有效利用劳动力	•		• 技术革新、提高效率	•	•
6 创业理念	• 公平伦理观、社会使命感 • 长期社会效果视角	•		• 市场原理 • 重视短期市场效果		•

综上所述，日本的社会创业者理论将社会创新者作为研究对象，关注社会创业者个人层面的社会使命和特征，并基于对社会创业者主体性的关注，将研究视角扩大到对社会创业者与商业创业者异同问题的研究。此外，日本学界对社会企业问题的研究也同样处在进展之中。

2. 社会企业理论

作为社会企业理论研究的代表人物之一，藤井敦史对日本有关社会创业者的研究取向提出了自己的质疑。

"事实上，政府不断扩大在委托事业方面的投入，对于一般企业而言可能会认为其介入了公共服务领域，承担一定的政府委托事业并从中获利是一个新的利益点，但这并非社会企业。"[①] 社会创业者的创新活动是一个黑箱，对于这种创新活动而言可能诸多研究都难抵要害。

"将创业者的成功都归结于个人英雄主义的假说，并没有太多的实际指

---

① 藤井敦史. 社会的企業の組織戦略とその基盤—イタリア・トレントを事例として [J]. 21世紀フォーラム2007，105：50—61.

导意义，要探讨社会企业成功的要因，制度环境、地区经济等问题都不能回避。"① "社会创业者的研究视角通常将社会企业的'社会性'归结于社会创业者主观的社会使命感，而对社会创业者与服务对象间密切接触后所产生的一系列反应研究则并未给予足够的关注。"②

藤井对社会创业者研究的诸多质疑开启了日本学界对社会创业问题的一个全新视角——社会企业研究。在藤井之后，学者清水洋行开始对社会企业进行研究，借用欧洲通用的有关社会企业的经济与社会指标③分析日本的社会企业发展现状。之后，塚本一郎、中川雄一郎、铃木敏正等学者分别从营利企业的社会部门介入、社会企业的特征以及社会企业的社会资本网络等角度进行了研究。

特别需要提到的是学者谷本宽治，其在前人研究的基础上，对日本国内外相关文献进行了梳理，提供了日本的社会企业形态分布情况，其研究被此后进行研究的多位日本学者引用，基本上呈现了日本社会企业的不同形态，如表 1.6 所示。

表 1.6　日本社会企业形态分布

非营利组织形态	NPO 法人、社会福利法人等	
营利组织形态	中间法人 合作社（在欧洲常见的社会企业形式）	
	股份公司/有限公司	社会志向型公司
		企业的社会责任（CSR）

日本对社会企业的研究源于社会创业问题，可以说对社会创业者和社会企业的研究是日本学界对社会创业问题研究不断深化过程中的不同切入点，这种研究趋势同欧美等国相类似。同时，日本对于社会创业问题的研

---

① 藤井敦史. 福祉国家のリストラクチャリング』と社会的企业（日本協同組合学会第 25 回大会〈上〉現代社会における地域福祉と協同組合セクター）［J］. 共済と保険 2005，47（12）：28-31.
② 藤井敦史. ボランタリー・セクターの再編成過程と社会的企业—イギリスの社会的企业調査をふまえて（特集市民活動・NPO と社会政策）［J］. 社会政策研究，2007，7：85-107.
③ 内山哲朗，石塚秀雄，柳沢敏勝. 社会的企业［M］. 日本経済評論社，2004.

究也显示出与欧美等国不同之处。

首先，在研究方法上，日本现有的研究多为定性研究，定量研究成果明显少于国外。

另外，也是很重要的一点差别是日本社会创业始于促进地区发展、完善福利制度的政策，从中央政府到各都道府县都出台了相应的支援政策，政府的大力推动是日本社会创业活动兴起的主要原因。在社会创业活动的兴起和发展过程中政府一直发挥着至关重要的作用，为社会创业出台政策、提供资金，不仅发挥着规范和管理的功能，也推动着日本社会创业的规模化发展，塑造着社会创业的发展模式，这与欧洲强大的公民社会传统、美国成熟的商业创新文化和创业精神存在着巨大的差异，这种差异在社会创业教育的过程中也体现得较为明显。

1.5.1.3　国内社会创业研究的发展与综述

相对于国外的研究，我国学者开始探讨社会创业的相关问题时间非常短，在研究的数量和质量方面远落后于国外。

通过中国知网进行有关文献检索（2015 年 4 月 16 日），以"社会创业"为主题词的文章仅有 662 篇，而以"社会创业"作为篇名的文章仅有 302 篇。因检索语法的问题，其实这些文章中存在者大量非社会创业的研究内容。通过知网的检索可以发现，我国较早开始进行社会创业相关问题研究的是浙江大学陈劲教授团队以及广东省科技干部学院严中华教授团队，他们分别在《外国经济与管理》《探索》等期刊上发表了《社会创业与社会创业者的概念界定与研究视角探讨》《社会创业与商业创业的比较研究及其启示》等论文。

而系统地进行社会创业相关研究的博士论文仅有两篇，分别是浙江大学盛南博士 2009 年的博士论文《社会创业导向及其形成机制研究：组织变革的视角》和浙江大学王皓白博士 2010 年的博士论文《社会创业动机、机会识别与决策机制研究》，此外还有一些研究与社会创业相关问题的硕士论文约 20 篇。

国内有限的研究中大部分是对国外社会创业理论的比较研究，在厘清概念的基础上对国内外有限的社会创业案例进行了研究，严格意义上的实证研究十分有限。对社会创业的本土定义、社会创业的过程研究等社会创业核心问题的关注度还十分不足。

1.5.2　社会创业教育研究的发展与综述

1.5.2.1　国外社会创业教育研究的发展与综述

社会创业活动的不断兴起，使得社会市场对社会创业人才的需求激增。受之激励，在全球范围内，各种形式的社会创业教育和培训计划相继出现在社会创业研究中心和社会创业基金会以及商学院。全球范围内大量社会创业教育和培训实践的成功促使学生、教师和有关行政管理人员积极涉足社会创业这一领域。

"在 10 年前，几乎没有商学院有与社会创业相关的课程，而今天几乎所有顶级的商学院都开始进行社会创业教育。"[①] 社会创业教育的研究活动集中于大学，目前遍布 35 个国家的 250 余名教授正在积极开展社会创业教育的教学与研究，20 多种与社会创业课程关联的教材正式出版，200 多个案例被用于社会创业课程的讲授中；全球范围内有 29 个组织和机构每年定期开展各种形式的社会创业大赛，由伯里亚学院社会创业中心的团队编制的社会创业教学资源手册已进行了两次更新；教师讲授社会创业课程时普遍采用体验学习的教学方法，课程作业的形式多表现为社会创业计划书的写作、分析社会创业案例或在社会创业组织中实习。[②]

同火热的社会创业教育实践相比，对社会创业教育的理论研究明显滞后。以"社会创业教育（social entrepreneurship education）"为主题词在 Web of Science 数据库中进行检索，共有 297 篇相关文献，详见图 1.7 所示；通过对文献进行分析后，发现很多文献并非是与社会创业教育直接相关的文献，而是与"社会创业（social entrepreneurship）""创业教育（entrepreneurship education）"等有关的文献，直接对社会创业教育进行研究的文献较少，这明显与社会创业教育的实践现状不符。

① Tyson L. Good works – With a business plan. Bloomberg Business Week. ［EB/OL］http：// www. businessweek. com/magazine/content/04 – 18/b3881047 – mz007. htm. , 2014－4－10.

② Guttenplan D. D. Business schools with a social appeal. ［EB/OL］http：//www. nytines. com/ 2011/01/24/education/24iht – educLede. html？ pagewanted＝all. , 2014－4－17.

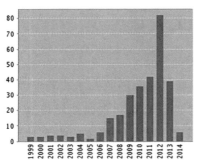
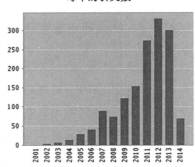

图 1.7　社会创业教育历年相关文献数和引文数

　　现有英文文献对社会创业教育问题的关注主要针对个别院校的教学实践，如布鲁姆（Bloom P.）和迪斯（Dees J.）的研究[①]，针对哈佛大学、斯坦福大学等顶级院校的研究，其研究内容主要包括社会创业教育的发展轨迹，社会创业教育的目标、内容、方法以及效果评估等问题，研究方法通常采用案例分析法，个别研究运用了定量分析的方法，但样本量较小。

　　另外，社会创业教育研究同样关注了原理层面的问题，如特雷西（Tracey P.）和菲利普斯（Phillips N.）的研究[②]，探讨了社会创业的可教性。这一类研究文献较少，主要原因可能是在创业教育研究的过程中已对该问题进行过探讨，而社会创业教育本质上是创业教育的深化与发展，其在哲学层面具有一致性。

　　从现有的英文文献分析，国外对社会创业教育在实践层面的探索更为深入，而对其研究明显不足。

　　作为一个全新领域，社会创业教育的实践发展较为迅猛，大学一直是社会创业教育的中坚力量，如表 1.7 所示为开展社会创业教育实践的高等教育机构（除日本外），因此国外的研究多将研究视角锁定于大学，而对大学

---

① Bloom P. & Dees J. G. Cultivate your ecosystem [J]. Stanford Social Innovation Review. 2008：47－53.

② Tracey P. & Phillips N. The distinctive challenge of educating social entrepreneurs：A postscript and rejoinder to the special issue on entrepreneurship education [J]. Academy of Management Learning and Education，2007，6：264－271.

之外的主体开展的社会创业教育实践的关注不多。

表 1.7　除日本外高等教育机构社会创业教育一览表

大学名	国家	课程层次	学位	开始时间
A：亚洲（除日本外）				
亚洲经管学院 (Asian Institute of Management)	菲律宾	研究生院	经营学硕士 （选修科目）	2001
塔塔社科院 (Tata Institute for Social Sciences)	印度	研究生院	文学硕士 社会创业专业	NA
B：欧洲				
欧洲工商管理学院 （INSEAD）	法国/ 新加坡	研究中心	无	2006
利物浦 约翰摩尔大学 (Liverpool John Moores University)	英国	研究生院	文学硕士 社会企业经营专业	2001
罗斯基勒大学 (Roskilde University)	丹麦	研究中心/ 研究生院	文学硕士（选修科目）	NA
博洛尼亚大学 (University of Bologna)	意大利	研究生院	国际关系硕士 慈善与社会创业专业	2000
剑桥大学 (University of Cambridge)	英国	研究生院	社会企业与社区开发硕士	NA
科克大学 (University College Cork)	爱尔兰	研究中心/ 研究生院	经营学硕士 协同与社会创业专业	2005
东伦敦大学 (University of East London)	英国	大学	文学学士（选修科目）	2003
		研究生院	文学硕士（选修科目）	NA
牛津大学 (University of Oxford)	英国	研究中心/ 研究生院	经营学硕士 （选修科目）	2004
C：中北美（除美国外）				
洛斯安第斯大学 (Universidad de los Andes)	哥伦比亚	研究中心/ 研究生院	经营学硕士 （选修科目）	NA

续表

大学名	国家	课程层次	学位	开始时间
阿尔伯塔大学 （University of Alberta）	加拿大	研究中心/ 大学· 研究生院	经营学士/经营学硕士	2003
D：美国				
贝尔蒙特大学 （Belmont University）	田纳西州	大学	文学学士/理学学士	2008
贝拉明大学 （Bellarmine University）	肯塔基州	研究中心	无	NA
杨百翰大学 （Brigham Young University）	犹他州	研究中心	无	NA
科罗拉多州立大学 （Colorado State University）	科罗 拉多州	研究生院	理学硕士 商学专业（选修科目）	2007
哥伦比亚大学 （Columbia University）	纽约	研究生院	经营学硕士 （选修科目）	NA
杜克大学 （Duke University）	北卡罗 莱纳州	研究中心/ 研究生院	经营学硕士 （选修科目）	NA
哈佛大学 （Harvard University）	马萨 诸塞州	研究生院	经营学硕士 （选修科目）	1993
迈阿密大学（牛津） （Miami University）	俄亥俄州	研究中心/ 大学	经营学士社会创业辅修专业 （选修科目）	2006
纽约大学 （New York University）	纽约	研究中心/ 研究生院	经营学硕士 （选修科目）	NA
西北大学 （Northwestern University）	伊利 诺伊州	研究生院	经营学硕士 （选修科目）	NA
阿拉巴马州立大学 （Alabama State University）	阿拉巴 马州	大学	理学学士/文学学士 经营学专业	NA
斯坦福大学 （Stanford University）	加利福 利亚州	研究中心/ 研究生院	公共经营毕业证书 （仅限 MBA、 EMBA 学生修习）	NA

大学名	国家	课程层次	学位	开始时间
D：美国				
科罗拉多大学波尔得分校 （University of Colorado at Boulder）	科罗 拉多州	研究中心	无	NA
太平洋大学 （University of the Pacific）	加利福 尼亚州	研究中心	无	NA
圣母大学 （University of Notre Dame）	印第安 纳州	研究中心	小规模企业资格证书	2006
维克森林大学 （Wake Forest University）	北卡罗 莱纳州	研究中心/ 研究生院	创业与社会创业辅修专业	NA

1.5.2.2　国内社会创业教育研究的发展与综述

相较于国外的研究与实践，我国的社会创业教育研究与实践无论在数量还是质量方面都远落后于国外的实践与研究水平。

通过中国知网进行相关文献检索（2014 年 4 月 20 日），以"社会创业教育"为主题词的文章有 1504 篇，但对检索所得文献进行分析后发现，文章多是针对"创业教育"问题的研究，直接进行社会创业教育研究的成果极少。

目前我国对社会创业教育相关问题进行系统性研究的成果相对较少，如湖南大学中国社会创业研究中心陈义红等在《金融经济》期刊上发表了《高校社会创业教育促进高素质创新创业人才培养的理论与实践研究》，研究概述了国内外社会创业教育的发展状况，剖析了在高素质创新创业人才培养过程中高校社会创业教育所发挥的促进作用；中央财经大学商学院的葛建新等在《创新与创业教育》（创刊号）期刊上发表了《社会创业与中国高校的创业教育》，研究指出作为解决社会问题的新方法，社会创业这种新型的组织形式在国外蓬勃发展，而我国大学的创业教育更多地关注财富的创造，对社会创业并非给予足够的重视，研究还探讨了中国大学开展社会创业教育的意义以及支持体系；浙江大学徐小洲等在《教育研究》发表了上《社会创业教育：哈佛大学的经验与启示》，分析了哈佛大学通过创新教育课程，建设学习平台和协作共同体等策略成为全球高校社会创业教育的典范。

国内对社会创业教育相关问题有限的研究关注多于国内外社会创业理论的比较，分析大学开展社会创业教育的意义，探索在我国推行社会创业教育的可能。而目前真正开展社会创业教育的高校数量十分有限，只有湖南大学目前的社会创业教育实践相对成熟。

在中共中央、国务院十六号文件精神的指导下，湖南大学积极借鉴国内外相关教育经验，于 2004 年构建了"教学＋科研＋实践"三位一体的社会创业教育模式。在教学方面，湖南大学坚持产学研与公益紧密结合的方针，增设《社会创业学》课程，纳入学生公选课，将与学生毕业要求相关联，规定参与社会创业实践经认定"合格"者可获得 10 个学分；在实践方面，建立"湖南大学国家大学科技园"，与多家非营利组织合作搭建社会创业实践平台；在研究方面，湖南大学创立了中国社会创业研究中心，依托教育部"人才培养模式创新实验区"，确立系统的研究方向，建立了"社会企业研究所"等 4 个研究分支机构。

总体而言，国内对社会创业教育的研究成果较少，缺乏系统性，为了我国进一步开展社会创业教育，对社会创业教育的研究十分有必要。

1.6　研究创新与不足

1.6.1　研究创新

本研究的创新之处主要有以下三个方面：

第一，丰富了国内社会创业教育研究的系统研究成果。目前国内对社会创业教育研究的关注度明显不足，特别是对社会创业教育进行系统研究的成果较少。本研究对日本社会创业教育的产生背景、政策决策以及实施过程进行了系统的梳理与分析，为国内相关课题的研究提供了一定的理论和实践指导，更为完善我国的人才培养机制提供了有益的思考路径。

第二，研究从一个全新的视角重新审视了社会创业教育。社会创业的经济与社会双重效益决定了社会创业教育的特殊性，对社会创业教育的考察不仅是对教育领域内问题的关照，更是在经济转型、社会变革大背景下对政府角色、社会角色和市场角色转变的关照，特别是对日本市民社会背景下各利益集团间博弈过程的分析，为改革教育以及其他准公共领域都会有一定的启示意义。

第三，研究进行田野调研，运用定性与定量的混合研究路径，力求更全面地展现研究问题的全貌。社会科学的研究历史以定性和定量两种研究哲学和方法论的发展为语境，而本研究更为认同的研究哲学是：相对于有关研究方法或研究范式的考虑，研究问题本身才具有更重要的地位，这也是混合研究的方法论哲学。本研究计划根据研究问题的不同，灵活地选择研究路径，力求结合定性方法和定量方法。

1.6.2 研究不足

本研究的不足之处主要有以下两个方面：

第一，在田野调研的过程中，为更好地支撑研究需要广泛且深厚的社会文化背景知识。虽然研究者有在日本一年半的实地调研为基础，但社会创业教育相关问题的研究涉及领域众多，鉴于研究者自身的能力和水平，很多问题尚未能深入挖掘，大量的田野调研资料尚待深入分析，这将是进一步研究的方向。

第二，鉴于本研究属国别研究，对全球范围内社会创业教育的整体发展趋势关照不足。为了我国社会创业教育的发展，创新人才培养模式，建立可持续发展的教育生态循环网络，更全面地分析全球主要国家和地区的社会创业教育发展动态与实践经验是必不可少的，这也是今后研究的重要方向。

2

内生与外发：日本社会
创业教育的产生背景

　　培养人才的社会创业能力是社会创业教育的核心目的。本研究认为，社会创业教育具有双重性，首先其是带有明显方向性的创业教育，其目标指向是社会创业活动，社会创业的性质决定了社会创业教育的深度与广度都不同于一般性商业创业教育；其次，社会创业教育又是培养人才社会责任意识的教育，社会创业基于社会问题的创业出发点要求社会创业者必须具备高度的社会敏感度，能及时发现现有社会均衡中被边缘化的群体，这种识别的过程需要创业者具备高度的社会责任感。

　　社会创业教育的这种两重属性也决定了社会创业教育并不是一个全新出现的教育领域，而是创业教育与社会责任教育的融合，而促成其融合并发展的最直接原因可能是日益发展的社会创业活动，从社会创业教育自身的发展历史来看也印证了这一观点。

　　在社会创业活动出现较早的欧洲与美国，社会创业教育活动也出现得较早。那么，社会创业教育自身的发展是否有一些独特的规律，社会创业教育在不同的国家和地区之间出现的时间差异受哪些因素影响呢？所以在对日本社会创业教育研究之前有必要对全球社会创业教育的产生与发展过程进行梳理。

2.1　全球范围内社会创业教育的发展

"伴随着研究的发展，是时候停下脚步去回顾那些我们已经做过的，并展望未来新的方向以便迎接新的挑战。"[①] 这一创业研究领域著名的论述，是回顾社会创业教育的出发点与归宿。

社会创业教育的历史过程可以分为三个阶段。第一阶段是社会创业教育的先锋期，来自顶尖商学院的先锋教师开设了与社会创业相关的课程，并且多集中于研究生课程中。最先出现在课堂上的社会创业教育是 20 世纪 90 年代迪斯博士在哈佛大学开设的社会创业内容的课程；在欧洲，由施瓦布资金会资助，瑞士日内瓦大学的马克斯米立安教授（Maximilian M.）和帕梅拉教授（Pamela H.）于 2003 年共同开设了与社会创业相关的课程。在这一阶段引领潮流的有美国哈佛大学、瑞士日内瓦大学、美国斯坦福大学以及此后的纽约大学等。

这一阶段的社会创业教育虽然属于小范围的教学实践活动，但是这些教学实践活动通常有世界一流的研究者与教师的参与，为社会创业教育进入快速发展期奠定了坚实的基础。在这一阶段日本国内的社会创业教育尚处于空白期，大学对社会创业教育尚未引起重视，社会力量在这个阶段内虽不能说集体失语，但确实没有太多的社会创业教育实践。

进入 21 世纪以来，社会创业教育逐渐走入了第二阶段融合期。由商学院模式发展到普通创变者模式，更多的大学、研究者以及学生都开始关注社会创业教育，并逐步开展社会创业教育实践活动。根据布洛克（Brock D.）和斯坦纳（Steiner S.）的研究，到 2008 年全球共有 35 个国家和地区的院校开设了近 100 门与社会创业相关的课程，在课程的数量上呈现了极速的增长趋势。[②]

---

① Low M. B. & MacMillan I. C. Entrepreneurship: Past Research and Future Challenges [J]. Journal of Management，1988，14：139－161.

② Brock D. & Steiner S. Social Entrepreneurship Education: Is it Achieving the Desired Aims? [R]. United States Association for Small Business and Entrepreneurship，Conference Proceedings，2008.

　　越来越多的大学逐步将社会创业与商学类以外的专业相结合，从社会工作到经济学，从国际关系到政治学等各种专业都加入且融合了社会创业教育的内容。例如，丹麦莫海姆科技大学（Manheim University of Applied Siences in Denmark）成立了从本科到硕士独特的社会工作学位项目，将社会创业融合到社会工作的专业学习过程中；太平洋大学（Univeristy of Pacific）的全球社会创业中心（Global Center for Social Entrepreneurship）更是设立了国际关系学院，培养层次从本科生到博士学位，同时还提供给社会创业实践者学习进修课程；亚洲社会管理学院（The Asian Institute of Management）社会与创业发展中心（Social and Development Entrepreneurship Program）提供了为期 18 个月的培训项目，帮助有志进行社会创业的实践者们顺利建立起自己的社会企业；印度塔塔社会科学研究院（Tata Institute of Social Sciences）提供了首个社会创业硕士学位课程；比利时鲁汶大学（Catholic University of Louvain）与列日大学（University of Liege）合作开设了社会创业领域的首个博士学位课程。

　　随着社会对社会创业的不断关注，不仅大学提供的与社会创业相关的课程逐步增多，政府和非营利组织也开始逐渐关注社会创业教育领域，其中影响力比较大的如美国的阿育王基金会、日本的非营利法人 ETIC、全球范围内发展的创行项目，都从不同的层面参与和介入到社会创业教育实践中来。

　　在这一时期，大学范围内的社会创业教育已经逐步走出了商学院，从聚焦式走向融合式，如工程学院、设计学院、法学院以及教育学院等都开始运行社会创业教育实践活动。社会创业教育的成果惠及到了普通创变者，这让社会精英阶层也开始注意到社会创业领域。

　　同时，不仅大学开始进行社会创业教育实践活动，其他机构和社会力量也开始进入这个领域，并且有赶超大学之势头，特别是在日本，政府层面开始推动"新公共时代"建设，并且以英国的社会创业规模为蓝本，提出了日本社会创业事业发展的阶段性目标。以此为契机，日本社会开始关注对社会创业者的支持和培养，应该说世界范围内社会创业教育实践的发展为日本社会创业教育提供了范本，同时日本结合自身实际，走出了一条有别于其他国家社会创业教育的发展之路。

近年来，社会创业教育机构逐步发展成社会创新的引擎与代理人，社会创业教育进入到了第三阶段机遇期。大量的大学和研究机构都投身到社会创业教育的实践中来，社会创业者对社会创业教育的需求日渐强烈，受教育者的能力成长同教学论与教育方法论创新的结合愈来愈密切。

教育实践与同行评议，促进了社会创业领域的研究创新；同时广泛的社会创业教育实践活动推动了社会创业、慈善事业、志愿活动等相关领域的结合。最为重要的是，应用型研究和社会创业教育活动都促进了社会创新的实现，社会创业教育走出了教育领域的局限，逐渐成为了引领社会创新活动的要素之一。

从全球范围来看，社会创业教育的发展趋势，由最初先锋领袖的推动，发展到众多社会机构参与其中，社会创业教育已经逐步发展成社会创新的枢纽。社会创业的性质决定了社会创业教育的复杂性，社会创业教育的发展已经进入到了主流学术框架中，形成了相对稳定的实践机构与研究人员，并且具有了一系列代表性的学术刊物与学术会议。

如下表 2.1 所示，为全球社会创业教育不同发展阶段的实践研究机构、代表性出版物以及学术会议。

表 2.1　全球社会创业教育代表性实践机构、刊物及学术会议

发展阶段	代表性研究机构	代表性出版物	代表性学术会议
先锋期（20世纪 90 年代）	哈佛商学院社会创业中心（Harvard Business School Social Enterprise Initiative，1993）罗伯特创业发展基金会（Roberts Enterprise Development Fund，1993）斯坦福社会创新中心（Stanford Center for Social Innovation，1999）非营利及合作组织研究机构（Not - for - profit，co - operative studies scholars：EMES，1999）	■ Dees（1998） ■ Dees，Emerson，and Economy（2001） ■ Borzaga and Defourny（2001） ■ Bornstein（2004） ■ Stanford Social Innovation Review（2004—） ■ Austin / SEKN（2004） ■ Dacanay（2004）	哈佛商学院社会企业学会（2000—）

续表

发展阶段	代表性研究机构	代表性出版物	代表性学术会议
融合期（21世纪初）	商学院： 杜克大学（Duke University, 2002） 牛津大学（University of Oxford, 2003） 政府公共政策管理学院： 哈佛大学肯尼迪学院（Kennedy School, Harvard University, 2002） 纽约大学瓦格纳学院（Wagner School, New York University, 2002）	■ Social Enterprise Journal（2005—） ■ Mair, Hockerts, and Robinson（2006, 2009, 2010） ■ Nicholls（2006） ■ Nyssens（2006） ■ Perrini（2006） ■ Light（2006）	社会企业研究会议（开放大学和伦敦南岸大学：2004—2006；与牛津大学共同举办：2006—2008） 萨特社会创业大会（纽约大学，2004—） 国际社会创业研究大会（巴塞罗那商学院，纽约大学以及哥本哈哥，2005—2007）
机遇期（2008年后）	第三部门研究中心： 社会企业集群 （伯明翰大学与南安普森大学，2008）	■ Kerlin（2009） ■ Zeigler（2009） ■ Santos（2010） ■ Journal of Social Entrepreneurship（2010—） ■ Ridley - Duff and Bull（2010） ■ Journal of Social Business（2011） 特刊： Journal of World Business 41.1（2006） Emergence：Complexity and Organization 10.3（2008） MIT Innovations（2007, 2009） Entrepreneurship Theory and Practice 34.4（2010）	国际社会创新研究会议（牛津大学与伦敦南岸大学，2009—） 社会创业学术研讨会（牛津大学与杜克大学，2007, 2009, 2010—） 变型： 美国非营利组织与志愿活动研究协会（ARNOVA，美国） 国际第三部门研究协会（ISTR，欧洲） 联邦志愿活动理事会（NCVO，英国）

　　社会创业教育的出现、发展并逐渐成为学术研究和社会关注的主要领域，其背后的驱动要素主要是商业模式的创新、政府管理角色的转变和第三部门的不断发展。[①]

---

① Nicholls A. Social Entrepreneurship：New Models of Sustainable Social Change [M]. Oxford University Press, 2006：284-285.

　　而所有这些变化更广阔的背景便是全球化，全球化的第一波是 18、19 世纪的欧洲采用征服和贸易的方式；① 第二波是 20 世纪以来一些国际机构的建立，如联合国、布雷顿森林体系加上南北自由贸易；② 第三波始于 1997 京都议定书，以一系列全球化问题为基础的全球范围内的合作与协定开启了新的全球化阶段。

　　全球化的趋势使得人员的流动变得异常简单；教育的国际化趋势使得一国先进的教育方法与教育理念得到空前迅速的传播；同时，社会问题也呈现着全球化的趋势，失业问题、老龄化问题、环境问题、社会边缘群体受教育问题等在全球范围内呈现着扩散趋势，并且一些问题的解决已经不能单单依靠一国之力。因此社会创业教育的全球化扩散趋势也就很容易理解。

　　另外，社会创业教育的实践与研究背后还蕴含着一条新的发展逻辑——新的组织建立在新的创业思想基础上。例如，混合价值创造将商业价值与社会价值并重；③ 将社会影响力作为新的投资类型；关注弱势群体，对金字塔低端市场进行分析；④ 关注社会资本与社区的融合；身份经济学的研究和以其为依据的活动越来越多。⑤ 这些新的创业思想在应对 2008 年金融危机的过程中起到了重要作用。

　　在这种语境下，社会创业教育自身的发展也步入了歧路之态，作为创新变革的表达和延续而存在，抑或成为了社会创新的引擎与源泉。无论各国将社会创业教育定位于何处，政府、社会、大学以及研究机构都已经开始切实地投入力量于其中，这种局面同样也是全球化直接作用的结果。

　　不同国家对社会创业教育的定位也直接反映出其对社会创业以及社会创新活动的认识与看法，社会的成熟程度与政府角色间存在着复杂的联系，

①　Hobsbaum E. The Age of Empire：1875—1914 ［M］. Weidenfeld and Nicolson, 1986：433.

②　Chang H. J. Kicking Away The Ladder ［M］. Anthem Press, 2006：173—174.

③　Emerson J. The Blended Value Proposition：Integrating Social and Financial Results ［J］. California Management Review，2003，45（4）：35—51.

④　Prahalad. The Fortune at the Bottom of the Pyramid ［M］. Wharton University Press, 2005，74—75.

⑤　Akerlof G. & Kranton R. Economics and Identity ［J］. The Quarterly Journal of Economics，2000，115（3）：715—753.

不同国家间的政府角色定位同社会创业以及社会创业教育的发展存在着相关性。这种相关性在对日本社会创业以及社会创业教育研究的过程中得到了充分的展现。

2.2　日本市民社会的时代发展机遇

日本社会的意识形态从对天皇效忠发展到对企业忠诚，再发展到极度个人化的阶段，但无论日本社会的意识形态如何变化，国家主导的政府长期占据着社会的引领层次。从文化层面来看，日本社会始终没有脱离以协作和团体为核心的"集团主义"传统，这也是存在于日本社会的文化基因，这些都助推了市民社会在日本的产生与发展。

在日本，对市民社会的讨论开始于第二次世界大战以前。[1] 而从 20 世纪 60 年代开始，日本进入经济高速增长时期，有关市民社会的讨论及与之相关的公共性问题都逐渐成为日本学界的重要研究课题。

实际上，同社会创业教育一样，对日本社会而言，"市民社会"这个概念本身也是舶来品，其起源于欧美等国对国家与社会矛盾的思考，而对公共性问题研究的理论意义在于对社会运行的基本规则及其变化进行重新审视。[2] 市民社会的发展重新界定了公共性的范围，在市民社会中公领域与私领域的关系也是异常重要的社会运行规则。

在日本的历史传统中，"官方"承担着公共性，国家的行政力量构成了公共领域中的核心力量[3]，政府在事实层面上垄断了公共性，这种公共性也可以被称为"行政的公共性"。从 20 世纪 60 年代以后，市民社会开始发端，"市民的公共性"作为独立于"行政的公共性"之外的存在逐渐为社会所关注。这同样是社会创业以及社会创业教育产生的必备土壤。

① 安孙子诚男. 日本における市民社会思想 [A]. 復権する市民社会論 [C]. 日本評論社，199；，55.
② 藤田弘夫. 东亚公共性的变容 [M]. 东京：庆应义塾大学出版社，2010，36.
③ 长谷川公一. NPO 与新的公共性 [A]. 佐佐木毅. 中间团体开创的公共性 [C]. 北京：人民出版社，2009，11－12.

德国思想家哈贝马斯认为，"市民的公共性"与国家、政府支配的"行政的公共性"不同，是由作为独立个体的市民为创造更加美好的生活而与其他市民合作创造的崭新世界。①

由日本政府出版的《生活白皮书》指出："我们要创造新的公共性，它不同于国家、地方公共团体等官方组织的形式单一的公共性，而是通过对福利、城市建设等特定问题感兴趣的人们自发组织活动创建的、具有多元化特征的公共性。新的公共性应以市民的自发活动为主体。"②

这种"行政的公共性"向"市民的公共性"转型的过程也是日本市民社会逐步建立的过程，社会公共性的内涵自然而然地发生了质变，所有这些都为社会创业以及社会创业教育的出现提供了可能。

2.2.1 日本市民活动的兴起与发展

日本经过由政府主导到政策促进的过程，到 20 世纪 70 年代初期，日本经济开始由高速增长转为稳步前进。同时，之前由于企业只重视经济效益，无视环境保护的畸形发展理念，到这一阶段开始显现恶果，包括各种类型的污染、地面下沉及恶臭等在内的公害开始威胁当地居民的健康和生命安全。

日本在 20 世纪 50—70 年代期间，先后发生了四次震惊世界的公害事件：熊本水俣病（1956 年）、新潟水俣病（1964 年）、三重县四日市哮喘病（1960～1970 年）和富山县神通川流域疼痛病（1955～1972 年），这些公害事件都是由工业废物的随意排放所致，主要发生地为工业聚集区。

面对这些严重的公害问题，"反公害运动""反环境破坏运动"等市民组织开始出现，他们对企业不负责任的行为进行批判，谴责政府的不作为，力争保护自己的生存空间。这一时期出现了大量的市民组织（以受害者团体为主）状告企业的事件，仅 1972 年就有 87764 起有关公害问题的诉讼，在这些事件中最具影响力的是"四大公害诉讼"。

---

① 哈贝马斯. 公共领域的结构转型 [M]. 上海：学林出版社，1999，10—11，58—59.
② 日本内阁府. 平成 16 年国民生活白书 [R]. 2004，154.

这一时期的市民活动以对抗和利益诉求为特点，大量公害问题的出现唤醒了处于安逸生活状态下的社区居民保护家园的公民意识，虽然这一时期形成的市民组织没有对日本的市民社会形成持续的影响，但公害问题的出现唤醒了越来越多缺乏与国家对抗经验的市民，政府层面的不作为开始显露。

再到 20 世纪 80 年代，日本经济开始步入低速增长，地方政府开始重视发挥市民的力量，希望市民可以为地方经济走出低谷献计献策。为缓解政府财政负担，地方政府积极倡导市民参与政府行政活动，而这一时期的市民也对地方政府的倡议做出积极回应，参与到振兴地方经济的活动中来。

其中，大分县知事平松守彦提出的"一村一品"设想应该是最为著名的事件。"一村一品"号召居民积极发掘本地的标志性产品、积极参与创造能代表地方的特色项目，以求振兴地方经济。"一村一品"活动逐步在日本全国范围内推广开来，这离不开广大市民对活动的积极参与，更反映了市民对这个活动的认同。

这一时期市民活动以参与为主要特点，市民活动与行政的关系也体现为市民参与行政管理活动。这一时期公民活动关注的重点仍然是与环境相关的问题，日本各地出现了不少以保护生态环境为宗旨的市民团体，与 70 年代以对抗和利益诉求为特征的活动相比，这一时期的环保活动更加理性，市民多选择直接参与保护环境的活动，践行环保理念。

随着保护生态环境的理念不断普及，循环再利用和环境友好等生活方式的影响力不断扩大，市民的环保意识有了明显的提高，城市环境得到了显著改善。在这个时期，国家与市民社会间的冲突已经逐渐调和，而随着这些社会问题的出现，国家和市民社会之间原有的界限已经被打破。

20 世纪 90 年代初开始，泡沫经济的不良影响开始扩散，日本进入长达 10 年之久的经济低迷时期。这个时期，市民参与振兴地方经济的活动程度也开始深入发展，市民参与地方行政的活动程度也不断加深，在这一背景下，市民组织要求地方行政进一步对信息公开化和透明化。同时，日本政府也开始逐步推行地方自治改革，倡导地方行政运营工作由地方自治体、市民、企业共同推进，地方行政管理模式开始转变成市民与行政联动模式，在这种模式下，地方政府不断将养老服务、绿色消费、社会福利等活动交付给市民组织。

另一方面，以提高市民生活质量为目的的市民组织和各类志愿者活动的活跃度逐渐提高，市民对公共服务的观念开始发生转变，不再过度依赖政府，而是开始尝试以自身力量谋求解决方案。例如，在 1995 年阪神大地震发生后，政府层面的救灾行动迟缓，各地民众和非政府组织纷纷自发参与救援和灾后重建工作，在阪神震灾的救援过程中共有来自日本各地的 130 多万名志愿者，高峰阶段每天有超过 2 万名志愿者前往灾区开展救援活动，可以说阪神大地震成为日本市民社会发展的转折点，大量的新生市民组织开始涌现。

如"神户加油村"是在震后第三天成立的市民组织，由志愿者们自发组成，在震后的最初三个月中，他们在各个公园为避难居民提供便当，高峰时一天可以提供 7000 份便当；又如"假牙救护队""婴儿救护队"和"温心草甸队"等组织，都是针对不同类型的灾民提供个性化服务的市民组织。截至 1995 年 12 月，参加该组织的志愿者达到 1 万人次。① 志愿者组织活动多样化的特点满足了灾区社会需求的多元化，市民的目光不再只聚焦于政府，而是走上了自救之路，志愿者们通过建立起的组织网络，保持密切交流，这体现了发展的自律性。

在阪神大地震的救援活动和灾后的重建活动中，与政府和自卫队相比，来自全国各地、具有丰富救援经验的救灾志愿组织体现出了自身的优势。共同面对的自然灾害刺激、鼓舞和促进了市民组织的发展，而市民组织的一系列活动极大地激发了市民参与社会治理的热情，1995 年可以被作为"志愿者元年"而被载入史册。

通过这一系列的实践活动，政府也逐渐认识到市民的力量，制定和实施了一系列支持市民组织的政策。其中，影响力最大、影响面最广的是 1998 年 12 月实施的《特定非营利活动促进法》，在此法律出台前，在日本法律体系中是找不到志愿组织、市民组织这种类型组织的依据的。虽然在

---

① 八木哲郎.志愿者改变世界［M］.日本：法藏馆出版社，1996：185-190.

日本社会自发组织市民活动并不违法，但由于缺乏法人资格，市民组织受到了很多限制，如无法以组织身份签署合同、租借办公场所、管理组织基金或者同政府对话，更难以取得社会的普遍信任。

《特定非营利活动促进法》的制定为市民组织营造了相对宽松的社会环境，降低了公民社团注册准入门槛，简化了审批手续，减少了限制条件，更是要求政府加大政务信息公开力度，积极支持市民组织的发展。正因为如此，该法案被认为是日本政府向社会开放更多活动空间的重要标志，[①] 也推动了日本市民社会的不断前进。

进入 21 世纪以后，少子老龄化、贫富差距扩大等社会问题开始困扰日本社会，日本国民参与公共活动的意识随之增强，市民社会的发展进入到稳定、繁荣的时期。特别是《特定非营利活动促进法》实施后，市民组织可以通过相对简单的手续取得 NPO 法人资格，市民非营利组织数量激增。

截至 2013 年 12 月，全日本非营利法人总数达 48611 个。[②] 非营利组织的活动领域主要涉及 17 个方面，即福祉、医疗、街区建设、环境、文化/艺术/体育、地区安全、灾害救援、维护人权与和平、促进国际交流与合作、促进男女共同参与社会、培养儿童健康成长、信息化社会建设、保护消费者权益、促进科技进步、支援志愿等领域，覆盖了与市民生活密切相关的大部分领域。非营利组织越来越多地参与到市民生活中，非营利组织在独立开展各项活动时，越来越重视处理和地方政府之间的关系，尝试通过自身努力和与政府沟通来寻找解决问题的方法。

与此同时，日本的中央和地方政府也越来越重视发挥非营利组织在经济建设和社会发展中的作用，不少地方政府在各种政策措施中增加了以非营利组织为对象的内容，积极向市民提供信息，鼓励市民参与非营利组织。一些地方还建立了地方政府、非营利组织、市民三方携手合作的运作模式，政府与非营利组织的关系越来越多地转变成为一种合作伙伴关系。

---

① Mary A. H. Transformation of Japan's Civil Society Landscape [J]. Journal of East Asian Studies，2007（7）：413－418.

② 日本内阁府．認証申請受理数·認証数（所轄庁別）［EB/OL］. https：//www. npo - homepage. go. jp/about/npodata/kihon＿1. html.

综上所述，随着政治、经济、社会环境的变化，政府与市民的关系已经从政府主导逐渐转变为政府与市民的互动模式，市民与行政机构开始作为对等主体，共同参与社区治理。

2.2.2　日本市民社会发展的现实状况

2015 年，日本同志社大学对全国非营利组织以及市民社会贡献进行了调查，从非营利组织和市民社会贡献两个层面反映了日本市民社会发展的现实状况。本研究者作为课题组的成员参与了此项调查，以下引用的数据均来自于 2015 年对日本非营利组织以及市民社会贡献的调查。

在日本，非营利组织是市民社会的重要组成部分，对非营利组织发展状况的调查可以从很大程度上展现日本市民社会的发展状况，而对市民社会贡献的调查能从更深层面反映日本市民社会的成熟程度，并且可以从一定程度上反映日本市民社会未来的发展方向。

对日本市民社会发展现实状况的分析，可以从更广阔的视角理解日本社会创业教育的背景，有利于从市民社会的角度深入分析日本社会创业教育的发展潜力与未来发展方向。

调查对全国 4800 家非营利组织进行了在线问卷调查，共发送 4800 份调查问卷，未成功送达 313 份，回收 1343 份，回收率 29.9%。调查始于 2015 年 8 月 22 日，在同年 9 月 30 日结束，共持续了 40 天。

首先对日本非营利组织的分布进行调查，非营利组织分布于全国范围内，而数量较多的还是在首都圈和关西地区：东京（19.1%），大阪府（7.0%），神奈川县（6.7%）等地。

其次从非营利组织的建立时间来看，2003 年到 2008 年建立的非营利组织较多。值得注意的是，日本从 1998 年开始正式认定非营利法人，放宽进入门槛，但进行非营利法人认定的非营利组织仍然相对较少。

在回收的有效问卷中，进行了法人认定的组织仅有 323 家，大部分的组织尚未进行法人认定。而其中进行了认定的组织在 2005 年（11.8%）、2003 年（11.5%）取得法人资格的较多。如图 2.1 所示，为非营利组织的成立时间分布。

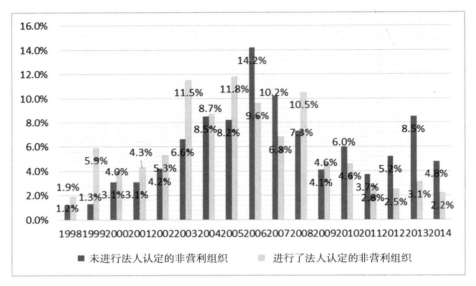

图 2.1 日本非营利组织成立时间分布

　　非营利组织经历了较长时间缺乏认定依据的时期后，得到了日本政府的专门认可，获得认定的法律依据，2003 至 2005 年进入了一个小的认定高潮。而大部分的非营利组织选择不进行法人认定，其背后的原因可能是多方面的：如组织规模过小、认定手续烦琐、从事领域缺乏相应的政策支持等，需要针对具体的非营利组织再进行探讨。

　　另外，近年来非营利组织的总体数量相对平稳，这从一个侧面反映出近年来日本社会市民活动的多样化趋势。非营利法人虽然是市民社会的重要组成要素，但绝不是唯一要素，随着市民社会的不断成熟，社会企业、组合协会、非政府机构等多种形式的市民组织开始发展，因此认定非营利法人的数量趋于平衡。

　　从非营利组织的活动领域来看，未进行非营利法人认定的组织从事"保健、医疗以及福祉相关活动"的比例最高（67.2％），从事"推进地区建设事业"的比例为 38.7％，从事"儿童健康育成事业"的比例为 37.9％。

　　在进行了非营利法人认定的组织中，从事"保健、医疗以及福祉推进事业"的比例最高，为 56.8％，其次是"儿童健康育成事业"（比例为42.7％），然后是"社会教育的推进事业"（35.9％）。

　　在认定法人与未认定法人的组织之间的比较中，差异最大的是"国际协力事业"，认定法人的组织比未认定法人的高 15.7%。详见图 2.2 所示。

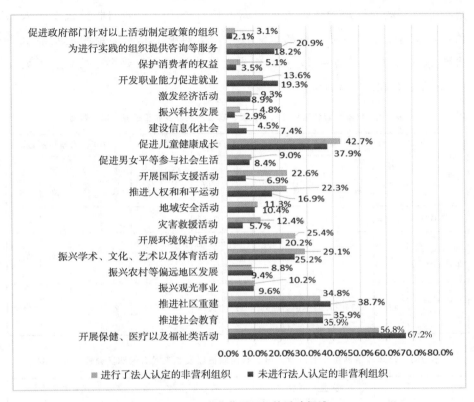

图 2.2　日本非营利组织的活动领域

　　从非营利组织的从业人数中位数来看，未进行非营利法人认定的组织从业职员人数的中位数为 7 人，进行了非营利法人认定的组织从业人数中位数为 6.5 人。差异不大。

　　未进行非营利法人认定的组织从业人员平均人数为 15.5 人（中位数为 7 人），其中有偿工作员工的平均人数为 13.8 人（中位数为 5 人），非正式有偿员工的平均人数为 6.8 人（中位数为 6.5 人）；进行了非营利法人认定的组织从业人员平均人数为 17.9 人（中位数为 6.5 人），其中有偿工作员工的平均人数为 14.9 人（中位数为 4 人），非正式有偿员工的平均人数为 7.3 人（中位数为 2 人）。

从从业人员的数量来看，日本的非营利组织规模较小，一部分组织没有正式的从业人员（职员数为 0 人），很多得依托志愿者来进行运作，另外进行非营利法人认定的组织人员规模也相对较小（最多的职员仅 265 人）。值得注意的是女性从业人员的数量较多，平均单个非营利组织的女性从业人数为 10.9 人，可以说非营利组织中女性的就职人数要多于男性。详见表2.2，表 2.3 和表 2.4 所示。

表 2.2 日本非营利组织的从业人员、有偿职员以及非正式有偿职员数量

	组织数	从业人员数				有偿职员数				非正式有偿职员数			
		中位数	均值	最小值	最大值	中位数	均值	最小值	最大值	中位数	均值	最小值	最大值
总体	1338	7	16.1	0	681	5	14.1	0	681	2	7.0	0	516
未认定的非营利组织	982	7	15.5	0	681	5	13.8	0	681	2	6.8	0	516
认定的非营利组织	356	6.5	17.9	0	265	4	14.9	0	265	2	7.3	0	265

表 2.3 日本非营利组织的从业人员、有偿职员以及非正式有偿职员数量（参考 1）

	组织数	从业人员数				有偿职员数				非正式有偿职员数			
		中位数	均值	最小值	最大值	中位数	均值	最小值	最大值	中位数	均值	最小值	最大值
总体	1189	8	18.2	1	681	6	15.8	0	681	3	7.8	0	516
未认定的非营利组织	865	9	17.6	1	681	6	15.7	0	681	3	7.8	0	516
认定的非营利组织	324	7	19.7	1	265	6	16.3	0	265	2	8.1	0	265

表2.4　日本非营利组织的从业人员、有偿职员以及非正式有偿职员数量（女性职员）

	组织数	从业人员数				有偿职员数				非正式有偿职员数			
		中位数	均值	最小值	最大值	中位数	均值	最小值	最大值	中位数	均值	最小值	最大值
总体	1338	4	10.9	0	520	3	9.9	0	520	1	4.5	0	360
未认定的非营利组织	982	4	10.5	0	520	3	9.6	0	520	1	4.3	0	360
认定的非营利组织	356	3.5	11.9	0	206	3	10.4	0	206	1	4.9	0	206

　　从非营利组织的从业人员人数来看，以6至10人的规模所占比例较高，在未进行法人认定的组织中所占比例为20.3％，在进行了法人认定的组织中所占比例为17.1％，具体组织内人员数量的详细情况如图2.3所示。

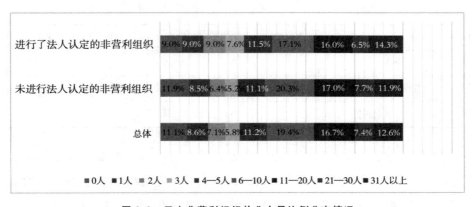

图2.3　日本非营利组织从业人员比例分布情况

　　由于日本非营利组织的规模较小，存在一定比例的志愿者从业者，而志愿者从业者可以从一定程度上反映市民社会的成熟程度，这些志愿者也有可能成为未来的社会创业者。

　　同时，从事非营利活动的志愿者一般都具备较高的社会意识，满足社会创业者的社会性属性，他们具备社会创业的相关从业经验，很多人在实践活动中逐渐发觉到自己的不足，因此会主动参与到社会创业教育活动中，所以有必要对参与非营利组织的志愿者的情况进行分析。

从非营利组织志愿者人数的中位数来看，进行了法人认定的是未进行法人认定的 4.6 倍。相比而言，进行了非营利法人认定的组织其志愿者更多，未进行法人认定的非营利组织的志愿者平均人数为 230.4 人，而进行了法人认定的志愿者平均人数为 509.9 人。详见表 2.5，表 2.6 所示。

表 2.5　日本非营利组织的志愿者人数

	组织数	中位数	均值	最小值	最大值
全体	1332	20	304.2	0	24820
未认定的非营利组织	980	10	230.4	0	24820
认定的非营利组织	352	46	509.9	0	17442

表 2.6　日本非营利组织的志愿者人数（0 人的组织除外）

	组织数	中位数	均值	最小值	最大值
全体	880	70	460.5	1	24820
未认定的非营利组织	613	60	368.3	1	24820
认定的非营利组织	267	108	672.2	1	17442

在非营利组织中也有一部分没有志愿者参与，未进行法人认定的组织中有 37.5% 的组织没有志愿者，而进行了法人认定的组织中有 24.2% 的组织没有志愿者。同时，未进行法人认定的组织中有 26.6% 的组织有 100 人以上的志愿者，进行了法人认定的组织中 41.8% 的组织有 100 人以上的志愿者。

出现这种情况，主要是由于进行了法人认定的非营利组织做了较多的志愿者招募工作，随着市民社会建设的不断推进，越来越多的市民愿意作为志愿者参与到非营利活动中。详见图 2.4 所示。

另外，从志愿者的工作量角度来分析，未进行法人认定的非营利组织中有 37.4％志愿者的工作量为 0 天，而进行了法人认定的非营利组织中有 24.4％志愿者的工作量为 0 天；未进行法人认定的非营利组织中有 19.4％志愿者的工作量在 100 天以上，而进行了法人认定的非营利组织中有 34.7％志愿者的工作量在 100 天以上。

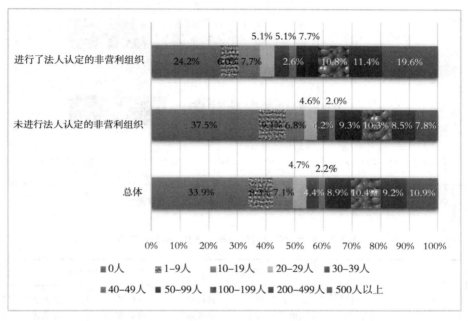

图 2.4　日本非营利组织的志愿者人数分布情况

这说明进行了法人认定的非营利组织进行志愿者招募的频率要远远高于未进行认定的组织。详见图 2.5 所示。

非营利组织的收支情况，可以较好地反映非营利组织的规模。从调查数据分析，无论是否进行过法人认定，组织的大部分收益都来源于非营利组织主营的相关业务。

根据上一年度（2014 年）的收支情况分析，未进行法人认定的非营利组织收入的 95.5％，进行了法人认定的非营利组织收入的 98.4％，都来自于非营利组织的主营相关业务。详见表 2.7 所示。

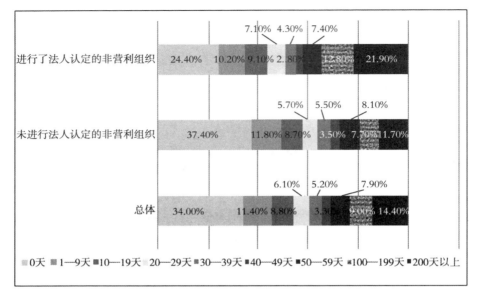

图 2.5   日本非营利组织的志愿者工作量

表 2.7   日本非营利组织的收支情况（单位：万円）

	组织数	收益合计		支出合计	
		主营相关事业收入	其他事业收入	主营相关事业支出	其他事业支出
全体	1291	64665576 (96.6%)	2305899 (3.4%)	62013482 (96.0%)	2563971 (4.0%)
未认定的非营利组织	945	40166773 (95.5%)	1902518 (4.5%)	37635939 (94.6%)	2150924 (5.4%)
认定了的非营利组织	346	24498803 (98.4%)	403381 (1.6%)	24377543 (98.3%)	413047 (1.7%)

通过对非营利组织的收支情况的总体把握，可以清晰地看到日本非营利组织的收支主要来自于主营相关事业，因此为了更进一步分析日本非营利组织的规模情况，应该对非营利组织的主营事业进行分析。

从非营利组织主营事业的收益来看，未进行法人认定的组织年平均收益为 4090 万日元，平均收益中位数为 1500 万日元；进行了法人认定的组织年平均收益为 6843 万日元，平均收益中位数为 1633 万日元。

从非营利组织主营事业的支出来看，未进行法人认定的组织年平均支出为 3976 万日元，平均支出中位数为 1566 万日元；进行了法人认定的组织年平均支出为 7075 万日元，平均支出中位数为 1693 万日元。

从非营利组织主营事业的收支差额来看，未进行法人认定的组织年平均差额为 267 万日元，进行了法人认定的组织年平均差额为 15 万日元。详见表 2.8 所示。

表 2.8 日本非营利组织主营事业收支情况（单位：万円）

	组织数	收益合计				支出合计				收支差额平均值
		中位数	均值	最小值	最大值	中位数	均值	最小值	最大值	
总体	1294	1671	5006.5	0	463443	1584	4805.2	0	552110	201.3
未进行法人认定的组织	947	1648	4243.1	0	371489	1566	3975.9	0	346414	267.2
进行了法人认定的组织	347	1775	7089.8	0	463443	1693	7074.9	0	552110	14.9

从非营利组织主营事业收益合计的分布情况来看，未进行法人认定的组织中年收入在 1000 万—5000 万日元范围内比例最高，为 36.9%，其次为年收入在 0—100 万日元之间的组织，比例为 13.3%，然后为年收入在 100 万—500 万日元范围内的组织，比例为 11.7%；进行了法人认定的组织中年收入在 1000 万—5000 万日元范围内比例最高，为 30.8%，其次为年收入在 100 万—500 万日元的组织，比例为 18.2%，然后是 5000 万—1 亿日元和 1 亿日元以上的组织各占 14.1%。可以看到年收入超过 1000 万日元的组织占组织总数的 60%。详见图 2.6 所示。

从非营利组织的收益来源的内部结构来看，未进行法人认定的组织收益来源于事业直接收益（74.5%）、补助拨款（13.7%）、会费（8.3%）；进行了法人认定的组织收益来源于事业直接收益（46.2%）、捐赠（26.9%）、补助拨款（23.0%）。

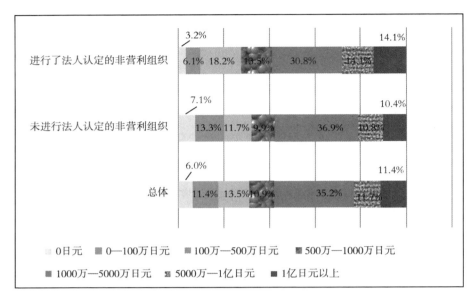

图 2.6　日本非营利组织收益分布情况

　　虽然是否进行了法人认定的组织都以相关主营业务作为收益的主要来源渠道，但是具体的财源结构还是存在一定的区别。不同的法律定位，限制着组织是否可以获得捐赠。详见图 2.7 所示。

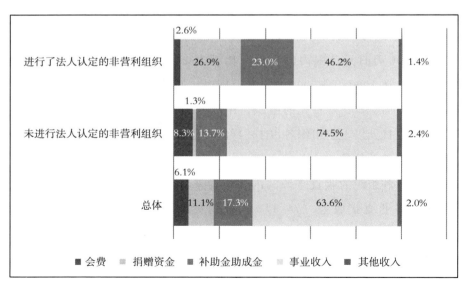

图 2.7　日本非营利组织收益来源的内部结构

对非营利组织收益来源的内部结构进行具体的分析，会费收益达到 0—50 万日元的比例最高，未进行法人认定的组织中有 58.6% 的会费收益在此区间内，进行了法人认定的组织中有 39.8% 的会费收益在此区间。

从捐赠收入来看，未进行法人认定的组织中的 48.5%，进行了法人认定的组织中的 19.0%，都没有获得捐赠。而另一方面，进行了法人认定的组织中又有 34.8% 的捐赠收入达到了 200 万日元。

从补助拨款收入来看，未进行法人认定的组织中的 50.5%，进行了法人认定的组织中的 44.1% 都没有该项收入（收入为 0）。同时，补助拨款超过 1000 万日元的组织占到 10% 以上。

因此可以看到，一部分非营利组织同政府之间存在一定的联系，政府将一部分资金投入非营利组织中，其背后体现了政府角色转换模式下政府和市民社会的合作。详见图 2.8 所示。

以上是对日本市民社会现实层面的重要组成要素——非营利组织进行的基于基础数据的分析，非营利组织在日本国内呈现较为均匀的地理分布，但是在经济发达的首都圈和关西大阪地区稍呈现积聚的效应，这也同人才、经济、交通等条件有着密切的联系。

从非营利组织的经济规模来看，日本的非营利组织还是偏向于中小型，但是从法律意义上给予非营利组织合法地位以后，日本的非营利组织呈现出分化的趋势，一部分的组织选择进行法人认定。从一系列的数据分析显示，进行法人认定后为组织的发展提供了更多的便利，比如得到更多志愿者的支持，获得更多的补助资金等，这也从一个侧面反映了法律制度的完善对市民社会的积极影响。

同时，还有一大部分的非营利组织没有选择进行法人认定，而其经济规模也同样不可小觑。虽然与进行了法人认定的组织相比其法律定位不甚明晰，但也有其自身的优势，相对宽泛的事业范围。

值得思考的是，大部分定位为非营利组织的机构没有选择进行法人认定，这同法人认定的手续繁复有关，也与日本市民社会的不断成长有关。很多组织认识到了社会公共性的不断变化，非营利组织逐步向社会企业转变，既可以实现社会问题的解决，又可以达成组织内的财政持续。

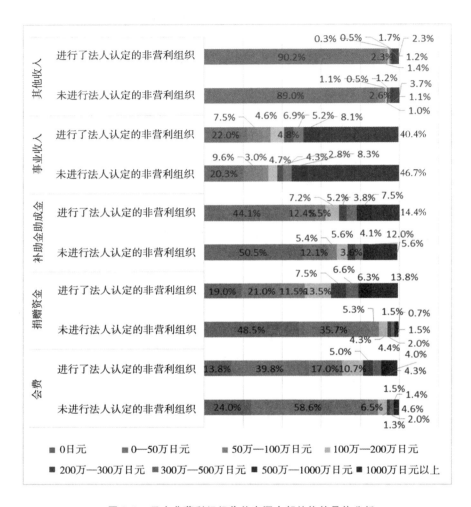

图 2.8　日本非营利组织收益来源内部结构的具体分析

市民社会贡献作为市民社会重要精神层面的要素，可以从市民的自觉与意愿角度入手，展现今年来日本市民社会对市民意识的影响以及日本市民社会发展的未来发展方向。

日本同志社大学于 2015 年开展了市民社会贡献的相关调查，采取地区、年龄分层随机抽样，将日本全国分成北海道地区、东北地区、关东地区、北陆地区、东山地区、东海地区、近畿地区、中国地区、四国地区、北九州地区和南九州地区共 11 个分区，根据日本总务省自治行政局公布《平成

26 年 3 月 31 日居民基本台账》的年龄比例，从 20、30、40、50、60 五个年龄层段中随机抽取 5000 人，分布在全国 200 个市町村。

调查采取了邮寄和网络在线的方式，发放问卷 5000 份，未送到 44 份，回答数 1650 份，整体回收率为 33.3％。从 2015 年 9 月 19 日开始到 10 月 30 日结束，调查历时 42 天。

首先，对样本基本属性情况进行分析。在有效回收的问卷中，男性占比为 45.3％，女性占比为 54.7％；按年龄分类，20—29 岁占 14.4％，30—39 岁占 19.7％，40—49 岁占 19.6％，50—59 岁占 23.2％，60—69 岁占 23.1％；按婚姻状况分类，已婚占 70.7％，独身占 29.3％。

按地域分类，南关东地区占 27.0％，近畿地区占 18.9％，中部地区占 17.4％，九州地区占 12.1％，东北地区占 7.3％，中国地区占 5.7％，北关东地区占 4.4％，北海道地区占 4.1％。

按职业分类，公司正式职员占 31.7％，派遣非正式职员占 17.9％，家庭主妇或主夫占 17.5％，无业（包含求职者与退职者、学生，家庭主妇及主夫除外）占 8.9％，自营业者以及家族企业者占 8.6％，公务员占 4.1％，教职人员 2.8％，学生占 2.4％，医生以及律师资格职业者占 2.2％，团体职员占 2.0％，其他占 2.0％。

按家庭年收入情况分类，未满 300 万日元占 25.7％，300 万日元到 500 万日元占 28.5％，500 万日元到 600 万日元占 12.6％，600 万日元到 800 万日元占 15.1％，800 万日元到 1000 万日元占 8.5％，1000 万日元以上占 9.7％。

对市民社会贡献的调查，首先从志愿活动的现状和意识入手，对市民对志愿活动关心程度，有无志愿活动经验，参与志愿活动的领域、动机、障碍等进行调查。

对志愿活动的关心程度进行调查，有 10.5％非常关心，51.8％比较关心，不太关心的占 31.7％，基本不关心占 6.0％的人。从总体上看，有 62.3％的人对志愿活动感兴趣。

从认知到行动的调查，对过去三年来是否参与过志愿活动进行调查，其中 26.8％参加过，73.2％没有参加过。

　　而在 2014 年的调查中，有 35.1％在过去三年中参与过志愿者活动，其中重要的影响因素是 2011 年的东日本大地震，有 31.7％是在东日本地震发生后开始进行志愿活动。

　　对参加过志愿活动的市民进行进一步调查，其参与志愿活动领域主要在以下几个方面：激化地区活力占 29.0％，儿童以及青少年育成占 22.6％，自然环境保护占 21.0％，地区安全占 17.2％，艺术、文化以及体育活动占 16.7％，教育研究活动占 12.4％，灾害救助支援活动占 9.5％，人权和平活动占 4.3％，国际协作与交流活动占 4.3％，雇用促进与支援活动占 0.7％，其他类型活动占 4.8％。

　　而对志愿活动参与者的理由调查显示，有 51.6％的志愿活动参与者"想为社会做出贡献"，33.3％的志愿活动参与者"想要通过志愿活动实现自我的成长与提升"，23.1％的志愿活动参与者"从事与自己和家族相关的志愿活动"，19.2％的志愿活动参与者"将志愿活动作为职业生涯的一环"，12.9％的志愿活动参与者"收到朋友与同事的推荐"，6.6％的志愿活动参与者"为了自己所要解决社会问题的需要"，2.3％的志愿活动参与者"为了社会评价的需要"，8.4％的志愿活动参与者"为了其他需要"。

　　而对未参与志愿活动者的调查显示，时间方面的制约成为了参加志愿活动的最大阻力，53.4％未参与志愿活动者认为"没有参加活动的足够时间"，27.8％未参与志愿活动者认为"参加活动所要花费的费用（交通费用等）对自己是很大的负担"，25.8％未参与志愿活动者认为"虽然很想参加志愿活动，但是缺乏足够的信息"，24.1％未参与志愿活动者认为"参加活动所需要的手续烦琐"，20.7％未参与志愿活动者认为"为了参加活动必须请假"，14.8％未参与志愿活动者"对社会团体和 NPO 组织缺乏信任感"，12.9％未参与志愿活动者"没有一同参加的人"，5.6％未参与志愿活动者认为"即使参加了，也对解决问题没什么帮助"，5.2％未参与志愿活动者认为"活动进行的过程中没有充分的保险"，9.3％未参与志愿活动者认为"没有什么特别的原因"，7.4％未参与志愿活动者认为是"其他一些原因"。

　　对在志愿活动领域内，市民对国家及地区的期望进行调查，47.6％的受访市民认为"国家和地方政府可以为进行志愿活动的团体和 NPO 组织提供更多的支持"，35.4％的受访市民认为"政府应该对想要参与志愿活动的个人以及组织志愿活动的组织提供必要的支持"，32.2％的受访市民认为"应为参与志愿活动者设立休假制度"，24.7％的受访市民认为"政府应该充实参与志愿活动者的学习机会"，22.2％的受访市民认为"政府应推进志愿活动保险事业，完善事故处理"，18.7％的受访市民认为"应对开展志愿活动的团体和 NPO 提供必要的经济支援"，15.6％的受访市民认为"没有什么特别的"，2.6％的受访市民认为"有其他方面的期许"。

　　市民社会的发展不仅可以从市民参与志愿活动的情况，还可以从市民的捐赠情况来分析市民社会的成熟程度。调查分别从是否具有捐赠经验，捐赠金额，捐赠次数以及对捐赠的看法等角度对日本市民的捐赠现实层面以及意识层面进行分析。

　　首先，对市民的捐赠经验进行调查：在过去的三年中具有捐赠经验的市民约占一半。有 54.2％的受访市民明确表示"在过去三年中曾有过捐赠行为"，而 45.8％的受访市民"在过去三年中未曾捐赠过"。

　　对近三年具有捐赠经验的市民去年的个人捐赠金额进行调查，总体的中位数（含 0 日元）为 1000 日元，不含 0 日元的中位数为 2000 日元。具体如表 2.9 所示。

表 2.9　2014 年日本个人捐赠金额

	人数	金额（单位：日元）			
		中位数	平均数	最小值	最大值
总体情况	889	1000	9971.3	0	1550000
除去捐赠数为 0 的情况	643	2000	13786.2	10	1550000

　　对 2014 年家庭捐赠金额进行的调查显示，总体的中位数（含 0 日元）为 2000 日元，不含 0 日元的中位数为 3000 日元。详见表 2.10 所示。

表 2.10   2014 年日本家庭捐赠金额

	家庭数	金额（单位：日元）			
		中位数	平均数	最小值	最大值
总体情况	889	2000	14385.9	0	1550000
除去捐赠数为 0 的情况	714	3000	17911.8	10	1550000

调查显示，2014 年个人捐赠金额在 1 日元到 2000 日元区间的占到样本总体的 35.1％，加上一部分在去年一年没有进行过捐赠的，去年个人捐赠金额在 2000 日元以下的占到样本总体的 62.8％。而捐赠金额在 2000 日元到 5000 日元之间占 15.9％，5000 日元到 10000 日元之间占 5.9％，10000 日元到 30000 日元之间占 8.9％，30000 日元到 50000 日元之间占 2.8％，50000 日元到 100000 日元之间占 1.9％，100000 日元以上占 1.9％。详见图 2.9 所示。

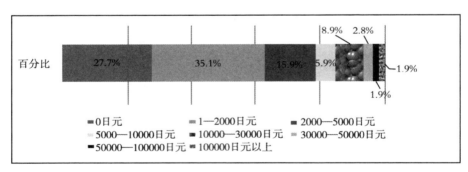

图 2.9   2014 年日本个人捐赠金额分布情况

而对 2014 年家庭捐赠金额的分析显示，捐赠金额在 1 日元到 2000 日元之间的比例最高，占 29.0％，而未有捐赠行为的家庭占比 19.7％，2000 日元到 5000 日元之间占 20.3％，5000 日元到 10000 日元占 9.1％，10000 日元到 30000 日元之间占 12.6％，30000 日元到 50000 日元之间占 3.5％，50000 日元到 100000 日元占 2.5％，100000 日元以上占 3.4％。详见图 2.10 所示。

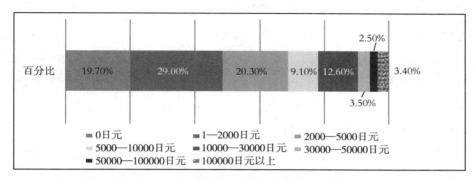

图 2.10 2014 年日本家庭捐赠金额分布情况

对市民 2014 年一年中的捐赠次数进行调查，调查样本中的 33.8％仅有 1 次捐赠行为，22.8％有过 2 次捐赠行为，16.4％有过 3 次捐赠行为，5.5％有过 4 次捐赠行为，9.9％有过 5 到 9 次捐赠行为，9.2％有过 10 次到 19 次捐赠行为，2.3％有过 20 次以上的捐赠行为。详见图 2.11 所示。

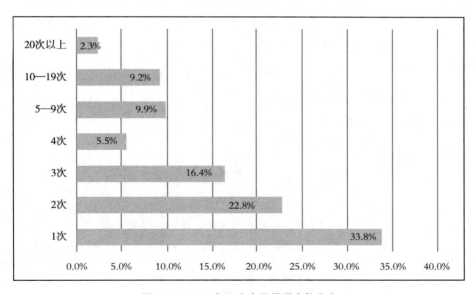

图 2.11 2014 年日本市民捐赠次数分布

从市民的捐赠情况来看，日本市民对捐赠有一定的认同度，调查样本总体中一半以上都有过捐赠行为，但捐赠的金额还处于较低水平。

这同日本社会对待捐赠行为的态度有着一定关系，日本社会并不以捐赠金额的多少来衡量社会贡献，特别是日本社会高度的自主自立，使得日本社会尚行不给别人添麻烦的独特文化背景。

如果是为解决社会问题，那么捐赠行为本身与捐赠金额的多少相关性不大，同时社会评价也不以金额多少作为纬度；而如果是解决个人问题，则很多日本人不太倾向于进行捐赠，对受捐赠群体来说也同样是一个压力，这种情况是日本市民社会发展的瓶颈与机遇。

从捐赠的接受方来看，对总体中过去三年曾经捐赠过的样本进行进一步调查，结果显示日本红十字和赤羽根共同募金是最大的受赠方，占51.8%；其次分别为町内会以及自治会（24.4%），其他非营利法人组织（19.3%），进行认定的 NPO 组织（10.6%），都道府县市町村各级政府部门（7.4%），政治团体以及宗教法人（5.7%），不清楚捐赠去向（9.0%），2014 年没有捐赠行为（12.1%），其他（14.0%）。详见图 2.12 所示。

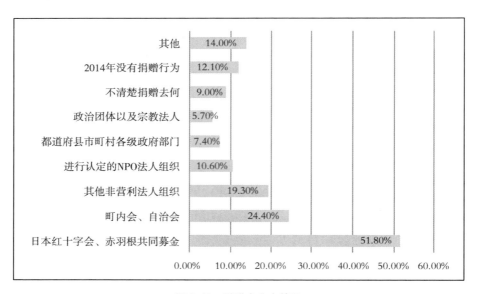

图 2.12　受赠方分布情况

对捐赠所涉及的领域进行调查，结果显示"灾害救助支援"相关事业得到的捐赠最多，占 42.8%，有关"保健医疗福祉"事业的捐赠占 34.0%，有关"儿童与青少年成长"事业的捐赠占 16.9%，有关"激发地区发展活力"事业的捐赠占 15.0%，有关"国际协力与交流"事业的捐赠占 9.0%，有关"自然环境保护"事业的捐赠占8.7％，有关"教育与研究"事业的捐赠占6.2％，有关"艺术，文化以及体育"事业的捐赠占5.7％，有关"人权与和平"事业的捐赠占5.6％，有关"地域安全"事业的捐赠占5.0％，有关"就业促进"事业的捐赠占0.8％，其他方面的捐赠占7.3％。

对市民进行捐赠的原因进行调查，结果显示65.9％认为"捐赠可以为社会进步起到一定的作用"，有30.8％认为"捐赠是町内会或自治会活动的一部分"，14.6％认为"捐赠是职业过程中的一部分"，11.6％"为了自己以及家族相关的事业进行捐赠"，4.1％"为了社会的评价进行捐赠"，3.0％"受到了朋友同事的劝说进行捐赠"，1.2％"怀着解决社会问题的理解而进行捐赠"，9.1％则是"因为其他原因而进行捐赠"。

而对没有进行捐赠的市民来说，之所以没有捐赠行为同样有着多种多样的阻碍与困境。调查显示，未进行捐赠的受访市民中35.4％认为"即使进行捐赠也对实际没有作用"，32.5％"对捐赠的团体和NPO组织缺乏信任感"（这同近年来发生在中国的红十字会信任危机相似），31.0％认为"捐赠会给自己带来较大的经济负担"，15.2％认为"虽然打算捐赠，但是没有足够的信息"，9.4％认为"捐赠的手续比较复杂"，22.0％认为"没有特别的原因"，4.2％则认为是"其他原因"阻碍了他们进行捐赠。

NPO组织作为日本市民社会在现实层面的重要组成部分，市民对其的态度也可以很好地反映市民社会的发展情况。

对NPO组织发展的态度进行调查，5.5％表示"非常关心"，38.3％表示"比较关心"，46.7％表示"不太关心"，9.5％表示"完全不关心"。总的来看，43.8％对NPO组织的发展是持关心的态度。

另外，根据上文对NPO组织的分析，在目前的日本仍然有很多组织没有进行法人的认定，从市民对NPO的法人认定的认知层面也可以反映出一定的原因。受访市民中的79.4％表示"并不了解对认定了NPO法人的组织进行捐赠可以享受税收优待政策"，仅有20.6％表示"了解对认定了NPO法人的组织进行捐赠可以享受税收优待政策"。

虽然这一结果反映出日本市民对NPO法人的认识不足，但值得注意的是，在2014年的调查中受访市民中的82.1％表示"并不了解对认定NPO

法人的组织进行捐赠可以享受税收优待政策"，时隔一年可以发现民众已经慢慢开始了解。

2.3　日本社会创业事业的蓬勃发展

随着日本市民社会建设的不断推进，社会创业事业开始逐渐得到发展空间，基于以上对非营利性组织和市民态度的相关研究表明，日本社会非营利性组织和市民意识层面的发展为社会创业教育提供了一片广阔的天空，而日本社会创业事业的发展则是为社会创业教育提供了一方丰饶的土地，日本社会创业教育呈现的独特发展态势，同日本社会创业事业的发展存在着千丝万缕的联系。

前文对社会创业的全球性发展进行了相关阐释。社会创业本身是一个演进性的概念，从制度层面上可以对其进行操作性定义；在文化层面上，虽然其发端于欧美，但在不同的文化语境下去探究其发展的历史轨迹，可以从全面的视角中观察社会创业，发掘其发展过程中的必然与偶然。

2.3.1　日本社会创业的文化历史渊源

回溯历史长河，可以惊喜地发现社会创业在日本社会有着丰富的历史传统，特别是在设计与组合创新的社会单元以寻求竞争与合作之间的平衡方面。在这个时期还没有"社会创业"这一概念，所以这些活动不能被称为"社会创业"，但这些活动旨在解决社会问题，满足社会需要，这些活动无疑满足了作为社会创业的最基本也是最重要的要素。

1869 年，早于日本颁布首部教育改革法令《学制令》三年前（早于英格兰与威尔士地区颁布初等教育法一年），在京都的 64 个番组（居民居住区）都已建立起了番组小学校（番組小学校，ばんくみしょうがこう）。

这些小学的建立得到了当地居民在精神上以及经济上的支持，其中一个例子便是小学校的财政来源——竈金（かまどきん）。居住区内的住民为了对自己的子女进行教育，就要向番组小学校提供经济上的支持，而资金多少的衡量标准就是住民家中锅灶（竃，在日文中即是锅灶的意思）的数量。

这背后所隐藏的逻辑有两个：其一，古代日本家庭中锅灶数量也可以反映出家庭的经济状况，锅灶越多家庭的经济状况越好，因此其为学校提供的资金支持就应该越多。

其二，这种比较中带有朴素的竞争思维，家庭之间是存在竞争的关系，但这种竞争的直接结果便是学校可以得到更多的经济资助，随之而来的便是在这个居住区的学校具有更高的教学条件，儿童可能会受到更好的教育，通过这种竞争模式实现的是地区的和谐与发展。

市民作为个体，可以是私领域内的皇帝，但面对教育这个准公共领域时仍旧有心无力，以一己之力很难举办教育。所以在国家没有完善体制进行介入之前，市民自发组织力量进入该领域应该是对公共性最好的支持。

市民参与公共领域的经验与现代社会创业有着高度的契合性，只是在古代这种活动更多倾向于单纯的社会性，而很少兼顾到事业自身的发展性，缺乏商业层面的考量也是自然的。

另外，在古代日本，公领域和私领域界限尚不明晰，日本的地理条件决定了日本人个体层面的弱小，很多自然灾害都无法凭借个人之力与之对抗。日本狭长的国土火山星罗棋布，地壳运动异常活跃，与大陆隔绝的岛国特征使得日本人必须学会同自然灾害共处，从广袤的海洋中求得生存所需的食物，所有这一切是日本民族性中不断弱化自我、缩小私领域的原因，这也就造就了日本社会对公和私的独特理解，从某种程度上说日本在明治维新、国家西化之前很多组织都是集合个人的力量解决公共问题，以现在的角度来阐释都是具有浓重社会性的行为。

在封建时代（大约 12 世纪到 16 世纪）的日本就已经开始出现了一些具有创业精神的社会组织，解决社会问题，构建活力社区。邑（ゆい）、庫（こ）、座（ざ）等是这类组织的典型代表。这些组织从封建时代的日本（甚至更早期的日本）就开始建立起来，并且至今活跃在日本社会中。虽然有一些名称发生了变化，但其核心没有发生变化。

邑是基于实用主义逻辑，并且具有独特文化背景的社区共享资源管理组织，它的起源可以追溯到公元 7 到 8 世纪左右，如水稻种植互助组织、采茶互助组织、集体森林管理组织、温泉协会等都是这类组织的典型代表。

邑的本质是公共池塘资源（common - pool resources）管理组织的一种，公共池塘资源理论是在 20 世纪 90 年代由美国著名的行政学者埃莉诺·奥斯特罗姆（Elinor Ostrom）教授提出的。

当然，这种早期的实践活动并不是民众认识到在市场与国家之间存在制度真空，而更多地得益于社会资源的相对匮乏，社会生产水平相对较低，但这种实践活动本身的影响是巨大的：民众都会对社会创业事业表示理解和支持，因为早在封建时代的日本人们就已经学会了共同管理集体资源。

换言之，为了解决社会问题，市民的力量不可小觑，因为由市民所组成的市民社会本来就是介于完全公共领域与完全私人领域的力量，或者可以说是"国家"和"市场"之间的第三要素，邑这类组织的出现给了市民社会存在的一种现实组织形式。

庶原本是一种宗教性的协会，而在公元 13 世纪之后逐渐发展成为了互助性金融机构，为一定范围内的民众提供日常生活中的经济支援和保障。帕特南（Putnam R.）在其关于意大利社会重要社会资本的研究著作中，将日本的这一传统互助金融机构视为轮转信贷协会（rotating credit associations）的形态。[1]

轮转信贷协会是一种重要的民间金融形式，在全球范围内都有分布。中国的唐宋时期也开始出现类似形式的组织，成为"合会"。这种模式根植于相对熟悉的社会，参与者多基于亲缘、业缘以及地缘等关系构建起社会资本，通过成员间的相互信任替代实物抵押。

这种模式与获得诺贝尔和平奖的尤努斯所建立的格莱珉银行有一定的相似之处，而这种模式最重要的影响是建立起社会联系，同样为建立市民社会搭建起了实质层面的联系，为进一步开展社会创业活动提供了空间。这种通过建立社会资本来维系起来的社会经济子系统，其作用将会辐射到

---

[1] Putnam R. Making Democracy Work - Civic Traditions in Modern Italy［M］. Princeton：Princeton University Press，1993：287.

社会发展的各个领域，而与社会创业直接相关的便是重新定义出了社会创业重要发展区域——商业性与社会性的混合区间。

座是存在于日本社会中的特殊工具，通过它可以实现看似相悖的两大目标——基于市场逻辑的竞争与基于社会发展规律的和谐。座这种模式可以追溯到公元 11 世纪，甚至于更早。

"座"在日文中原始的意思是"席位，座位"的意思，同中文的意思类似，而作为一种组织模式或者说经营样态而言就类似于近现代所称的"行会""协会"等。

最直观的例子便是东京的银座——日本顶级的商业街区，汇集了众多商场与百货。而今天的银座之所以得此名，则是因为 1612 年江户政府在该处建立铸币局。"银"是指代所铸造的银币，而"座"不再指代座位，而是席位，为了铸造银币，必须从政府处得到特许经营权后，才能占得在该地区的一个席位，开展铸币事业。

因此，座这种形式的出现伴随着的是特许经营权利的出现，政府的权力在商业领域内发挥作用，市场的问题不能仅仅依靠市场自身，还需要其他力量来规制，政府是不可或缺的力量，市民社会同样是，社会创业活动的开展正是现代社会问题多方力量介入的产物。

从以上的分析中可以看到，日本在历史上曾经出现过诸多富有社会创业精神的行为，虽然很多都持续到现代社会，但是却没有在现代社会引起足够的关注。在日本，社会创业事业仍旧被视为舶来品，从 20 世纪 90 年代末期被关注。从历史上出现了诸多具有社会创业精神的表现形式，到作为全新概念的社会创业在 20 世纪 90 年代后重新被关注，这个过程中日本的社会创业发生了怎样的流变？萨洛蒙（Salamon C.）曾在其进行全球范围内非营利组织比较的著作《新兴行业》的前言中对日本社会思想的转化做了"传统层面的解释"。

这一"传统层面的解释"主要有两个标志性的历史事件，它们发生在公元 19 世纪之后，并且导致日本社会逐渐失去了多样性和自发性。第一个标志性事件是使日本走入现代化的明治维新运动，建立起了庞大的官僚体系，而另一个事件便是日本在二战后通过政府与巨型企业之间的联手，打造了 20 世纪日本的经济奇迹。

当然关于这一个问题还有很多其他类型的解释，但其中有很多都是"充满了作者的虚幻臆想"①。日本学者中根曾在其研究中提出很多讨论的前提是日本社会的基础结构趋于垂直，并且呈现同质化。② 但是市民社会的逐步建立打破了原有的垂直结构，强有力的政府与巨型企业神话已经不复存在。

另外一些学者试图从日文这一文化表征中寻找日本社会的底层规律，村上等学者将日语中"家"（いえ）的概念引入对日本社会结构的阐释中，特别是在古代的日本，家的隐喻代表着社会结构中的垂直关系以及集团性质，家之大之到国，中之到族，小之到私。

而这种社会结构适合于进行相对固化的社会管理，当社会的流动性极高时，家庭模式势必会分崩离析，作为"家长"的国家政府不得不承认自己的权威不能包治百病，垂直结构逐步被平行结构所取代，越来越多的社会利益共同体出现并逐渐形成利益集团。

日本学者平山基于法国学者托德（Todd A.）的研究方法论比较了日本家庭与欧洲家庭的特征，研究表明尽管日本社会将垂直结构与集体主义作为最基本的要素，但是个人主义与创业精神一直都在发挥着作用，以上所列举的诸多形式的组织都可以体现出来。其在研究中指出，之所以出现个人意识的缺失，自主性的消亡，可能是因为在第一次世界大战后日本将经济集中在重工业的发展上。③

2.3.2　日本社会创业的发展阶段梳理

首先，从范围的视角来认识社会创业。通常，社会创业的主要形态是社会志向型企业以及事业型 NPO。社区创业（community business）和社会创业基本一样。但在规模上，社会创业略大于社区创业，从社会问题到

①　Dale P. The Myth of Japanese Uniqueness [M]. London：Croom Helm，2003：55.
②　Nakane C. Human Relations in a Vertical Society [M]. Tokyo：Kodansha，1967：178.
③　Hirayama A. Ie Society and Individualism – Reconsideration of Japanese Organizational Principle [M]. Tokyo：Nihon Keizai Shinbunsha，1995：133.

社区问题，都属于社会创业的目标问题领域。

就社会创业自身而言，可以说其范围的界限尚不明晰。仅就 NPO 而言，根据组织运作的资金来源，可以划分为以事业收入为基础的 NPO 和以捐赠委托资金为基础的 NPO 两种基本类型，但这两种基本类型通常只在理论探讨层面上才泾渭分明，现实中通常处于相互融合的状态，经常会面临界限不明的尴尬。

其次，从过程的视角来认识社会创业。日本学者神原理提出了从志愿活动到社会创业的发展过程，认为虽然选择从事志愿活动是完全意义上的个人选择，但其出发点是为了解决社会问题，这个选择的外部效应很强；带着这种解决社会问题的使命，在志愿活动中寻找到抱有相同志向的群体，形成伙伴关系；通过社会活动将影响力逐步扩大，并最终形成致力于解决社会问题的事业。因此，从社会创业者的角度来看，从起步阶段到不断成长的过程是不断扩展、影响作用逐步扩散的过程，同时也是社会问题意识共有化、推进社会不断前进的过程。

然后，从经济角度来分析社会创业。市民和企业法人并不应该承担解决社会问题这方面的费用负担。地方自治体实行的是以明确会计制度为基础的财政制度，面临着财政改革和税收负担的双重压力。以目前日本地方自治体的实际状况，即便有剩余的财政经费，也无法负担解决社会问题所需的大笔财政支出。如何解决资金的缺乏问题是顺利解决社会问题的关键。在这种语境下，公共部门不得不开始寻求同企业法人和市民部门的合作，这也是社会创业在经济层面上的意义。

在实践过程中，社会创业的融资是一个大问题。仅仅依靠地方自治体实现融资是不现实的，而个人和市民部门进入社会创业的融资环节又缺乏合法性，日本社会创业在融资的过程中存在结构性缺陷，因此有必要从制度层面上加大对社会创业的支持力度。例如，作为社会创业发达的英国，已经创立了诸多基于不同地区、领域、课题等的基金，为社会创业提供了必要的经济支持。

日本的社会发展一直存在着一条较为清晰的市民社会发展主线，而社会创业事业则是这一条主线上的较为重要的点，因此本研究尝试性地梳理了日本社会市民组织发展谱系，如表 2.11 所示。

表 2.11　日本市民社会发展谱系

年度	总理大臣	经济社会环境	与地域经济社会等有关的法律制度	市民社会的动向
1972	佐藤荣作—田中角荣	田中角荣《日本列岛改造论》刊行		
1973		第一次石油危机		
1974	田中角荣—三木武夫		国土利用计划法制定	名古屋新干线噪音公害诉讼
1975		冲绳海洋博览会		
1976	三木武夫—福田赳夫		川崎环境评估条例	美军横田基地夜间飞行禁止诉讼
1977			第三次全国综合开放计划	
1978	福田赳夫—大平正芳	成田空港开港		成田空港反对竞争
1979		第二次石油危机	平松大分县知事提倡"一村一品运动"	城市活跃建设活动
1980	大平正芳—铃木善幸		都市计划法修订（导入地区制度）	挂川市生涯学习城市宣言
1981			全国首个城市建设条例在神户制定	川崎公害诉讼，神奈川县头脑中心计划
1982	铃木善幸—中曾根康弘	东北新干线，上越新干线开通		长良川河口堰禁止建设诉讼
1983			技术城市法公布	
1984		互联网—日本开设		
1985				
1986				
1987	中曾根康弘—竹下登	国铁民营化 JR 开始发展	全国保养地域整备法第四次全国综合开发计划	前川恒雄日野市图书馆（ひまわり号）

续表

年度	总理大臣	经济社会环境	与地域经济社会等有关的法律制度	市民社会的动向
1988		故土创生事业（全国市町村市支付1亿円）		岛根县宍道湖中海淡水化事业冻结
1989	竹下登—海部俊树	进入平成年代开始消费税调整	高龄者保健福祉推进十年计划	神奈川科技园（KSP）
1990			美国ADA法颁布（无障碍设施义务化）	川崎市民代理人制度
1991	海部俊树—宫泽喜一		都市计划设置地方分权推进计划	促进市民我参与都市计划事业
1992				
1993	宫泽喜一—细川護熙、羽田孜	非自民党外的8党派联合进入内阁	制定环境基本法	
1994	羽田孜—村山富市		导入小选区制度开展天使计划	
1995		阪神淡路岛地震冷却剂钠泄漏事故	成立地方分权推进法	来自全国130万的志愿者支援受灾地
1996	村山富市—桥本龙太郎	水俣病诉讼和解		新泻县巷町原子能开发住民投票
1997		防止地球温暖化京都会议	制定环境评估法介护保险法	
1998	桥本龙太郎—小渊惠三	修改学习指导要领	特定非营利活动促进法（NPO法），21世纪国土蓝图，中心街市促进法	

续表

年度	总理大臣	经济社会环境	与地域经济社会等有关的法律制度	市民社会的动向
1999		发行地方振兴券① 东海村核临界事故	情报公开法 新农业法 PFI② 促进法 地方分权一括法	川崎公害诉讼和解宇都宫市新里町农业废弃物分场问题
2000	小渊惠三—森喜朗	开始介护保险制度九州冲绳首脑会议	循环型社会形成事业促进法 大规模小店铺立地法	庆应义塾大学 K2 城校区（新川崎）
2001	森喜朗—小泉纯一郎	中央省厅，市町村合并支援计划平成大合并	环境厅—环境省地方分权一括法 施行地方分权推进委员会最终报告认定 NPO 法人制度	上尾市和さいたま市合并
2002		"骨太方针 2002"③ 三位一体改革	工厂等限制法的废除	大和市制定创造新公共的市民活动推进条件中海干涸淡水化事业中止
2003		日本邮政公司开始公司化		
2004		新泻中越地震	工厂三法废除	
2005			国土形成计划法	
2006	小泉纯一郎—安倍晋三		地方分权改革推进法成立工厂再配置法废止	
2007	安倍晋三—福田康夫	新泻县中越冲地震日本人口自然减少	国民投票法	
2008	福田康夫—麻生太郎	经济危机 27 兆亿円追加经济政策		KS 社会创业学院

---

① 地方振兴券是 1999 年时，日本政府为了刺激泡沫经济后多次减税仍低迷不振的民间消费活动与照顾弱势族群，首相小渊惠三宣布针对符合发放条件的特定族群发放名为"地方振兴券"的消费专用券，每张面额 1 日元，受领者每人 2 万日元，总额约发放 6194 亿日元，使用期限为半年，自 1999 年 4 月 1 日至 9 月 30 日为止。

② Private Finance Initiative，私人融资活动《利用民间资金促进公共设施等整备相关法》。

③ "骨太方针"是日本政府制定的"经济财政运营与结构改革的基本方针"。

续表

年度	总理大臣	经济社会环境	与地域经济社会等有关的法律制度	市民社会的动向
2009	麻生太郎—鸠山由纪夫	民主党政权普天间基地移设问题	节能环保车减税及补助金环保积分制度，2020年减少碳排放量中期目标（比1990年减少25%）	
2010	鸠山由纪夫—菅直人	日本人口减少	新公共宣言地域社会雇用创造事业	
2011	菅直人—野田佳彦	东日本大地震福岛核泄漏	新捐赠税制（导入了所得税税额控制制度）日本版 Planned Giving 制度东日本大地震复兴基本法	东日本大地震复兴支援活动活跃化

以上基于日本历史与现实的分析与梳理，为日本的社会创业事业发展提供了一个整体的背景。现在把研究视野转回到 20 世纪之后日本社会创业事业发展的引擎上来，本研究将按照不同时期的主要驱动力要素将日本社会创业事业划分为三个世代。

第一世代的社会创业事业包括各型各类的邻里互助协会、合作社、慈善机构以及社会合作组织等。1990 年有关工业界行业协会建立以及管理的法律，以及 1948 年消费者联合会的建立都极大地推进了日本第一世代社会创业事业的发展。

今天，日本消费者联合会的规模甚为庞大，19000 个日本家庭（占日本家庭总数的 35%）都加入了消费者联合会。一些邻里互助协会有着相当长时间的历史，如消防协会的前身可以追溯到 1718 年，当时其性质是江户时代（1603—1868）青年男性的联合会，包括在第一世代社会创业事业中的非营利组织类的联合会，主要受到欧洲社会型经济运动、民主管理模式盛行等的影响，成立于 1970 年代到 1980 年代之间。

虽然第一世代社会创业事业都努力在其所处的地区或者领域内发挥作用，但是受到地域等因素的局限，第一世代社会创业事业很难带来大的社会改变或社会创新。

第二世代社会创业事业出现在 1975 年阪神大地震之后。在地震发生后，由于中央与地方政府的不作为，大批非营利组织进入灾区为受灾民众提供帮助。公众对非营利组织的重要性形成了普遍共识，因此政府在 1978 年颁布了《促进特种非营利活动法案》（简称"NPO 法案"），促进非营利组织公司化，为其发展提供一个良好法律环境。

也正是在这个时期被公众所熟知的，现代意义上的社区创业和社会创业活动开始在日本遍地开花。一些营利企业包括巨型集团公司从 1980 年代开始对企业社会责任和公司慈善行为产生兴趣，如 1％俱乐部，成立于 1990 年，由日本商业联合会主办，作为一个慈善性质的协会，其成员都是日本的大型知名企业。

第三世代社会创业事业便是日本社会全新一代的社会创业事业，从 21 世纪早期开始到现在，大量的非营利组织和营利组织都属于第三世代社会创业事业，这一世代的社会创业事业同以上两代的社会创业事业存在着明显的不同。

第一世代社会创业事业带有强烈的单一任务局限，只在特定的领域或地域内进行活动，在市场范围内活动能力较弱，给社会带来的社会创新影响较弱。第二世代社会创业事业带有强烈的社会任务取向，但是市场取向极弱，也缺乏社会创业的意义。相反地，第三世代社会创业在社会性、市场取向以及创新性三维度都有着积极的表现，这种积极的表现可以带来更大的社会变革与社会创新。详见表 2.12 所示。

表 2.12   日本社会创业事业发展的三个阶段

阶段划分	时间阶段	特征	案例
第一世代	1900—1980	局限于特定领域的社会任务取向 弱化的市场取向被动进行创新	邻里互助联合会 日本消费者联合会
第二世代	1995—至今	较强的社会任务取向 大部分没有强烈的市场参与动力， 不积极参与创新	社区经济 1％俱乐部
第三世代	2000—至今	强烈的社会任务取向 积极的市场取向 对社会创新具有强烈的意愿	Florence 协会 音乐证券

2.4　日本高教机构发展的社会取向

社会服务作为继教育、研究后大学的第三种职能，已被社会公认。在日本，教育机构社会贡献（地区社会·经济社会·国际社会）的重要性日渐被强调，近年来，通过国际合作、公开讲座以及官产学协同等途径，社会越来越关注教育机构特别是大学的社会贡献成果，大学"第三使命时代已经逐步来临"①。

2.4.1　日本高教机构开始重视社会服务

2002 年，日本在《知识经济战略大纲》中指出了大学的研究成果与社会脱节等现实问题②，提出了建立产业、大学、政府协同合作系统；同年，在《知识经济工作组报告》中指出了"大学作为人类社会的普遍存在，同所处的时代共生共存，因此有必要在大学教育与研究两项职能的基础上，增加社会服务职能作为第三种职能"。③

2005 年，日本中央教育审议会发表了题为《我国高等教育的未来》（「我が国の高等教育の将来像」）的报告，明确提出了教学与科研是大学的使命，同时期待大学职能的不断扩展。2006 年 12 月修正的《日本教育基本法》（第七条）中关于大学有如下陈述："大学以学术研究为核心，培养学生养成高水准的素养和专业能力，探求真理、创造新知识，并将成果推广至社会，促进社会发展。"

从 2003 年到 2007 年间，日本政府实行了一系列实现大学社会服务职能

---

① 中央教育審議会：我が国の高等教育の将来像（答申）［EB/OL］. http：//www. mext. go. jp/b_menu/shingi/chukyo/chukyo0/toushin/05013101. htm，2014－6－26.

② 知的財産戦略会議：知的財産戦略大綱［EB/OL］. http：//www. kantei. go. jp/jp/singi/titeki/kettei/020703taikou. html，2014－6－27.

③ 科学技術・学術審議会技術・研究基盤部会産学官連携推進委員会. 知的財産ワーキング・グループ：知的財産ワーキンググループ報告［EB/OL］. http：//www. mext. go. jp/b_menu/shingi/gijyutu/gijyutu8/toushin/021101. htm，2014－6－27.

的具象化政策，通过"知识经济整备事业部"推动各个大学的体制变革、人才培养等活动。① 与之相应，各个大学内设立了诸如官产学协同、地区协同、社会协同等名称的组织，改革校内体制，开设知识经济课程，开展产学合作研究，实施区域合作项目。

但是，日本大学在实现社会服务职能的过程中也暴露了一些问题。2012 年 6 月日本文部科学省发表了题为《大学改革实践计划——旨在将大学建成社会变革之引擎》（「大学改革実行プラン～社会の変革のエンジンとなる大学づくり～」）的报告，指出了目前日本各大学的种种弊病，特别是在社会服务职能方面的欠缺，"大学的教育研究活动脱离社会实际需要，大学所教育出的学生不能胜任社会工作；在人员方面大学同地区有着千丝万缕的联系，但在组织层面大学与地区间缺乏合作；大学所进行的社会服务活动成效难以评估，这造成了很多大学的社会服务活动流于形式，收效甚微"②。报告还明确指出"关注对大学社会服务职能实现效果的评价，拓宽大学社会服务职能的实现途径，密切大学与地区之间的联系"。

从政策发展的经纬度来看，日本政府对大学社会服务职能的强调始于 2002 年的知识经济战略大纲，但成效却并不乐观，这也是 2012 年《大学改革实践计划》强化大学社会服务职能的重要原因。

总体而言，日本大学社会服务职能的实现途径包括产学合作研究、以解决社会问题为目标的课程教学以及学生参与社会的实习活动等。长期以来，日本大学的社会服务范围模糊，社会服务活动定位不清晰。本研究从大学社会服务的性质与影响两个维度入手，厘清日本大学社会服务职能的实现途径。

以大学社会服务的性质，即教育活动或研究活动为横轴；以大学社会服务的影响，即对校内或校外的影响为纵轴，将大学社会服务的全貌以坐标系的形式呈现出来，这种分类方式厘清了大学社会职能的实现途径，如

---

① 文部科学省. 総合評価書「大学等の研究成果を社会還元するための知的財産戦略・産学官連携システム」評価結果［R］. 文部科学省，2007，8-24.

② 文部科学省. 大学改革実行プラン—社会の変革のエンジンとなる大学づくり［R］. 文部科学省，2012，12，17.

图 2.13 所示。

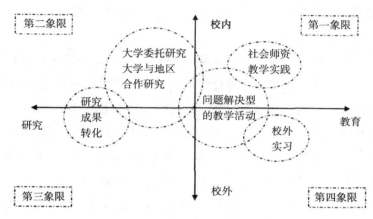

图2.13　日本高等教育机构社会服务类型坐标

1．委托研究与合作研究

这种类型的活动主要分布在第二象限，其主要目标是将大学的研究成果回馈企业和区域发展。对大学而言，这类活动不仅有助于大学获得研究经费和研究资源，对大学内部产生影响；同时还可以为大学生提供参加科学研究的机会，变革大学的教学过程。

2．问题解决型的教学活动

这种类型的活动主要分布在第一和第四象限，其本质是教学实践，作为大学社会服务活动的实现途径之一，其主旨在于培养学生，同时也可以解决特定的社会问题，这类活动通常属于大学教学活动，较少涉及研究活动，其对校内和校外的影响相当。

3．有组织的学生校外实习

这种类型的活动均分布在第四象限中，其在大学教育过程中占据较为重要的地位。在众多类型的实习活动中，有组织的校外实习是大学实现社会服务职能的途径之一，不仅可以培养学生，使学生了解社会、深入社会，同时也可以促进社会、区域的发展，其被大学视为教育活动，影响力主要在校外。

4．社会师资教学实践

这种类型的活动均分布在第一象限，旨在促进学生接触社会，了解地区发展的趋势，发掘自身的潜力。校外师资的引入可以为课堂带来变化，将全新的视角引入校内，对于学生而言是一种独特的体验。

5. 研究成果转化

这种类型的活动分布在第二、第三象限，研究成果转化可以促进校内研究的深入，实现校内研究的可持续发展，密切了大学与社会之间的联系，研究成果转化的情况直接影响到大学社会服务职能实现的整体效果。

在大学实现其社会服务职能的过程中，不同的实现途径涉及不同的利益相关者，大学不得不面对越来越多的诉求，如何才能更好地实现大学的社会服务是日本高等教育界乃至整个社会关注的问题。

特别是在 2011 年 3·11 东日本大地震后，日本政府政策发生转向，政府越来越关注大学社会服务的实现效果，着眼日本大学与地区之间的联系，将大学社会服务职能的实现同地区问题的解决密切联系起来。

2.4.2　社会创业理念下大学社会服务

近年来，越来越多的社会创业者走进课堂，寻求各方面能力的提升，而高等教育机构在此过程中扮演着越来越重要的作用。同时，实证研究表明同传统创业者相比，社会创业者极易受到社会价值观念的影响，并且极有可能将自身的身份认同带入到创业过程中。①

日本的社会创业活动在为激发地区发展活力、为年轻人提供就业岗位、为社会边缘群体提供自立支持、为保护环境、为促进社会公平、为推动社会产业转型等诸多方面做着不懈的努力，社会创业所关注的领域多是政府政策鲜有惠及、传统企业较少关注的真空地带。②

日本学界关注到了高等教育机构的社会服务同社会创业在某些方面存在着契合③，表 2.13 为大学社会服务与社会创业之间基于活动目标、活动类型、活动主体、活动主题、活动收益的比较，可以发现大学社会服务同

① Parkinson C. & Howorth C. The language of social entrepreneurs [J]. Entrepreneurship and Regional Development，2008（20）：285－309.

② 池田正昭. ソーシャルデザインという仕事 [J]. i－SB 公共未来塾起業論記録集，2012，112.

③ 大室悦賀. ソーシャル・イノベーション—機能・構造・マネジメント（特集ソーシャル・イノベーション—社会課題実現にむけたアプローチ）[J]. 21 世紀フォーラム，2011，105：20－27.

社会创业在目标、主体、收益方面确实存在较大的相似性。

这种契合促使日本大学转换思路，以创业视角重新审视大学的社会服务活动，这是在日本政府政策导向下学术界开展的创造性反思和探索。这种尝试为明确大学社会服务过程中的问题、寻找大学社会服务过程中的契机起到一定的作用。

表 2.13　大学社会服务与社会创业的比较

项目	大学社会服务职能实现活动	社会创业活动	相同点·差异点
活动目标	社会贡献	社会问题的解决	目的具有高度一致性 以社会贡献为指向
活动类型	教育　研究	商业行为	活动类型存在差异
活动主体	学生　教师	职员（专兼职） 志愿者	有偿职员（教师、职员） 与志愿性人员（志愿者、学生）混合
活动主题	与大学学科领域相关的主题	带有一定地域性，同福利、环境等相关的主题	主题的范围较宽泛，但均与社会有着密切关联
活动收益	不以经济收益为直接目的	不以经济收益为目的，重点在社会目标的实现	均不以经济收益作为首要或直接目的

日本学术界在分析社会创业活动的过程中，普遍采用四个维度[①]，从不同的层面厘清社会创业的性质并为社会创业活动在现实中的开展提供指导，如表 2.14 所示。

表 2.14　日本社会创业的四维度分析

维度	社会创业活动	解释
目的维度	以社会公共利益为主	社会创业通常关注需求未被满足的社会群体，这同商业创业聚焦于经济利益存在根本区别
中介维度	利用社会资本形成社会网络	社会资本是社会创业过程中重要的资源，同商业创业不同的是社会创业在利用社会资本的同时，力求构筑社会网络

---

① 石田英夫．『高い志』をもつ起業家と社会起業家［J］．東北公益文科大学総合研究論集，2010，14：1—22．

续表

维度	社会创业活动	解释
时间维度	持续的创业行为	社会创业要实现持续生存面临着更多的问题和挑战，这就决定了社会创业的持续性更为突出
立场维度	社会活动参与者、社会利益创造者（主体地位）	社会创业过程突显出更强的主体性，很多社会创业活动的受益者也是社会创业活动的参与者

基于以上分析，日本开始在大学社会服务职能的实现过程中引入社会创业的相关理论①，探究大学如何更好地实现社会服务。

1. 大学实现社会服务的目的维度

大学社会服务不仅要关注大学的利益相关者，更需要为社会整体提供福祉。但对日本而言，国立大学、公立大学以及私立大学的资金来源有所不同，不同类型的大学实现社会服务职能的目的应有所侧重。

国立大学在基础研究、前沿科学研究等方面得到的资助明显多于地方公立大学和私立大学，以日本文部科学省设立于 2002 年的日本大学 COE（卓越研究中心）为例，从 2002 年到 2004 年立项的 274 个 COE 在 4 年间共获得政府投资 1165.20 亿日元，其中国立大学的 COE 经费为 903.52 亿日元，占总经费的 77.5%；公立大学的 COE 经费为 31.47 亿日元，占总经费的 2.70%；私立大学的 COE 经费为 220.02 亿日元，占总经费的 18.9%。②

从 COE 经费的分配就可见国立大学处于绝对的优势地位，国、公、私立大学资源占有的差异决定了其办学宗旨的差异。因此，日本不同类型的大学实现社会服务的目的势必有所不同，这种差异化要求不同类型的大学认真思考自身的社会服务职能实现途径，在教学活动、课题研究、人才培养等各方面寻找到公共利益的契合点，同时依据明确的目的维度，制定自我评估标准。

2. 大学实现社会服务的中介维度

大学实现社会服务职能实现需要积极调动社会资本，逐渐形成社会网

---

① 文部科学省. 大学改革実行プラン—社会の変革のエンジンとなる大学づくり［R］. 文部科学省，2012，37.

② 21 世紀 COE プログラム委員会.「21 世紀 COE プログラム」中間評価要項［EB/OL］. http：//www.jsps.go.jp/j－21coe/05－chukan/hyouka.html，2014－8－10.

络，在不断发展的社会背景下，大学自身力量已远不能满足社会服务职能的需要。大学社会服务职能的实现过程中出现很多中介资源，比如地方政府、区域产业、校友资源等，如何利用这些资源成为了现代大学实现社会服务职能过程中面对的重要问题。

应该说日本大学在调动社会资本、利用社会资源、形成社会网络方面有着久远的历史和独到的经验。自明治维新以来，日本的大学教育即开始被视为国家近代化的重要助推力。

日本中央教育审议会从 20 世纪 90 年代中后期开始，发表政策咨询报告，全面强化大学与企业、社会的联系，突出大学在服务社会、引领经济发展等方面的职能，如日本大学的工科教育，重点鼓励校企合作，实施工程实践诊断课程（Engineering Clinic Program，ECP），走企业和市场导向之路，为日本的工业发展和技术提升提供了持续支持。①

日本大学法人化后，大学和各种社会资本间的关系更为复杂，大学日益走入社会网络并极力在这一网络中发挥核心作用。2010 年，日本颁布第四期科学技术基本计划，强调科技创新和人才充实，推动大学将科研成果直接转化为生产力，刺激产业竞争力的提升。②

日本大学在中介力量的博弈中急速发展，大学社会服务职能实现的同时，社会网络也逐渐形成。

3. 大学实现社会服务的时间维度

不可否认，大学的社会服务职能本身就是历史性的概念，大学的社会服务职能从产生到发展历经了时代变迁的洗礼。作为大学社会服务思想的起源之地，美国威斯康星州立大学将教学、科研、服务紧密结合，在美国教育史上被称为"威斯康星理念（Wisconsin Ideas）"③。这种在美国进步主义思想推动下的理念，在世界各国的高等教育界产生不可小觑的作用。

在日本，大学自产生以来便同政府具有天然的联系，并且这种联系在

---

① 工学院大学産学連携 ECP センター［EB/OL］. http：//www. kogakuin. ac. jp/another/ecpe/index. html，2014－8－14.

② 総合科学技術会議. 科学技術基本計画［EB/OL］. http：//www8. cao. go. jp/cstp/kihonkeikaku/index4. html，2014－8－14.

③ 康健. "威斯康星理念"与当代高等教育改革［J］. 外国教育，1988（4）：45.

一定的阶段内产生了诸多积极影响。始于 20 世纪 90 年代的大学社会服务呼声，以日本强大的经济界舆论为背景，以政府的新自由主义政策为导向，大学社会服务职能的实现途径不断走向多样化。

而这种多样化的过程中暴露出了日本政府新自由主义教育政策与大学的传统及公共属性之间难以调和的矛盾，作为地区乃至国家中心的研究型大学肩负着探索知识、培养人才的重任，但大学是否在何种语境下应该对社会的诉求做出回应，以及大学如何面对外部环境对大学自身的影响都需要具备历史性的眼光。

大学持续性的社会服务活动一方面可以使大学的社会服务活动系统化、常态化，另一方面也为大学提供了反思的空间。大学在多样化的实践途径中，如何寻找到符合自身特色的方式，如何不断调整自身定位，如何关注大学所处社会环境、地区发展等诸多变量，是大学实现社会服务职能的时间维度上必须要认真思考的问题。

4. 大学实现社会服务的立场维度

大学在实现社会服务职能过程中的立场决定了大学采取何种途径、利用哪些资源等诸多关键性问题。不同类型的大学由于其立场不同，因而采取了不同的方式来实现社会服务职能。在日本，国立、公立、私立大学在实现社会服务职能的过程中有着不同的立场和定位，因此决定了其采取不同的方式来实现社会服务。

东京大学作为日本第一所国立大学，在建立之初就形成了具备教育、研究职能的现代大学体制，因其官学的性质，所以与政府间存在着千丝万缕的联系。作为日本第一学府，东京大学定位于学术自由、探究真理、创造知识，在社会服务方面也充分体现了大学的传统在于引领。

在 2003 年 3 月制定的《东京大学宪章》中明确规定"学术积累通过教育还原社会""不追求眼前成果""以持续、普遍的学术体系化为目标"。东京大学在社会服务的过程中更突显自身的主体地位，以科学研究为据点立足大学自身的发展。

而同样地处东京的首都大学于 2005 年 4 月设立，其设立得益于东京都于 2003 年发表的"关于都立新大学的构想"，在构想中将新大学的使命立足于追求大都市人间社会的理想状态，要求大学服务社会发展，解决城市问题。

在这种立场之下，首都大学直接为东京都的都政服务，为东京都的经济产业、社会事业服务。因此从某种程度上来说，如首都大学这类公立大学更多地以社会为导向，依托社会服务来发展大学。

2.5　本章小结

日本社会创业教育的产生并非简单地借鉴欧美国家的教育经验，而是外部影响与内部生发共同作用的结果。

全球范围内的社会创业教育不断发展，最开始起源于欧美，而后其影响力迅速地拓展到其他国家，这是全球化教育背景下教育实践传播的有力之证。

在全球化语境中，这种教育活动的借鉴将越来越多，作为外部促生因素而言，其影响力首先产生在教育领域，而后扩散到社会的其他方面，这直接影响了日本社会创业教育的发展来自于外部。

不过，日本社会同美国、欧洲等社会都存在着较大的差异，虽然日本在明治维新之后迅速步入西化之路，但日本长久以来历史遗产与文化基因有令日本社会在现代化的发展道路上绽放着日本独特的光彩。

无论是日本在 20 世纪创造的经济奇迹，还是现在经历了 20 余年的经济停滞状态，西方世界一直没有停止对日本社会方方面面的研究。日本社会对于西方社会而言，代表着一个特殊的东方世界，因此日本社会自身的发展也势必会对社会创业教育带来不可忽视的影响，成为日本社会创业教育发展的内部动力与生长土壤。

首先，市民社会的发展为日本社会创业教育的发展提供了广阔的市场，创造了大量的需求。市民社会的崛起给了市场与政府重新审视自身的机会，社会创业教育已经不仅仅是一种教育类型，更是成为一种重塑政府和市场的角色、成就全新的社会发展模式、增强市民的社会觉醒的一种方式。

市民社会本身也是作为一个全新的社会促进力量，但市民社会本身是一个更大范围内的变革，社会创业教育则是促进变革的一种方式或者手段。

其次，日本社会创业事业的发展与日本社会创业教育可以说互为因果。社会创业事业的发展产生了大量的社会创业者，对于社会创业过程中遇到的诸多问题，社会创业教育可以给社会创业者带来启发与提升。而社会创业教育本身的发展也为培养社会创业人才、启发民众的社会贡献意识、社会创业事业的良性健康发展提供有力的支持和保证。

作为社会创业教育的直接提供部分，日本教育机构特别是高等教育机构也面临着同样的内在发展与外在需求相契合的机遇。

日本高等教育的发展已经开始走入全新的岔路口，特别是大学法人化改革之后，高等教育机构与政府、市场之间的关系出现了变化，而社会创业事业的发展又作为全新的力量出现在社会中，给了高等教育机构社会服务一个深入反思的机会。

社会创业教育的出现不仅是一个简单的高等教育回应社会需求的过程，更是高等教育发展的自我反思、社会创新的枢纽中心。

3

博弈与妥协：日本社会
创业教育的政策分析

在内外共同作用下，日本社会创业教育开始发展并逐步走入快车道，不同性质的高等教育机构纷纷开始进入社会创业教育的领域，但其实日本社会创业教育发展的背后隐含着的是日本教育领域乃至日本社会内各种利益集团的博弈与妥协。

对日本社会创业教育相关政策的研究不仅可以厘清日本社会创业教育的政策背景，更可以探讨日本社会的政策制定过程中不同利益集团的博弈过程，分析政策背后的权力与相互依赖关系。

3.1 日本社会创业教育的相关政策梳理

2010 年被公认为日本社会创业的纪元之年。2010 年，时任日本首相的鸠山由纪夫提出了"新公共时代"宣言，至此，一直以来由政府部门担任的"公共服务"的角色，将逐步转变成以市民、企业法人等为主体。按照宣言的内容要旨，国民、企业以及 NPO 等主体在逐步重视社会性的同时，将承担"捐赠""参加""投资"以及"支援"等职能。

伴随着宣言的公布，日本内阁府于平成 21 年 12 月 8 日将"地域社会雇用创造事业"，即社会企业的雇用支援事业，作为"紧急雇用创造项目"的一环开始正式实施。项目的核心是为社会企业的孵化、社会企业人才的培养提供需求。

值得注意的是"新公共时代"宣言的背景。在一般的风险企业领域中，其具体机能的实现情况暂且不论，首先以振兴相关行业企业的发展，提升某行业内的制度发展水平，关注基础设施建设等为首要目标，而在宣言发布前，日本的社会创业活动还十分不足。

换言之，与社会创业相适合的风险投资尚不完善，可以提供资金支持的社会创业资金支援的专门机构尚不存在，现存的专门金融机构或 NPO 组织也停止了对社会创业的小规模资金支持。

在人才培养方面也面临着同样的困境，如像非营利组织 ETIC（http：//www.etic.or.jp）这样致力于培养社会企业家的非营利团体数量极少，在高等教育机构面临着改革的关键期，参与社会创业教育的热情不足。因此，在社会创业事业不断发展的背景之下，日本政府出台了一系列政策以促进社会创业教育的发展。

政策的主导部门是日本经济产业省，日本经产省将推动社会创业定位在推动中小企业·地域产业经济发展之中，这同现阶段日本社会创业的规模有关，同时也反映出日本社会创业发展的独特性——即注重社区经济的发展。这同日本高龄少子化的社会特征密切相关，很多年轻人在求学就业的过程中倾向于选择东京圈和大阪圈，因此日本社会出现了很多地域性的社会问题。

一方面，在全球化进程中，很多大型企业对其所在城市的要求越来越高，而对这种高要求的满足程度就将城市进行了区分；另一方面，基于市民以及企业对地域发展逐渐提升的期待值与对地域生活成本等问题的考量，地域间的差距日渐分明，这也是"用脚投票"现象的直接反映。

随之而来的结果是大型城市圈人口过密、过于集中与小型城市人口减少、劳动力不足这种矛盾并存。这种危害是显而易见的，在人口过密的城市中资源的有限性决定了众多社会问题的爆发，而人口过疏的城市则存在着生活圈凋敝的风险。

正是在这种语境下，原有的社会政策已对目前的社会问题力不从心，产业发展的突变也令城市面临着前所未有的挑战，正因如此，地域社区的发展与社会创业找到了共同发展的契合点。这种经济发展的独特模式也同样反映在社会创业教育以及社会创业教育相关的政策上。

日本政府为促进社会创业相关事业的发展，于2007年（平成19年）成立了社会创业推进机构（「ソーシャルビジネス推進イニシアティブ」），该机构在日本国内九个区域设立了社会创业推进协议会进行合作，向全日本范围内社会创业相关人士提供协力，在开展提供建议活动的同时，也开展广告宣传扩大影响等方面的活动。

社会创业推进机构在建立初期（2008—2010）由经济产业省主导，2010年以后则主要依靠民间力量。该推进机构成立了专门委员会，其中包括事业基础专门委员会（整理有关社会创业网络建立的有关信息，对有关的制度以及金融政策进行分析和探讨）、人才育成专门委员会（制定有关社会创业人才培养的指导意见）、国际社会创业合作专门委员会（推进在海外设立社会创业支援机构，同海外相关组织进行合作）。

另外还有两个工作组，即普及启发工作组（开展推广社会创业的相关活动及论坛，对社会创业的发展方向进行探讨）、地域协同工作组（同地域间开展深入的合作，推动社会创业事业在地域社区内的发展）。

2010年2月发布的《关于全国范围内社会创业事业推进的基本构想》（以下简称《基本构想》）中明确了今后将以民间力量为主导，成立社会创业网络，并从2011年4月开始正式实施。

《关于全国范围内社会创业事业推进的基本构想》中包括五个方面的课题与支持政策：一是提升社会创业的社会认知度；二是实现社会创业事业资金调配的顺畅；三是培养社会创业人才；四是开展对社会创业事业的支援活动；五是强化社会创业事业基础。详见表3.1所示。

依据日本经济产业省《基本构想》的指导，可以将社会创业事业的发展视为一个生态系统，也正是在这种生态系统的指导下日本经济产业省提出了建设社会创业网络的构想。而社会创业教育则直接关系到网络的动力供给，作为社会创业中的重要核心资源——社会创业者，其成长离不开社会创业教育。

表 3.1　日本经济产业省具体推动的社会创业事业

任务	职能	作用	实现形式
社会创新 （通过在不同行业间建立网络，创造新的社会创业领域或新的创新理念）	交流 工作组机能	建立一个联系各界人士、不同思想交流的场所。与不同类型的部门之间开展合作，促进社会创业与支援团体之间的合作	集会
	普及启发机能	设置适合信息和探讨的机构。通过振兴社会创业事业的全国规模的论坛等的宣传，将社会创业发达的国家及地区的经验进行搜集和整理	社会创业奖项 广告宣传
	开辟 新的创业领域	通过各种相关机构之间的密切合作，促进社会创业以及社会创新	问题取向 创新平台
社会创业推进 （为致力于进行社会创业，创立社会企业的组织和个人提供支援）	孵化机能	通过对社会创业者以及企业社会责任事业进行支持，促进事业孵化	社会创业孵化
	人才发掘 育成机能	为了培养社会创业人才进行协助与支援	社会创业 人才育成
	金融支援 与评价机能	为了顺利实现资金调配并对支援事业的实施状况进行评价，需要设立社会性评价机构	社会创业 金融支援
	调查研究机能 权利主张机能	对有关社会创业、企业社会责任等问题进行现状分析并进行调查研究，向相关部门提出政策建议等	社会创业以及 企业社会责任 研究

　　与此同时，社会创业相关的研究工作也同社会创业教育相关的机构有着很大的重合，众多参与社会创业教育实践的高等教育机构聚集了大批社会创业教育相关的专家和学者，对社会创业进行研究的很多直接成果都可以较为迅速地回馈到课堂上。

　　社会创业教育过程中与社会创业者（现在或者未来）之间的互动也可以从实践的层面了解到社会创业者所面临的困境，更好地为社会创业学习者们提供理论层面的支持与帮助，为培养社会创业相关人才贡献力量。

　　从社会创业网络的角度而言，社会创业作为一个社会创新领域，涉及诸多社会问题，对不同领域内问题的解决都涉及不同利益集团。也正因为社会创业领域的复杂性，决定了社会创业教育不仅仅是教育领域内部的问题，更是日本社会各相关利益集团博弈与权衡的场域，其目的和出发点可能各不相同，但最终实现的结果都是为了建立一个更加和谐的社会。

如图 3.1 所示为社会创业网络示意图，从中可以看到社会创业所处的场域非常复杂，也可以较为清晰地反映出社会创业教育在社会创业网络中的地位和作用。教育层面可以被视为社会创业事业发展过程中的纠正力量，也可以为社会创业事业持续不断地提供理论支持，对社会创业者在实践中遇到的问题进行理论层面的纠正与支持。

日本政府以经济产业省为代表对社会创业教育进行支持，从政策到资金涉及多个层次。经济产业省主要从培养社会创业活动的实施者的角度，制定了《重燃青年的区域贡献力》（「村おこしに燃える若者等創出事業」）、《中间支持力强化》（「中間支援機能強化事業」）等一系列支持政策，其中均涉及对社会创业者育成的支持。

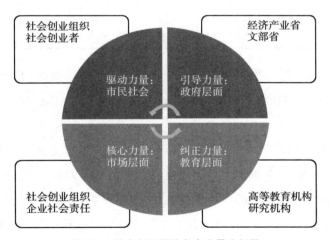

图 3.1　社会创业网络各方力量分析图

日本经济产业省主导的促进社会创业政策中除了明确了社会创业教育、社会创业人才培养的具体政策地位外，还对社会创业人才培养提出了较为具体的可行性指导，并划分为短期与长期两种实现途径。

其中，短期实现途径主要是成立社会网络大学（促成产学民合作人才育成事业，开展市民教育，完善社会创业发展背景）；而主要的长期实现途径是全国范围内人才育成模式事业的开展，实习制度，雇用创造训练，社会创业的评估，认定以及资格的检查等。

在划分社会创业教育实践实现途径的基础上，社会创业推进机构还对社会创业教育相关实践进行了阶段性的任务划分，结合社会创业推进机构主导者变化的时间节点（2010 年），将日本社会创业教育分为创建社会创业人才培养模本以及构筑社会创业教育生态系统两个阶段。详见表 3.2 所示。

表 3.2　经济产业省主导下的社会创业教育实践任务

时间节点	主要任务	实现途径	主要政策依据
2008—2010	活用社会创业教育指导意见创建社会创业人才培养模本	在全国范围内开展社会创业教育实践 设立试点机构 将实践经验进行交流	经济产业省《社区创业核心技能传授支援事业》《地域自律民间活用型生涯教育计划》
2010 以后	构筑社会创业教育生态系统	创建社会创业教育统一用书 将多个社会主体纳入到社会创业教育实践	

2010 年社会创业教育发展进入构建生态系统的崭新时期，经济产业省再度重磅推出了《社会创业活力提升计划》（ソーシャルビジネス元気アッププログラム）。

该计划将 2010—2012 年作为社会创业发展提升社会创业活力的集中推进期，提出到 2012 年末实现社会创业事业从业人员从 2015 年的 3.2 万人扩展到 30 万人，社会创业的市场规模从 2010 年的 2400 亿日元到 2015 年底发展到 2.2 兆日元的目标。当时的日本经济产业省提出这一目标主要是以英国为范例，具体比较的情况如表 3.3 所示。

表 3.3　日本与英国社会创业事业规模比较

	社会企业数量	社会创业市场规模	社会创业行业从业人数
日本	8000	2400 亿日元	3.2 万人
英国	55000	5.7 兆日元	77.5 万人

与日本经济产业省主导下推出诸多有关社会创业以及社会创业教育相关的政策不同，日本文部科学省对社会创业教育的支持政策没有统一的体系，仅仅是在针对高等教育和生涯教育的部分政策中有所涉及。

一些高等教育机构受到日本经济产业省相关政策的影响，开始进行社会创业教育的实践，之后再向日本文部科学省进行申请，得到日本文部科学省大学 GP 项目（Good Practice Program）的支持，获得持续五年的年度资金拨款。

就目前日本社会创业教育的现状来看，国立大学法人参与其中的动力不足，私立大学参与的热情较高，民间机构自主办学的发展势头迅猛。

而这一现实状况的背后同日本社会创业教育相关政策有着怎样的联系呢？从市民社会利益集团的视角来看，相关政策的制定过程又是怎样的呢？本研究借鉴了倡议联盟框架（Advocacy Coalition Framework），试图解答这些疑问。

3.2　日本社会创业教育政策分析的理论框架与方法

倡议联盟框架作为公共政策分析的理论工具，已经成为目前公共政策分析领域的前沿和热点。

从 20 个世纪七八十年代开始，民主化的发展已经是大势所趋，政策制定已经打破了政府部门的界限，民间力量的参与已成为大势所趋，社会经济环境的复杂化也令政策本身的指向性区域多元。在这种语境之下，倡议联盟框架作为传统阶段分析模型的替代理论开始出现，并且开始应用于研究过程中。

3.2.1　日本社会创业教育政策分析的理论框架

萨巴蒂尔（Sabatier）于 1978 年首次提出倡议联盟框架，其在研究中对行政机构中技术性信息的获取与利用进行了介绍，并初步形成了框架萌芽。① 而后，萨巴蒂尔也对政策执行中自上而下和自下而上两种模式做了分析，初步提出了政策的倡议联盟框架理论。②

如图3.2所示为倡议联盟框架流程：两组外生变量位于图的左侧，其中一组变量相对比较稳定，而另一组变量相对比较动态。这些变量制约着政策子系统各要素，也为各要素提供了机会。在政策子系统内，参与者又被分为不同的政策倡议联盟，将政策体系中来自各个政府机构和其他机构的人员纳入不同的联盟之中，同一联盟内的成员在基本理念和因果关系上持有相同的信念并且通常采取一致的行动。

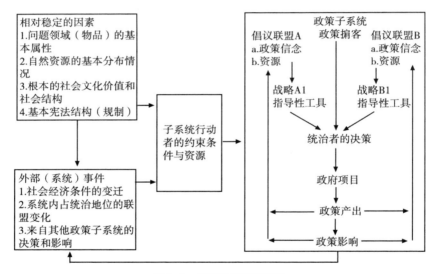

图3.2　倡议联盟框架流程

本研究借鉴倡议联盟框架，对日本社会创业教育政策系统进行分析，而理论分析的适切性有如下几点：

一是倡议联盟框架主要为了理解政策变迁的过程，而本研究是为了理解日本社会创业教育政策的演进过程。

① Sabatier P. A. The acquisition and utilization of technical information [J]. Administration Science Quarterly，1978，23：386—411.

② Sabatier P. A. Top - down and Bottom - up Models of policy implementation：An advocacy coalition framework [J]. Science Communication，1986，8（4）：649—692.

二是倡议联盟框架在思考政策变迁的过程中将考察重点放在"政策子系统"上，考察来自各个不同机构的、试图在某个政策领域追踪、影响政府决策的参与者之间的互动情况，这正是本研究所要探讨的内容。

3.2.2　日本社会创业教育政策分析的方法

在以下对日本社会创业教育政策的分析中将采用倡议联盟框架，为了重构政策变迁的过程、重要事件、相关利益群体核心理念的变迁等问题，从2014年10月到2016年1月，以日本经济产业省社会创业研究会以及社会创业推进委员会共30位有关委员为调研对象，将访谈对象相关信息及研究进行编码，详见表3.4所示。为了研究需要，对受访者的姓名信息进行了编码处理。

表 3.4　社会创业教育相关政策研究访谈对象相关信息及研究编码表

分属利益集团	访谈对象	社会角色	访谈时间
政府部门	GK1	内阁官房地域活性化统合事物局次长 社会创业研究会顾问	2014年10月22日 东京
	GI1	内阁府国民生活局企划科长 社会创业研究会顾问	2014年10月22日 东京
	GZ1	总务省大臣官房参事长 社会创业研究会顾问	2015年3月18日 东京
	GO1	文部科学省大臣官房政策科长 社会创业研究会顾问	2015年3月27日 东京
	GK2	厚生劳动省大臣官房参事官 社会创业研究会顾问	2015年12月14日 东京
	GE1	农林水产省农村振兴局农村政策科长 社会创业研究会顾问	2015年3月25日 东京
	GW1	经济产业省综合政策局政策科长 社会创业推进委员会顾问	2015年12月14日 东京

续表

分属利益集团	访谈对象	社会角色	访谈时间
市民社会 （包含社会属性更强的社会创业机构）	SJ1	特定非营利活动法人 フローレンス 代理理事 社会创业研究会委员	2015 年 12 月 7 日 京都
	SS1	特定非营利法人 イーエルター 理事长 社会创业研究会委员	2015 年 3 月 27 日 东京
	SO1	特定非营利活动法人 社区企业支援中心代表理事 社会创业研究会委员	2015 年 4 月 21 日 福冈
	SI1	全国中小企业团体中央会专务理事 社会创业研究会委员	2015 年 4 月 21 日 福冈
	SK1	大阪府商工劳动部长 社会创业研究会委员	2015 年 5 月 11 日 大阪
	ST1	日本工商会议所常务理事 社会创业研究会委员	2015 年 7 月 14 日 福冈
	SS2	我孙子市环境生活部 市民活动支援科干部 社会创业研究会委员	2015 年 8 月 10 日 我孙子市
	SJ2	全国工商联合会专务理事 社会创业研究会委员	2014 年 12 月 8 日 东京
	SM1	特定非营利活动法人 ETIC. 代表理事 社会创业推进委员会委员	2015 年 12 月 7 日 京都
市场力量 （包括市场取向较强的社会创业组织）	MS1	日本电器株式会社 CSR 推进部长 社会创业推进委员会委员	2015 年 2 月 18 日 东京
	MB1	ヒケタ酱油株式会社执行社长 社会创业推进委员会委员	2015 年 12 月 7 日 京都
	MS2	ヒックイシュー 日本有限公司代表 社会创业研究会委员	2015 年 4 月 22 日 福冈
	MB2	特定非营利活动法人 ヘルスケアリーターシッフ研究会 理事长 社会创业推进委员会委员	2015 年 4 月 22 日 福冈
	MZ1	特定非营利活动法人 えかおつなけて 代表理事 社会创业研究会委员	2015 年 5 月 14 日 大阪

续表

分属利益集团	访谈对象	社会角色	访谈时间
教育研究机构	EG1	一桥大学大学院商学研究科教授 社会创业研究会会长	2015 年 9 月 11 日 福冈
	EI1	庆应义塾大学综合政策学部专任讲师 社会创业研究会委员	2015 年 12 月 14 日 京都
	ET1	高崎经济大学地域政策学部专任讲师 社会创业研究会委员	2014 年 11 月 3 日 高崎市
	ET2	国民生活金融公库 综合研究所主任研究员 社会创业研究会委员	2014 年 11 月 7 日 东京
	EN1	立教大学大学院 21 世纪社会 规划研究科主任 教授 社会创业推进委员会会长	2015 年 3 月 20 日 东京
	EK1	人类、组织、地球共创国际研究会会长 社会创业推进委员会委员	2016 年 1 月 8 日 京都
	ET3	电器通信大学官产学合作中心教授 社会创业推进委员会委员	2015 年 5 月 11 日 大阪
	EF1	立教大学　明治大学 明治学院大学兼职教师 社会创业推进委员会委员	2015 年 3 月 19 日 东京
	EH1	明治学院大学教授 社会创业推进委员会委员	2015 年 12 月 14 日 京都

　　鉴于受访对象均为日本社会创业教育相关领域内专家，并且均参与了日本社会创业教育相关政策的制定过程，依照上文对社会创业教育利益集团的分析，将访谈对象按照所属利益集团划分为政府部门、市民社会、市场力量和教育研究机构。

　　访谈采用了半结构化方式，研究者主要从访谈结构等方面进行控制，事先准备粗线条的访谈提纲，然后根据具体的研究需要对受访者进行提问。在访谈前，研究者征得了受访专家的同意，对访谈过程进行全程录音，在访谈中记录受访专家所提到的核心观点，并在访谈后将访谈所有内容进行文本化，然后发送给受访专家进行最终确认。

　　本研究主要结合目前的社会创业教育政策文本以及政策制定过程等有限的文本资料，以倡议联盟框架为理论框架，以 ATLAS.ti 作为分析软件对所获得的资料进行分析。其研究步骤有以下五个阶段，如表 3.5 所示。

表 3.5　访谈资料分析步骤

研究阶段	过程
第一阶段：熟悉资料	通过对访谈资料进行阅读并转录成文本，以求熟悉原始资料
第二阶段：形成主题框架	通过资料熟悉过程发现主要的研究问题和主题，逐渐形成主题框架
第三阶段：建立索引	进行主题编码，将访谈资料重新进行分类和组合
第四阶段：绘图	将建立起索引的资料片段放置在主题图或表格中，而主题图中的主标题和副主标题则来自于前三个阶段
第五阶段：形成整体分析图并进行阐释	需要提供关于研究事件或想象的简明图表，以便寻找关联并进行解释、形成策略

　　本研究也遵照了以上的分析过程，具体如下：

　　（1）熟悉访谈资料：将访谈录音资料转录成 word 文档，通过阅读以求熟悉原始资料。特别需要注意的是，在转录的过程中尽量包含受访专家的所有信息，如叹气声、停顿、特殊的肢体语言等。

　　（2）初步形成主题框架：为辨识主题，形成初步的主题框架，可以通过编码（coding）途径进行实现。在编码的过程中力求尽量使用原始资料中的语言进行编码，由于本研究采用的是半结构访谈，预先制定的访谈提纲可以有效避免分析过程中的误差。

　　为保证研究的可靠性，即研究的"信度"，本研究使用了专家评估信度法（Rater - Expert Reliability），即研究者对编码进行整理后，请一位经验丰富的定性研究者，再次对研究编码进行确认。

　　鉴于本研究属于跨文化研究，所有访谈内容都用日语进行访谈，因此初步的主题编码也用日语进行完成，以便请在日的研究专家——日本同志社大学教授今里滋先生进行指导。

（3）建立索引：主题框架初步形成后，应用统一后的编码对所有资料进行标识，建立起归类与编码之间的关联，这些步骤在软件 ATLAS. ti 里都可以完成。对原始资料进行标识后，被称为"引言（Quote）"。引言可以同时与多个代码之间建立关联。在具体操作过程中，对一些代码进行了删减与合并，或重命名。

（4）绘制导向图：通过不断的比较，将相应的"引言"关联到对应的代码或主题目录之下。本研究对资料的提炼过程，采用了"三栏"分析法（在 excel 表格里完成），即每个代码通过表格里的三列来实现提炼过程，具体如下图 3.3 所示。

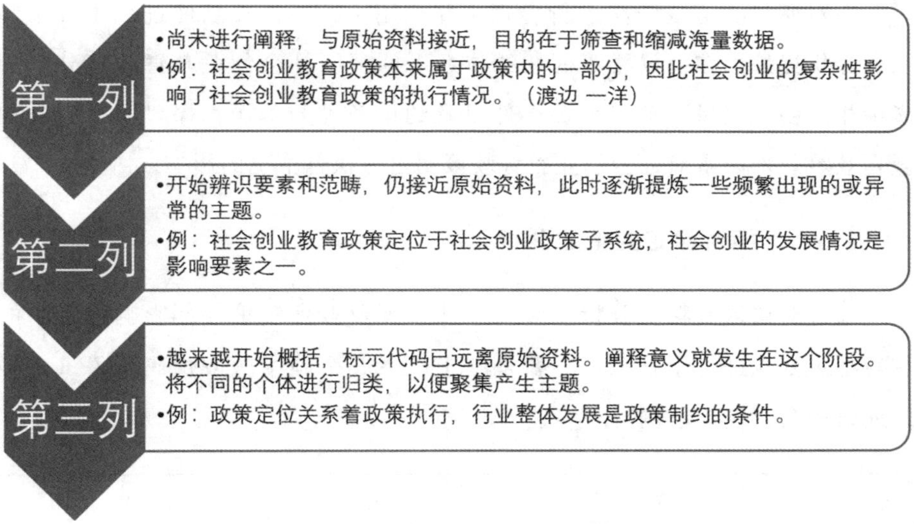

第一列
- 尚未进行阐释，与原始资料接近，目的在于筛查和缩减海量数据。
- 例：社会创业教育政策本来属于政策内的一部分，因此社会创业的复杂性影响了社会创业教育政策的执行情况。（渡边 一洋）

第二列
- 开始辨识要素和范畴，仍接近原始资料，此时逐渐提炼一些频繁出现的或异常的主题。
- 例：社会创业教育政策定位于社会创业政策子系统，社会创业的发展情况是影响要素之一。

第三列
- 越来越开始概括，标示代码已远离原始资料。阐释意义就发生在这个阶段。将不同的个体进行归类，以便聚集产生主题。
- 例：政策定位关系着政策执行，行业整体发展是政策制约的条件。

图 3.3 编码过程（例）

（5）形成整体分析图并进行分析阐释：在经过索引（归类）和绘图（抽提）整合信息等过程之后，确定了各种主题，最后需要对分析图进行阐释，旨在发现结果中较为合理的解释或据此产生新的理论。

3.3 社会创业教育政策的外部影响因素分析

在任何政治系统或政策子系统中进行政策制定都受到所在社会的文化、法律、资源等特点的限制。在对日本社会创业教育政策进行分析的过程中，应当把稳定的外部因素和比较动态的外部因素区分开来，而且社会创业教育政策与其他相关政策之间的关系，与外部政治系统之间的关系都应该被深入地分析与研究。

在对所得的访谈资料进行整理，并运用 ATLAS. ti 软件进行了五个步骤的分析提炼，在倡议联盟框架的体系下阐释了社会创业教育政策外部因素中相对稳定变量、动态系统事件以及约束条件与资源，探讨了社会创业教育政策外部因素对社会创业教育政策制定、执行情况的影响。

3.3.1 相对稳定变量的分析

通过对访谈资料的分析，对日本社会创业教育政策外部影响因素中的相对稳定变量进行了抽取，主要是基于以下几个副主题或代码所得（表中所列访谈资料仅为示例）：

变量一：社会创业教育的基本特性
社会创业教育的特性对政策选择形成影响
社会创业教育作为准公共领域［社会创业教育的特性］，与之相关的利益集团众多，不能仅仅依靠市场的力量进行调节。（GK1） 　　社会创业教育不仅是创业教育的深化发展，更应将其作为一个新的教育专门领域［对社会创业教育特性的看法］，原因就在于其背后涉及的不只是市场、教育机构、政府，更重要的是有市民社会力量的加入。（GI1） 　　社会创业教育的受众群体异常广阔［社会创业教育的特性］，从在校学生到社会人员，从家庭主妇到退休人员，这种以强烈的意识归属为区分导向的领域，其政策的潜在对象众多，所以单一视角的政策推行效果甚微（以文部科学省为主导）［政策选择］。（EN1） 　　社会创业教育不是高等教育领域的问题，而是社会教育领域内的问题。［社会创业教育的特性］而企业介入社会教育的手段不只体现在资金方面，还包括对政策的作用方面［政策选择］。（MS1）

社会创业教育的其他方面影响着以政策为导向的行为

　　社会创业教育的教育效果具有时滞性，同时还具有外溢性，这种特性会导致对社会创业教育政策的实施效果［以政策为导向的行为］难以测定。（GO1）

　　社会创业教育政策晚于社会创业教育实践，社会创业教育政策一方面为社会创业教育行为进行背书，另一方面又在调整和引导社会创业教育实践［以政策为导向的行为］。因此，社会创业教育政策所涉及的各个方面都会受到社会创业教育政策的影响。（SO1）

　　社会创业教育政策直接推动了社会创业教育活动，同时也制约了社会创业教育活动［以政策为导向的行为］。社会创业教育效果的难以预测与市场需求等同相关政策共同左右社会创业教育实践。（MZ1）

社会创业教育的认知变迁与相关政策之间存在相关性

　　对社会创业教育的直观认知［对社会创业教育的认知］在不断发生变化，这种变化与政府政策［相关政策］、市场变化、市民认知、教育市场化等都存在密切的关系。（GE1）

　　社会公众对社会创业教育的认知体系［对社会创业教育的认知］非常复杂，但可以肯定的是社会创业教育政策推进了这一复杂体系的建立。公众认知的不断深化应该适当回馈到政策系统内，但是这对目前的政策系统，这个回馈的通路并不完善。（EG1）

　　社会创业教育政策推动了社会创业事业的发展，从认知［对社会创业教育的认知］、情感、意识、行为等方面带来的影响逐渐拓展到社会创业领域。（SJ1）

　　社会创业教育明显属于政策滞后领域，政策实施之后［相关政策］对社会创业教育的发展方向产生了难以预计的影响。（ST1）

变量二：自然资源的基本分布

　　必须要承认日本资源短缺、自然灾害多发［自然地理条件］等基本情况，这极大地影响了日本社会的经济模式，对社会创业事业的影响更加明显。东京圈与大阪圈的都市群聚集了大批的社会创业者，因此社会创业教育政策在这些地区执行情况较好，而偏远地区如冲绳地区的情况则并不乐观。（EK1）

　　日本国内现行的经济模式，都是受到了日本海洋国家［自然资源情况］的影响，从大的方面来看，日本社会创业教育政策也难以逃离其影响。这是一个大前提。（MB2）

变量三：主要文化价值与社会结构

　　大规模的国有化作为一种生产方式，在许多欧洲国家是可行的政策选择，但在日本却未必可行。日本社会的许多方面和英国很像［文化取向］，共同面对着一片汪洋大海，虽然这种说法比较主观，但我想日本很多学者应该可以认可我的观点，就如同英国走了第三条道路，日本政府与大型企业之间的合作已经成为历史。对日本一系列政策变迁的考察都可以看到日本政府同市场、同市民利益集团妥协的印记，当然是在近期的政策中才能反映出来。（GI1）

　　日本长期以来的历史传统不鼓励宣扬个人意志，因此对于社会创业者来说他们可能在最初缺少社会认同感，当他们寻找到了归属感后，创业行为更可以被社会所认可。在日本一直以来的文化传统［文化取向］中，个人受到尊敬的理由往往是其所属的群带给他的，如家族、行业、公司等［社会结构］。（SS2）

　　社会创业教育政策的问题背后涉及的利益集团［社会结构］太复杂了：文部科学省推行了大学法人化之后，对高等教育机构的政策干预处在了一个尴尬的境地（这个研究者没有预测到），社会创业教育的性质也决定了其在日本的主要发挥场域并不局限在高等教育机构中，在这个过程市场的力量同样不可小觑。（ET2）

变量四：基本法律框架
日本的昭和宪法自 1947 年实施以来，没有重大的修改过。这种稳定的基本法律法规［基本法律框架］在大多数的政治系统中都起到基础性的规制作用，当然这可能说得有点儿远，但我的看法是基本的法律框架下为任何政策的制定和执行定下了基调。（GK1）   宪法以及其他基本法律规范［基本法律框架］影响了政策所能影响的范围以及程度。日本的社会创业可能更像是社区性或者说地域性，社会创业教育的政策不能离开地域自治的大前提。而这个大前提是在日本和平宪法（昭和宪法）中所规定的。（GZ2）

注：［］内是作者对访谈资料挖掘的编码，（）内是访谈专家代码。

通过对访谈资料的分析与编码，本研究挖掘出了社会创业教育的基本特性、自然资源的基本分布、主要文化价值与社会结构、基本法律框架这些相对稳定的外部变量，极大地限制了社会创业教育政策参与者的选择范围，制约着社会创业教育政策制定的背景，影响着社会创业教育政策执行的效果。

3.3.2　相对动态变量的分析

通过对访谈资料的分析，对日本社会创业教育政策外部影响因素中的动态系统事件进行了抽取，主要是基于以下几个副主题或代码所得（表中所列访谈资料仅为示例）：

变量一：社会经济环境

日本社会经济的变化［社会经济环境］极大地影响了社会创业教育政策。日本市民、社会对社会创业的期待，其背后的原因很复杂，但我认为是由于社会经济环境的变化使得原有的产业政策难以与之匹配。（GI1）
    全球化进程中，很多大型企业对其所在城市的要求越来越高［社会经济环境］。社会创业教育政策背后的逻辑是激发地域内市民社会创业的热情，通过市民自我的力量来解决部分社会问题，而这种逻辑的背后是政府角色的弱化。（EI1）
    市民不仅是城市的居住者，还分饰着消费者、劳动者、文化活动的参与者等多个角色，需要承担起不同的职责。也正是这种多样化的市民社会角色，市民的选择也趋向复杂化［社会经济环境］。因此，市民组织逐渐成为市民活动的发展方向，当然社会问题的出现是市民组织形式出现的外在刺激因素，但据我的研究和观察，市民组织是市民活动发展必要的出口，无论政府、市场对其的反映如何，都无法抑制其发展势头。（MB2）

变量二：政策相关利益集团

日本的社会创业教育政策的主要制定部门是日本经济产业省［政策相关利益集团］，并且为了督促其执行成立了社会创业推进委员会和社会创业研究会，相关社会创业教育政策的顾问专家都包括在这两个协会中，当然协会不可能囊括全部的顾问专家。但从专家来自的部门来看，可以看到政府人员、社会创业者、企业家、大学教授和研究者［政策相关利益集团］等人的身影，政府已经开始转变政策制定的思路，政策的制定需要听到来自更多利益团体的声音，并且这种声音的强弱本身就是一种博弈。而背后的逻辑是政策制定并不是问题的结束，而是问题的开始，政策的调整与变迁过程更是政策制定者们所关心的。（GE1）

谈到日本社会创业教育政策的制定以及推行情况，我建议你（研究者本人）多听听地方协会、地方推动机构的声音［政策相关利益集团］。在日本每个地域，其所面临的问题都是不同的，我所在的大阪处于关西中心城市，这里的商业氛围很浓，因此市场的力量格外强大，社会创业教育政策在执行的过程中市场力量基本［政策相关利益集团］处于主导地位，社会创业教育典型基本都是市场化运作下的私人教育机构。（SK1）

日本社会创业教育相关政策作为社会创业相关政策的一部分，最直观的政策目标是培养优质的社会创业者。但社会创业者的培养不是仅依靠社会创业教育就可以完成的，社会创业人才的培养需要是一个生态系统或者说培养网络［政策相关利益集团］，在人才培养的不同阶段，发挥主要作用的部门发生着变化：启发兴趣需要营造良好的社会舆论氛围；培养知识与技能需要完备的社会创业教育体系；实践过程需要相应完善的政府、市场、社会的支持。（SS1）

变量三：其他相关政策

社会创业教育政策的制定与执行情况始终受到其他相关政策的影响，比如社会创业政策，地域发展政策［相关政策］等，作为社会创业教育政策的动态影响因素，相关政策的变化始终影响着社会创业教育政策领域。（GE1）

社会创业教育政策的制定与执行情况同日本目前所进行的高等教育改革有着深刻的联系，日本在全球高等教育领域内的优势在逐渐消失，因此日本高等教育界对市场化呈现着不同的接受度，所以社会创业教育在高等教育领域内缺乏必要的支持政策［相关政策］，这背后与高等教育界不同的声音有一定的关系，但这个关系究竟有多大，则不是我一个人可以推断出的。（GO1）

注：［］内是作者对访谈资料挖掘的编码，（）内是访谈专家代码。

以上这些社会创业教育政策系统的外部因素——社会经济环境、政策相关利益集团、其他相关政策——都存在着一个时间维度上的变化，这种变化可能是数年内逐渐发生的，也可能是由一些标志性的事件所引起的。

这些变化带来的是社会创业教育政策参与者可能遇到的制约抑或机会，进而成为影响社会创业教育政策的主要动态因素。同时，这些因素也给社会创业教育政策参与者带来了持续的挑战，所以政策的参与者必须学会预测变化，并做出符合其所属利益集团基本信念与利益的回应。

3.4 社会创业教育政策的内部结构分析

现代社会的复杂性、政府职能的变化以及大多数政策问题的技术性，对单一政策系统专业化形成了极大压力。要对一个或两个以上的政策领域了如指掌变得异常困难，除非在很小的领域内才有这种可能性。

对于社会创业教育领域而言，本身属于准公共领域又兼具一定市场性，这种复杂性就决定了政策的制定需要将精通社会创业教育领域的精英组成相对自主的政策子系统。

在这个政策子系统中不仅包括政府层级的行政机构、立法委员会等，还要将更多的利益集团纳入其中，比如研究人员、媒体人和其他在政策产生、传播和评估过程中发挥着重要作用的参与者，以及来自政府其他机构、在政策的形成和实施中发挥重要作用的参与者等。

以下研究将分析日本社会创业教育政策参与者之间的矛盾冲突，根据倡议联盟框架理论，相关参与者在信念体系的"次要"方面还是"核心"方面存在不同见解将决定冲突的程度。①

3.4.1 政策系统的参与者分析

日本社会创业教育政策系统包括了众多行行色色的参与者，具体包括以下：

（1）社会创业教育机构，既包括高等教育机构中进行社会创业教育的院系，也包括私人成立的社会创业教育专门学校；

（2）相关的内阁机构，如日本经济产业省、日本文部科学省；

（3）其他相关机构如，日本社会创业研究会、日本社会创业推进会；

（4）社会创业组织，如非营利法人 ETIC；

---

① Sabatier P. A. & Pelkey N. Incorporating Multiple Actors and Guidance Instruments into Models of Regulatory Policy – Making: An Adovocacy Coalition Framework [J]. Administration and Society. 1987，19：236－263.

（5）大型企业（关注企业社会责任），如日本电器公司（NEC）有参与社会创业人才培养、夏普公司有独立的社会创业部门；

（6）全国范围内的市民社会组织；

（7）对社会创业以及社会创业教育有着浓厚兴趣的研究机构和咨询公司；

（8）经常进行相关宣传报道的重要媒体。

正因为参与者数量众多，所以有必要寻找合适的方法，对参与者进行细分。依据倡议联盟框架，参考研究中应用的日本学者对日本社会利益集团的分析，可以将日本社会创业教育政策系统的参与者分为政府机构、市民社会组织、社会创业教育研究机构和市场力量四类。

值得注意的是，在同一类型参与者中基本形成共同的信念体系，其中包括基本价值观体系，对事物的因果假设以及对基本问题的理解，并且在较长的时间内基本保持行动的协调一致。同时，在政策系统中，并不是每个活跃的参与者都"属于"某个政策倡议联盟，或者说支持一个主要的信念体系。一些研究人员可能对政策分歧无动于衷，他们的参与仅仅出于其自身所处的地位，或者环境要求他们共享一些特定的技能。① 一些官员也是如此，在很多情况下他们遵从"保持中立"的传统理念。②

另外，还存在一类政策参与者——在本研究中将其称为"政策掮客"——他们的主要关注点是把政治冲突限定在可以接受的范围内，找到"合理"的解决问题的方法。这通常是一些行政长官的传统职能。同时值得注意的是"倡议者"与"掮客"之间的区别有时并不明显，很多"政治掮客"有着某些政策倾向，而政策倡议者也可能很关注政策系统的维系。

依据倡议联盟框架，"政策掮客"的行为是一个经验主义的存在，其中可能存在制度上的从属关系，也可能不存在。例如，高级公务员可能是"政策掮客"，他们也常常成为政策倡议者——特别是当他们所在的机构肩负明确使命的时刻。

---

① Melsner A. Policy Analysts in Bureaucracy ［M］. Berkeley：Univ. of California Press，1976：157.

② Knott J. & Miller G. Reforming Bureaucracy：The Politics of Institutional Choice ［M］. Englewood Cliffs：Prentice‐Hall，1987：377.

日本社会创业教育政策系统中涉及的各方实际上都有各自的诉求。政府诉求的背后是日本政府在社会问题处理上财力的捉襟见肘。日本的很多问题需要地方财政力量的持续支持，比如老龄化问题、医疗问题等，这对于目前不景气的日本政府来说并不现实。因此，政府推动新公共建设也好，鼓励社会创业也罢，首先是政府角色转变，其次是政府能力受到局限的尴尬。这种情况下市民社会崛起是大势所趋，当然我不否认一些市民组织的领袖谋求某些政治资本［政治掮客］，但是日本的社会结构以及社会结构给这些领袖的空间并不大。（EG1）

倡议联盟框架假定系统中，共同的信念提供了政治上的主要"纽带"，并且，简要地讲，倡议联盟框架假定政策系统中人们的核心理念很难改变，从这个假设也可以推论出倡议联盟框架中的关键假设：在政策系统内部的主要争论议题上，当核心理念存在分歧时，支持者同盟与反对者的阵容将在相当长的时间内保持稳定。

正是基于这样的理论假设，本研究明确反对以下观点：政策参与者的主要动机来自他们的短期个人利益，因而组成极不稳定的"契合某些利益的联盟"，这些联盟将长时间地主导政策的制定。

当然本研究的这一观点与一系列的研究结果相一致：（1）威尔达夫斯基和特南鲍恩对美国能源政策历史的研究；① （2）在过去数十年间，对多党派欧洲议会多数联盟的组成进行的大量分析研究，研究发现——与里克的"少数获胜联盟"（Minimun Winning Coalition）② 模型相反——联盟的形成在很大程度上受到了意识形态的限制。

当然，联盟的稳定也许不是因为稳定的信念，而是因为稳定的经济利益和组织利益。这种观点引发的是两难的方法论问题，部分原因是因为信念体系通常与自我利益紧密相连，而这里的因果关系是互换的。

比如，日本社会创业者与社会创业教育机构在对社会创业教育内容与方法的问题上有着极为不同的观点，而造成观点差异的原因存在以下两种

---

① Wildavsky A. & Tenenbaum E. The Politics of Mistrust [M]. Beverly Hills: Sage, 1981: 327.

② Riker，W. The Theory of Political Coalitions [M]. New Haven: Yale Univ. Press. 1962.

可能：（1）因为他们所在的组织存在不相同的（经济）利益；（2）因为人们加入组织——并通过与组织的既定目标保持一致而提升自己的地位。

本研究关注的焦点是信念体系，而不是"利益"，同利益相比，信念涵盖的范围更广泛，也更容易进行核实。对于利益模型而言，需要确认的是达到目标所需要的方法和绩效指标；而利益、目标、因果联系，以及可感知的参数状态一起构成一个"信念体系"。信念体系模型综合了个人利益和组织利益，也允许政策参与者以极不相同的形式设立目标（比如，作为社会化的结果），因而也就更加包容。

另外，本研究认为在政策冲突中，很难确认大多数参与者优先的、明确的、可检验的利益组织，相反，更可取的方法是允许政策参与者指出他们的信念体系（通过访谈和文件的内容分析），然后用经验来验证这些信念随着时间推移而发生改变的程度。

政策参与者试图把他们的信念转化为公共政策或者政府项目（这通常包括一系列目标、指示，以及为了实现政策目标向公共行政机构进行的授权），并且在通常的情况下，要求折中、妥协的压力会使政府项目最终成为各个政策倡议联盟所倡导元素的综合体。

日本社会创业教育政策以日本经济产业省为主体，但经济产业省所关注的政策核心是社会创业行为对日本地域经济的促进作用，显而易见社会创业教育这种并不能立竿见影的政策部分，自然不能得到日本经济产业省的关注。但市民社会组织以及教育研究机构的立场则明显不同，只有持续不断地提供社会创业人才才能维持社会创业事业的可持续发展。同时，我们不能否认社会创业的的市场性——逐利性，社会创业教育政策带来的是社会创业教育机构较为长久的政策倾斜，或者说是经济利益。资本的逐利性决定了社会创业教育实践活动中强烈的市场导向，而社会创业教育政策保证了导向的正当性。（EN1）

3.4.2 政策参与者的信念体系分析

以上研究已经分析了对政策系统中的参与者来说，信念体系的差异是造成出发点不同，在政策制定与执行过程中产生行动差异的重要原因，可以说信念体系决定了政策参与者寻求影响政治决策的努力方向。

在分析个人和参与者所属组织的信念体系时，倡议联盟框架有三个基本出发点：

第一个出发点是艾曾和菲什拜因（Ajzen and Fishbein）所提出的"理性行为理论"（theory of reasoned action）——这一理论基本上是一个期望效用模型。

根据这个理论，政策参与者将考量各种行为对实现政策目标所能作出的贡献，在这一理论中，相比其他大多数效用主义模型，相关集团（比如同一个政策倡议联盟的成员）的优先选择将更加协同一致，所扮演的角色也更加显著。①

第二个出发点是理性、有限的，不可能达到完美境界。因此，在数理统计、设定理性认知边界、开展有限的检索过程等方面，这个理论框架很大程度上依赖于很多专家。

第三个出发点因为政策系统由政策精英组成，而不是由普通公众组成，所以有足够的理由作出假设：大多数政策参与者在他们利益相关的政策领域都有着相对复杂、在内部协调一致的信念体系。

以上这些只是理论的出发点，因为他们基本无法解释当实际情况发生偏离时可能产生的后果——这些偏离包括信念体系的内部分歧、不准确的预测、错误的判断等。

假定我们以一种不统一的、随机的方式来解决冲突，因而对信念的连贯性和有效性产生了一些社会压力及心理压力。

那么，在解决冲突的过程中，假定所有信念拥有同样的地位。抑或是认为其中一些信念比其他信念更为根本、更为重要，因而也就更加稳定。更或者是，问题在于政策精英的信念体系结构如何。

倡议联盟框架的基本战略是：根据信念体系的结构来预测随着时间推移可能发生的信念转变及政策变迁，因此要分析假定二和假定三，其前提

---

① Ajzen. I. and Fishbein M. Understanding Attitudes and Predicting Social Behavior［M］. Englewwood Cliffs：Prentice – Hall. 1980.

就是确定信念体系的结构，如表 3.6 所示为精英信念体系结构图。

表 3.6　政策精英信念体系的结构

	深层（规范性）核心	接近（政策）核心	次要方面
基本特征	根本的、规范的、本体论的、公理性质的	根本的政策立场关系到达到深层核心规范化公理的基本战略	为了实现政策核心进行的工具性的决策和必要的信息搜索
范围	基本个人价值观的一部分，适用于所有政策领域	适用于关心的政策领域	专门针对关心的政策领域或政策子系统
可变性	很难，与信仰等精神层面相似	难，但如果经历严重变故则有可能发生变化	相对容易，这是大多数决策甚至立法的主题
说明性的组成要素	人的本性 i：人性本恶 vs 可社会救赎 ii：自然的一部分 vs 战胜自然 iii：狭隘的自我主义 vs 契约人 各种终极价值的相对重要性：自由、安全、权力、知识、健康、爱情、美丽，等等 公平分配的基本标准：谁的福利更重要？自我、主要群体、所有人、未来的人类、人类以外的生态环境等	对政策问题领域的基本看法 政府角色转变的认识 政策工具的基本选择，如高压政治 vs 诱导 vs 劝服	大多数决策关系到行政规则、预算分配、案例处理、法令解释甚至法令修改 信息涉及项目表现、问题的严重程度等

在表 3.6 中，对政策精英的信念体系进行了内部划分，把信念分为三类：由根本的、规范的原则理念所构成的深层核心，它是一个人的基本价值体系；接近（政策）核心的基本战略和政策定位，它们以在政策领域或政策子系统中实现根本核心理念为目标；由各种必要的工具性的决定和信息搜索所构成的一组次要方面，它们以在特定政策领域实施政策核心理念为目标。

这三组结构性分类，其排列顺序是：越靠后的类别越容易发生转变，也就是说：信念体系的深层核心相对体系的次要方面而言，要稳定得多。

根据表 3.6 政策精英信念体系的结构，本研究对社会创业教育政策领域内的精英进行了访谈，对日本社会创业教育政策参与者的信念体系进行了分析。

鉴于以上对日本社会创业教育政策系统的参与者进行的分类，本研究将按照参与者所属的利益集团进行分类，梳理不同利益集团的参与者的信念体系情况。

1. 信念体系的深层核心

对日本社会创业教育政策系统中来自不同利益集团的参与者而言，其深层核心信念体系存在极大的同质性。

首先，深刻的国民性是每一个政策参与者不可磨灭的烙印，对于日本社会意识的流变过程在上面的研究中已经有所涉及，此处不再进行赘述。从作为文化的社会意识来看，日本人传统的以协作团体主义为实质的"集团主义"存在于社会深层，助推了公共意识的产生，这种公共意识的认同奠定了社会创业教育政策中积极的一面。

日本社会的高度同质性极大地制约了年轻人的热情，日本社会无处不在的规则带给年轻人很多无形的压力，对于一般的创业者而言，这种不利因素都会成为一种来自文化底层的阻力。当然，这种社会的整体意识也会影响到政策系统的参与者，并且这种影响通常是潜移默化的，作为参与者本身不易察觉，并且对于政策制定者而言，这种影响无法避免，也是由于这种影响才令政策的关注点更为本土化或者说日本化。至少对于我本身而言，在参与政策制定的过程中我没有认为这种文化层面的信念值得我反身来思考或者回避，这种基础性的共识对政策制定者来说是没有问题的，无关其所代表的组织性质。（ET1）

同时，日本社会高度同质化特征使得创业精神本身在日本并不是非常受到重视，根据 2012—2013 年世界竞争力报告显示：日本作为创新主导型国家，其综合创业活动指数（Total Early－Stage Entrepreneurial Activity：TEA）为 4.0%，是所调查 67 个国家和地区中最低的。

综合创业活动指数是在各国创业活动水准比较的基础上制定出的可信指数，其对创业的基本情况分几个阶段进行选取指标，具体的模型如图 3.4 所示。日本社会对创业活动的认同感偏低，同日本传统的经济发展模式有很大关系。这给社会创业教育政策的制定带来了不小的阻力。

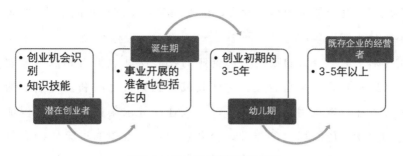

图 3.4　综合创业活动指数模型

日本社会创业的情况与创业的情况还是存在比较明显的区别，日本的社会创业主打的是地域发展的政策倾斜，因此社会创业的主体并不是年轻人，很多在校大学生学习社会创业的相关技能但并没有很多人选择成为社会创业的主体，而只是出于兴趣希望参与到社会创业实践工作中。你（研究者）可以了解到日本的社会创业者很多是社会人，甚至有一些是家庭主妇，这个现象的背后体现了社会创业在日本社会的接受度其实是很高的。这种高度的接受度给到政策系统参与者的影响也不可小觑，但这种影响是对所有政策系统参与者而言的。（SK1）

对终极价值的相对重要性来说，日本社会经历了一个历史的发展过程。社会创业究其根本是个人与集体价值的问题：通过个人（一些个体）的努力为一个群体（集体）谋求福利的过程；同时社会创业活动讲求的是个人与集体的平衡：通过社会创业不进行利润分配，但社会创业讲求的是可持续性和发展性。

日本学者滨口惠俊指出日本的集团主义中个人与集体并非一组二元对立的概念，二者并不矛盾，个人与集体之间的互利共生、成员之间的协调发展是日本集团主义的核心概念。集团主义反映在日本人行动中的表现是更多地考虑组织的期待，为了维持组织的正常运转往往放弃自己的意见，主动投入组织的怀抱之中。

对于日本人为什么如此重视与所属集团的调和，滨口惠俊认为日本人的意识结构中集体的自律性比个人自律性更为强烈，只有自己所属的集团在更大范围的社会体系中得以发展，个人利益才能够得到满足[①]，两者的利益是不可分割的，集体与个人同等重要。

集体对个人有巨大的吸引力，企业的发展使其成员得到了自豪感，成员的归属感和自尊心来自企业，它使其成员感到自己的利益与企业的未来息息相关。在日本集团主义文化下，个人往往寻求集体的支持来保证其个人利益的实现，他们积极参与社区公共性建设，希望通过集体的力量来保证个人在社区生活中的利益。可以说日本的集团主义文化是推动日本社会公共性建设的文化根源。

日本政府在进入"新公共时代"之后，应该说大部分的政策关注点都在于构建一个更好的社会。但是，日本政府和美国政府有很大的区别，日本政府从来不是一个崇尚自由的政府，同时，日本社会现在遇到的困境也影响着政策的皈依点，日本经济连续的不景气严重影响着政策的力度与持续度，当然这个问题不是可以用一个小时、两个小时能说清楚的。如果要求我用一句话来说明日本政府现在最关键的政策诉求，我想应该是结合可以结合的力量有效管理衰退的日本。大部分的日本政治家也都持有类似的观点，归根结底就是日本社会的问题依赖政府已经不可以了。（GZ1）

以上日本专家的观点已经回答了公平分配的基本标准，作为深层核心信念体系来说，日本的政策更倾向于注重社会总体的公平分配，当然深入到政策参与者内部而言，来自不同利益集团的政策参与者都要争取自身所代表的集团利益最大化，因此对社会总体平衡的关注也是政策妥协与博弈的结果。

2. 信念体系的政策核心

本研究对深层核心信念体系的分析，说明了政策系统参与者在深层核心信念层面没有明显差异。而政策核心信念体现了政策体系参与者的根本政策立场，根据倡议联盟框架以及日本利益共同体理论，不同利益集团背景的政策参与者通过博弈和妥协的过程实现了政策共识，并且政策系统是不断变化的过程。

---

① 滨口惠俊. 日本的集团主义 [M]. 有斐阁，1982，14—18.

研究者很难找到可以说明具体的政策博弈过程的文本资料，从对专家进行访谈的过程中可以隐约呈现出不同利益集团在社会创业教育制定过程中持有的不同侧重，从这个侧面可以呈现出政策系统参与者在信念体系政策核心层面存在着的差异。

（1）如何看待社会创业教育及其政策

直观而言，社会创业教育政策所涉及的最主要部门应该是文部科学省，但现实的情况却是经济产业省在进行主导。从社会创业研究会以及社会创业推进委员会的专家构成可以较为直观地观察到参与社会创业教育政策制定的相关政府部门：内阁府、总务省、文部科学省、农林水产省、经济产业省等。

从这些来自不同政府部门的政策参与者对社会创业教育问题的认识，对社会创业教育政策实施过程中利益权衡的认识等侧面可以反映出一定的问题。

日本社会创业教育就是日本社会创业支持政策中的重要组成部分，因此需要的还是良好的整体政策环境。单独设立机构推动社会创业教育政策，不仅政策成本高，效果也未必会好。（GK1）

日本社会创业教育并不是局限在教育机构中，很多进行社会创业教育的组织本身就是社会创业组织。同时，社会创业教育机构并不一定是学历教育，类似于培训性质的形式或许更适合社会创业者，毕竟社会创业者们并不是全职的创业者，他们可能有其他工作。（GI1）

社会创业教育非常重要，但是我并不认为社会创业教育是独立的教育形式，我对社会创业教育与创业教育之间的关系持保留态度，特别是在日本，据我所知，创业教育的效果并不好，很多人都搞不清楚创业教育与商学院教育的区别。（GZ1）

社会创业教育是创业教育的深化与扩展，同时日本的社会创业现实结构又决定了社会创业教育更为复杂：涉及一系列社会组织、市民机构、企业等市场的力量同样没有缺少。日本文部省只能关注教育领域内的实践，局限性还是十分明显的。但是，社会创业教育的核心政策必须要有文部科学省的参与，毕竟对于社会创业教育内容、教育方法的研究，高等教育机

构的作用不可小觑。（GO1）

社会创业教育是一个系统化的工程，因此需要进行配合的部门也非常复杂，从长久角度来看政府的推动不能从根本上解决这种复杂性，政策的外部性也难以预测，社会需要的是政策启迪，后续的力量还是来自于民间。（GK2）

社会创业教育对社会创业的发展过程确实十分关键，但是社会创业教育的复杂性也决定了其需要克服的矛盾异常之多。因此，社会创业教育政策不仅是教育政策，更需要相应的社会政策。（GE1）

不可否认社会创业教育政策是社会创业整体政策中的一部分，在政策制定的过程中智库已经给到我们最专业的政策取向，当然这之中也包括教育领域的专家。日本的高等教育机构也在积极推行社会创业教育，这也是政策所希望看到的结果，在政策制定之初也考量了由文部科学省来主导社会创业教育政策有关内容的制定与执行，但是社会创业事业的复杂性与整体性又要求由一个部门统筹全局，而无疑是经济产业省最为合适。（GW1）

从对政府官员的访谈中，可以发现来自不同政府部门的官员对社会创业教育的认识并不统一，当然这种结果不排除官员自身的认识水平和教育背景。仅从政策系统的角度来看，这些官员都直接参与了日本社会创业教育政策的制定过程，因此这些官员对社会创业教育的认识直接影响了社会创业教育政策。

内阁府系的官员对社会创业教育的具体情况并不关心，而是更关心社会创业教育对社会创业事业的贡献，即关注社会创业教育的关系范畴；文部科学省的官员对社会创业教育本身的强调比其他部门的官员都要更多，但是由于社会创业教育的复杂性使得其不得不妥协于整个社会创业事业，这背后的原因和日本教育改革发展已到达瓶颈期有很大程度的关系，即关注社会创业教育的本质范畴。

经济产业省的官员也强调了社会创业教育的重要性，但侧重在于强调社会创业教育其他政府部门都处于协同的地位，其实对社会创业教育的关注并不多，更凸显了经济产业省作为主导社会创业政策（其中包括社会创业教育政策）的正当性；其他部门的官员对社会创业教育的关注程度明显不足，归根到底他们所属的部门都处在社会创业教育政策系统的边缘。

从对政府部门官员的分析中可以看到在其信念体系中关注社会创业整体事业发展的前提下，在具体的价值取向方面存在一定的差异，而这种差异较为明显地体现在社会创业教育政策制定和实施的过程中。社会创业教育被作为了社会创业的子系统，而社会创业教育对学生的社会意识启迪、营造良好的社会创业氛围等外部性并没有被深刻地认识到。

（2）如何认识政府角色的转变

根据以上的分析，社会创业事业之所以出现，同政府角色的变化有着密切的关系，因此在政策核心信念体系中对政府角色转变的认识可以较为清晰地表明政策的出发点，对理解社会创业教育政策的信念体系具有重要的意义。

依据受访专家所属的利益集团，对访谈资料进行分析，抽取出不同利益集团受访专家对政府角色转变的认识。

来自政府部门的受访专家对日本政府角色的认识
日本政府传统经济职能出现失灵
早前的日本政府善于干预经济并且在 20 世纪对经济市场的干预［政府的职能］很成功，从"贸易立国"到"收入倍增计划"再到"重化工业战略"，日本政府通过干预性政策不断扩展自己的活动范围，并且人们习惯了政府之手不断地伸长。（GK1） 日本曾经拥有一个高效廉洁的政府，日本的官民之间、政企之间形成了一个亲密无间的联盟，但是，现在日本政府同原来的大型企业之间的关系发生了微妙的变化［政府职能的转变］，我在最近看到的良性互动在减少。（GI1） 日本政府强有力的角色在逐步瓦解，重要的原因在于日本经济的不景气，民众对政府失去信心也是可以理解的［政府职能的转变］。但近来政府在重塑形象的路上没有停止脚步，或许政府在寻找新的合作伙伴。（GZ1）
制度性改革是日本政府面临的最大课题
日本经济的下行压力迫使日本政府思考弊端是否出在了产业政策本身［制度性改革］，还是为了实现产业政策而长期形成的一种政府和市场之间的不协调关系。（GO1） 从今天的日本来看，政府规制改革的滞后给日本经济发展带来了很大的负面影响，不仅使市场的资源配置作用得不到有效发挥，而且阻碍了成熟经济条件下高新技术的发展和升级，更重要的是阻碍了市场体系的自我创新［制度性改革］。（GK1）
政府角色在市场、市民社会等全新力量的迫使下不得不转变

日本政府正在进行以经济结构改革为首的七大改革（市场环境的完善、市场规则的确立、扩大进入且退出市场的自由度、重视投资者和消费者、彻底开放信息、完善保险、确保市场竞争），政府已经开始有意识地将市场机制引入目前政府无力管理的一些领域，当然我认为这种改革和引入也是在巨大压力之下的行为，并非政府自我改革［政府改革］。(GE1)

"新公共时代"的提出本身就是政府对自身角色的深刻反省，日本政府是在分权的官僚机构与民主代表制的框架之下，因此对于社会创业事业的出现政府最初的态度并不积极，或者说没有重视。而后期的推动也有压力集团的运作在其中［政府改革的压力］。(GW1)

注：［］内是作者对访谈资料挖掘的编码，() 内是访谈专家代码。

来自市民社会的受访专家对日本政府角色的认识

政府的不作为与政策失灵现象颇多

日本政府在工业化过程中显示出远高于其他国家的有效作用，但是本质上日本政府也并不是权威主义型的政府，而是关系依存型的政府。因此，当社会结构、经济模式发生变化，政府的很多政策都会失去效力［政策失灵］，因此日本政府在很多方面缺位的现象就不足为奇了。(SJ1)

日本政府承认地方政府的自治权力，这也是被写入宪法的。但是出现了问题之后，地方政府没有能力去解决，财政拨款体系也异常复杂，中央政府对这些地域性的问题处理得也相当不及时［政府不作为］。(SS1)

日本政府在处理很多问题的过程中都凸显了其后知后觉的本性［政府不作为］，以社会创业领域而言，对社会创业组织的法律定位问题迟迟不给予承认［政府不作为］，直到最近才开始进行法人认定、推进支援等。(SO1)

政府的过度干预已经形成路径依赖

日本政府曾经十分注重培育具有风险意识的企业，"官营处理"曾是日本政府培育民间企业的重要标志。日本对企业进行巨额补贴、政策倾斜等［政府干预］，比如丰田、三菱等企业都得益于这些政策。但这种政策倾向已经给很多日本企业形成了一种"路径依赖"［路径依赖］。而新的时代中这种财政性和政策性的照顾路径已开始滞后于市场的变化。(SI1)

地域发展走入困境的背景下中央政府与地方政府矛盾尖锐

日本政府是典型的科层制，同时地方自主性放权又令很多问题呈现地域性［中央与地方政府的矛盾］。以大阪为例，商业发达造成了人员的大量聚集，其中也包括了大量的流浪者，每年为流浪者提供生活支援的资金就是一笔很大的数额，对地方财政来说已经形成了巨大的负担，而来自中央政府的财政支持却没有增加。(SK1)

日本的地域发展面临着巨大的问题，城市圈的不断扩展已经成为了一个不断吞噬资源的问题。很多日本的地区出现了凋敝的状况，中央政府不断提出要振兴地域发展，也有一定政策和财政倾斜，但是收效并不好。地方政府还是需要依靠自身的力量才有可能走出困境［中央与地方政府的矛盾］。(SS2)

政府在寻求与市民社会的合作

　　日本政府在"新公共时代"之时就开始积极寻找解决社会问题、缓解社会矛盾的出路，市民社会是政府选择的新的合作伙伴［市民社会成为合作伙伴］，因为市民社会是政府与市场的中间地带，并且其影响力呈现上升的趋势。（ST1）

　　日本政府颁布非营利组织相关法律，致力于社会创业事业的出发点是为了重塑政府在公众中的形象［市民社会与政府的双赢］，为了树立一个亲民的政府概念。（SJ2）

　　日本政府同市民社会组织的合作［政府与市民社会的合作］已经很深入了，很多市民社会的行动都已经渗透了政府的某些政治意图，当然这个过程也包括一些市民社会组织的某些意见领袖带有特定的目的，主动寻求与政府间的合作姿态；同时，某些不合作的姿态也是刻意为之，当然你可以认为这是阴谋论，但我想说的是我了解到的真实情况。（SM1）

　　注：［］内是作者对访谈资料挖掘的编码，（）内是访谈专家代码。

来自市场部门的受访专家对日本政府角色的认识

从政府主导型转变为市场增进型

　　日本政府通过规制对经济实行了很多干预，产业政策也被认为是政府影响经济的重要工具，日本政府曾经成功地增强了日本工业在国际市场上的竞争力。在那个历史时期日本政府的主导是有效的，但是现在的时代已经不复从前［政府主导时代的结束］。（MS1）

　　谈到日本政府的角色，不得不说现在日本经济所面临的巨大压力与严峻挑战。日本政府需要承认的是很多情况下政府的信息处理能力并不高于市场，政府的手伸得再长也无法解决一些问题［市场开始发挥更多作用］。当然市场存在缺陷，政府自身也无法纠正，而需要通过与民间部门、市场进行合作，协商解决。（MB1）

政府角色的变化带来了新的机遇

　　日本政府角色的变化是不需要讨论的，关键的问题在于变化之后呢？应该说社会创业就是一个窗口，政府和市场在内、市民社会在外合力把窗口打开，带来了社会创新的模式［政府角色变化的机会之窗］。但是政府也在观望，并且试图控制社会创业的规模，不能任由其野蛮生长。（MS2）

　　政府角色的变化给市场带来的是机会，很多公共服务的提供已经开始走入市场化的模式［政府在公共服务领域中让渡出更多空间］，同时市场化泛滥的势头也是一种矫枉过正，因此社会创业活动出现。（MB2）

　　日本政府早前已经习惯和市场进行合作，只不过政府眼中的市场和真实的市场有一定的区别，因此政府角色的改变的实质是政府重新定义了政府与市场、政府与市民之间的关系。［政府重新定义提供给了市场、市民社会更多机会］这种重新定义带来的可能是多方受益，也可能是受损，不过结果需要更长的时间来印证。因此日本20年的经济衰退需要更多的耐心和更长的时间来走出去。（MZ1）

　　注：［］内是作者对访谈资料挖掘的编码，（）内是访谈专家代码。

来自教育研究部门的受访专家对日本政府角色的认识

日本政府的定位影响着经济与社会的定位与发展

新制度经济学的观点我十分认可：影响经济效益的是政府，因为他们限定并执行经济的游戏规则［政府限定着市场的发展］，发展政策的核心是必须建立一个会制定和执行有效产权的政府。（EG1）

日本政府的角色的变化不是一个单一事件，而是系统事件。有学者认为日本政府的变化参考了英国政府的第三条道路发展，我却愿意将更多的影响权重给到日本社会的变化，20世纪的发展模式已经被今天的实践证明不再发挥作用。政府姿态的变化会很快地被不同的社会利益集团捕捉到，无论是商业企业还是社会企业都需要重新定位了［政府角色变化的影响］。（EI1）

政府角色的变化逐渐转变了民众的公共意识［政府角色的变化对市民意识的影响］，长久以来同质化社会是否会面临冲击是我本人正在研究的。就目前的研究来看，同质化社会正在逐步走向差异化，但是这种差异化对日本社会意味着什么却还是未知数。（ET1）

日本政府角色的变化过程是博弈的过程也是妥协的过程

我对政府的本质在哲学的范畴有很多的研究，政府是社会秩序的提供者、公共事务的管理者。从社会契约论的角度，政府的权力是从人民手中让渡得来的，但是当政府得到了这些权力之后，再让他们放弃就会变得异常困难。因此政府角色的变化是斗争的结果［政府角色的变化是妥协的过程］。（ET2）

政府不同利益群体的斗争使得政府发生角色的变化，政策的推行都是相关利益群体在博弈的结果［政府角色的变化是博弈的过程］，这种博弈后是另外一些人的利益受损。（EN1）

政府角色的变化过程也是利益集团相互博弈［政府角色的变化是博弈过程］的过程，社会创业作为市民社会组织的代表之一，同样是博弈的产物，也是妥协的产物。当然，社会创业自身的发展也同样重要。（EK1）

政府角色的变化给高等教育界带来的变化

日本大学的法人化看似平静地度过了十年，但其中暗潮涌动，很多国外的学者都曾要我谈谈这个问题，我想你（研究者）的研究课题也同样触到了这个问题，其实日本大学法人化是出于政府的无奈［高等教育的改革是政府的两难抉择］，并且从现在看这种所谓的法人化仍然没有打破传统帝大同国家之间的联系［政府与大学间的联系依旧密切］，你可以去看历年文部省的立项情况。（ET2）

政府角色的变化为社会创业者带来了新的创业机会

政府角色变化的直接结果是给了社会创业者绝佳的机会［政府角色的变化给社会创业者带来了巨大机会］，政府行动的空间让渡给了市民社会，当然在这里我不去探究这种让渡的过程是政府自愿还是被迫，从结果上看，社会创业者大展身手的机会已到来，也正因为如此社会创业教育才被强烈需要，在这里我也不去讨论现在的这些社会创业教育是否合适。（EF1）

社会创业者从政府的角色变化的过程中完成机会识别的过程［政府角色的变化给了创业者机会］，当然这种机会识别可能也是问题取向，但关键是政府的不作为成就了社会创业者的作为。（EH1）

注：［　］内是作者对访谈资料挖掘的编码，（　）内是访谈专家代码。

通过以上来自政府部门、市民社会组织、市场部门和教育研究机构的受访专家对日本政府角色变化的不同看法，可以较为清晰地勾勒出政策系统参与者对政府角色的定位，对政府角色的变迁应该说形成了一定的共识：政府角色的变迁是由于追求利益最大化的行为主体力图在给定的制度约束条件下，谋求确定预期为自身最有利的制度安排和权利界定。

　　日本在分权的官僚机构与民主代表制的框架之下，最初以政府与产业界进行合作的形式来实现产业成长，而这个过程中日本社会开始不断发展，并且形成利益集团，通过利益代表来实现对公共政策的形成过程进行影响。社会创业事业的出现，是不同利益集团不断博弈和斗争的结果。

　　虽然本研究仅对社会创业研究会和推进会的专家进行了访谈，但鉴于这些专家都是社会创业以及社会创业教育政策的直接制定者和政策制定顾问，这些专家的信念体系可以从一定程度上反映政策系统参与者的信念体系。

　　在这一信念体系中虽然对政府角色的转变达成了共识，但对转变的原因、转变的过程、转变的影响等问题存在一定的差异，这种差异也是在社会创业教育政策的制定过程中带有不同的立场。这种信念体系的差异性具体如图 3.5 所示。

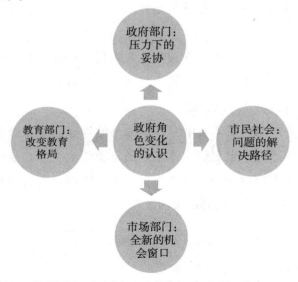

图 3.5　不同利益集团对政府角色转变的认识差异

（3）对政策工具选择问题的认识

政策工具（policy instruments）是政府用来影响这个政策变量的经济与社会变量，即政府用于达到一定目的的政策措施。简单来说，政策工具就是达成政策目标的手段。

事实上，政策工具一方面可以界定为一种"客体"，如在法律文献中，法律和行政命令被称为工具；另一方面，政策工具也可以界定为一种活动，将一系列焦点在于影响和治理社会过程、显示出相似特征的活动定位为政策工具。

政策工具主要可以分为三种类别：

第一种为自愿性工具，其核心特征是很少或几乎没有政府干预，它是在自愿的基础上完成预定任务。包括家庭与社区、志愿者组织、市场。

第二种为强制性工具，也称为直接工具，强制作用于目标个人或公司。在响应措施时只有很小的或没有自由裁量的余地。包括管制、公共事业、直接提供等。

第三种为混合性工具，兼具自愿性工具和强制性工具的特征。混合性工具允许政府将最终决定权留给私人部门的同时，可以不同程度地介入非政府部门的决策形成过程。包括信息和劝解、补贴、产权拍卖、征税与用户收费等。

政策工具的选择主要发生在政策执行阶段，在政策执行中占据重要地位，是实现目标的基本途径，政策执行本身就是政策工具选择的过程，工具的选择是政策成功与否的关键。

在社会创业教育政策体系中，政策工具的选择同样十分重要，因此对政策工具选择问题的认识是信念体系中的重要组成要素。通过对来自不同利益集团的受访专家的访谈，对政策工具选择的问题进行分析和比较，以便更进一步理解社会创业教育政策的政策工具。

来自政府部门的受访专家对政策工具选择问题的认识
政策工具的选择要以政策目标为皈依

政策工具的选择问题一直是政策执行过程中的关键问题［政策选择的地位］。我认为政策选择应该是由政策目标决定的［政策目标是归着点］，以社会创业教育政策为例，社会创业教育作为准公共领域，其原则和底线应该由政策来规制，而具体到社会创业教育的开展、实践应该把自由交给教育机构。因此，强制和自愿相结合的政策工具最为合适。（GK1）

社会创业政策领域内的政策工具选择应该是在制定之初就已经做过思考的，强制性政策的实施效果并不理想，并且社会创业本身带有自发性。因此在对政策选择的过程中必须要结合具体的政策目标［政策目标是政策工具的选择作用］。（GI1）

政策工具的使用可以根据实践情况进行调整

对政策工具的选择可以是一个动态的过程［政策工具的选择是动态的］，根据政策实践的实际情况进行实时监控和调整［实践情况影响政策工具的选择］。当现有的政策工具不能很好地推动政策实践时，可以对政策工具进行废止或选择新的政策工具。（GO1）

政策工具的选择应该分阶段式，政策系统本身就是一个动态系统［政策系统是动态系统］。作为这个系统的动力系统，政策工具也应该是动态的［政策选择是动态的］，这种动态不仅指政策工具时刻不停地发挥作用，更指政策工具的变动性应该根据政策实践效果进行调整。（GK2）

如何评估政策工具的效果是政策制定者的难题

对政策实施的评估中就包含对政策工具的评估，对政策工具的评估一直以来都是政策研究者关注的难题之一［政策工具的评估是难题］。（GZ1）

社会创业政策的政策工具倾向于选择混合型的，这对于政策评估来说是一个难以解决的问题，政策的效果究竟由哪种政策工具所产生，这个问题的量化是政策制定者们需要了解的［如何对政策工具的评估进行量化］。（GE1）

政策工具的重要性毋庸置疑，但是政策工具产生的效果却难以测定［对政策工具的评估难以测定］。（GW1）

注：［］内是作者对访谈资料挖掘的编码，（）内是访谈专家代码。

来自市民社会的受访专家对政策工具选择问题的认识

政策工具在现实政策实施中存在失灵的状况

从历史发展看，日本政府在选择政策工具的过程中有很多失败的案例［政策工具失灵］：福祉政策工具的选择受到很多诟病，医疗改革政策同样差强人意。这同政策实施的复杂性有很大的关系，同时政策工具没有做到及时调整也是一个重要的问题。（SJ1）

很多政策在实施的过程中存在问题，其中重要的原因在于政策工具没有发挥应有的作用［政策工具失灵］。（SS1）

政策工具的选择是问题的开始而不是问题的结束。因为在政策实施的过程中政策工具存在着失灵的状况［政策工具失灵］，这同最初的政策选择有一定的关系，但是我认为关系不大，应该制定政策工具的动态监控体系。（SO1）

政策工具的失灵［政策工具失灵］一直以来是社会对日本政府诟病的重要话题，但是民众对政策工具加以诟病的前提是信息不对称，因为民众对政策决策的过程了解不够，也不能了解政策决策背后的利益平衡关系。（SJ2）

政策工具的选择过程反映了政策制定者对问题的基本观点和看法

政策工具的选择过程不仅是政策制定者对政策实施过程的思考与假设，更反映了政策制定者的认识哲学［政策工具的选择反映了认识哲学］。以社会创业教育政策为例，基本上政策工具属于自愿性质的，没有太多的强制性工具介入。可以看到政策制定者对社会创业教育领域的认识。（SI1）

政策工具的选择过程更多的是政策制定者价值观的反映［政策工具的选择反映了价值观］，但是政策执行者的声音在哪里呢？作为地域的政策实施者来说，很多时候我们都充满困惑和矛盾，更多的时候我们甚至会怀疑政策制定的出发点在哪里。（SK1）

政策工具的选择同样是政策系统内的重要组成部分，同时政策工具的选择也最能反映政策制定者的直接意图［政策工具的选择反映意图］。（ST1）

对政策工具的分析可以有很多不同的视角，如果从目的论的视角分析，政策工具是为了实现政策的目标；如果从过程论的视角分析，政策工具是政策与社会接触的路径。但是无论从那个角度来分析，政策工具的背后都被注入了太多政策制定者的意图［政策工具的选择反映意图］。（SM1）

政策工具的选择过程应该听取更多的声音

政策工具的选择过程应该公开透明，让未来的政策实施者也能参与到政策工具的选择过程中［政策工具选择的过程应该透明］。（SK1）

政策工具的选择过程和实施过程看似是由不同的主体进行的，但是从政策系统的角度来看，政策制定者与实施者是致力于同一事业的不同阶段的同一主体，因此政策制定与政策实施之间建立良好沟通是十分必要的［政策工具的选择过程应该实现良好的沟通］。（SS2）

注：［］内是作者对访谈资料挖掘的编码，（）内是访谈专家代码。

来自市场部门的受访专家对政策工具选择的认识

政策工具的选择过程也是市场与政府的合作过程

政府的政策选择过程中有大量的市场力量参与其中，作为市场力量可能追逐利益永远是第一位的，但对于政府来说政策工具的选择过程也需要市场力量的参与［政策工具的选择离不开市场］。（MS1）

政策工具的选择过程如果说是由政府进行主导的话，那么市场起到的作用就是得力的助手［政策工具选择中市场的地位］，政府的决策从根本上是在平衡各个利益集团的厉害关系，因此如果说政策工具的选择过程没有市场力量的参与是不可能。（MB1）

政策工具的选择过程是市场机会的创造过程

从市场的角度来看，政策工具的选择过程是市场机会的创造过程［政策工具的选择也是机会创造的过程］，资本追逐利益的本质不能改变，同时市场力量通过影响政策决策包括政策工具的选择来实现创造机会的目的。（MS2）

政府的决策者很清楚地认识到政策的推行与市场力量有着密切的关系，因此政策工具选择的过程中会为市场力量留有一定的空间［政策工具的选择对市场的影响］，但是这种空间的预留不能说是政策决策者的自愿行为，而是利益权衡的结果。（MB2）

政府的决策过程都是在创造市场机遇，但是这种机会创造并不是政府单方面的行为，很多时候是由于政策的外部性所带来［政策的外部性］，更多的时候则要依靠市场自己寻找机会。（MZ1）

注：［］内是作者对访谈资料挖掘的编码，（）内是访谈专家代码。

来自教育研究部门的受访专家对政策工具选择的认识

政策工具效能是政策工具选择过程的重要考量因素

政策工具的效能并非总是稳定的，政策工具在不同时间跨度中的实施，其效能是会发生变化的［政策工具的效能］。因此，对政策工具效能的关注才是政策工具选择的核心任务。（EG1）

政策工具本身具有客观性，但政策参与过程的行动者却是主观的，其理解方式以及为发挥某项政策工具的影响而采取政策目标的战略等存在着较大的差异，这种差异的直接影响就是对政策工具的效能产生影响［政策工具效能发展的影响力］。正因为如此，与其说对政策工具的关注，不如说对政策工具效能的关注。（EI1）

政策工具的全部意义就在于其效能的发挥［政策工具的意义在于其效能的发挥］，当然这是我个人的观点，可能是过于功利主义视角的，但是在政策系统中功利主义是必须的，如果在政策系统中还在谈哲学性与建设性的意义，那么政策系统就太大了，以致于我们的研究者也同样无从下手。（ET1）

对政策工具的突破来自于实践而不是研究领域

对于政策工具的选择，从研究者的角度我本没有发言权，研究者自身的角度本身就是作为政策决策的智库，但是涉及社会创业教育政策的问题又另当别论，因为教育政策的问题还是需要教育领域的人士进行介入［政策的实践领域］。（ET2）

政策工具的选择问题是政策制定者和实践者共同思考的问题并且不能停止这种思考，这种思考的意义在于政策工具可以做及时调整，而研究者更多的是根据实践的问题进行理论上的支持［研究者的出发点是实践领域］。（EN1）

政策工具更像是一个实践领域的课题［政策工具的选择是实践领域］，当然我本身不具备政策科学研究背景，仅就社会创业教育政策的政策工具问题来说这是政府层面的事情。（EK1）

政策工具的选择对政策问题领域带来的影响比较直接

> 社会创业教育政策的政策工具是混合性的，因此除了一些教育领域的基础定位被强制性规定下来，其他都是依靠自愿性［政策工具的非强制性］。社会创业教育的特殊性在于其市场取向，国立大学法人处在自身地位的尴尬期，特别是顶级的国立大学法人同政府之间的关系仍旧暧昧，但是政府对社会创业教育的直接财政支持有限，更多的是政策性的，因此就造成了大学特别是国立大学在社会创业教育参与过程中的消极表现［政策工具导致的不积极表现］。（ET2）
>
> 社会创业教育政策的工具选择直接影响到了社会创业教育的实践走向［政策工具影响政策实践］，日本的社会创业教育并不是政策引导的，而是在市场取向下，这同政策工具的选择也有一定的关系。（EF1）

注：［］内是作者对访谈资料挖掘的编码，（）内是访谈专家代码。

从以上对不同利益集团受访专家的访谈资料的分析，可以看到政策工具的选择总是体现出政府对社会资源的调节，并且会影响到人们的经济和社会行为，因此政策工具也是一种很强的象征性政府意图信号。

不同利益集团的受访专家对政策工具选择的重要性、政策工具的选择过程的实质等问题都形成了基本的共识：在政策工具的选择过程中存在着政府部门强力推行、缺乏有效的联动沟通机制的问题。但从政策系统内信念体系的角度来分析，不同利益集团对政策工具的选择并没有明显差异，只存在认识深度的不同，具体如图 3.6 所示。

图 3.6　不同利益集团对政策工具选择的认识差异

3. 信念体系的次要方面

政策系统中信念体系的次要方面主要是指为了实现政策核心进行的工

具性的决策和必要的信息搜索。

就社会创业政策系统而言，信念体系的次要方面主要是从技术层面对社会创业教育涉及的领域——教育领域、社会创业领域、市民社会组织的信息搜集，并在此基础上形成政策具体操作层面的相关内容，如行政规则、预算分配、案例处理、法令解释等。这些技术层面的内容组成了社会创业教育政策系统信念体系中的次要方面。

之所以称其为次要方面，主要有以下几方面的原因：

首先，这些信念内容比较容易发生变化，其构成内容主要是依靠技术手段形成的一些操作层面的具体内容。因此作为信念体系的一部分是最容易发生变化的。政策系统的参与者对这部分内容基本处于认知的阶段，而没有形成强烈的认同，这同信念系统中的深层核心和政策核心存在很大区别，从受访专家的访谈中也同样反映了这一现象。

对于政策的具体规则和法律法规等我持认同态度，毕竟整个政策（社会创业教育政策）从讨论到形成政策推动机构再到政策具体实施都有自己的参与，但是从具体规则等内容发展到坚固的信念的过程还需要相当漫长的时间。（GO1）

其次，这些信念内容对政策系统本身的影响力并不大，也可能是这些信念内容只能作为次要方面的根本原因。以倡议联盟框架的视角来看，这部分信念内容基本可以达成共识性，无论来自哪个利益集团的政策系统参与者都对这部分信念内容呈现被动接受的态度，因此这部分信念内容不参与政策系统的博弈过程。而恰恰相反，这些信念内容是政策系统内不同利益集团博弈与妥协的产物。

大部分政策决策都是政策系统内博弈的产物，在社会创业教育政策内也是一样，社会创业教育政策中有关社会创业教育系统的推动就是由于市民社会与教育领域之间博弈的结果。在政策的最初，文部科学省计划将社会创业教育作为强制性教育项目并逐步推动学位课程的建立，而这种行为遭到了教育系统内部相对传统力量的阻碍，并且由于资金方面的正当性等问题不得不搁置。而市民社会组织不遗余力地主张开展社会创业教育，也是由于相当部分的市民社会组织内部人士急需这种类型的教育。当然这个

过程你是找不到相关的文本进行支撑的，但是我想说的是这就是政策系统的实质。（EF1）

3.5　本章小结

本章的关注焦点是日本社会创业教育政策系统，首先通过对现有日本社会创业教育政策的分析，从研究者自身的视角解答对日本社会创业教育政策系统的疑问：社会创业教育政策为何作为社会创业政策的下位政策？影响社会创业教育政策的外部因素有哪些？社会创业教育政策的内部受到哪些因素的驱动？

基于这些问题，本研究引入了倡议联盟框架，对社会创业教育政策系统中的利益集团进行了分析，将政策系统内利益集团划分为政府部门、市民社会、市场部门和教育研究机构，参考了社会创业教育政策制定参与机构的构成情况，对社会创业研究会以及社会创业推进会的专家进行了访谈，对影响社会创业教育政策系统的外部因素与内部结构进行了探索性分析。

在研究的过程中，社会创业教育政策系统的全貌逐渐展现，纷繁复杂的影响因素、各方利益交织于该领域中，社会创业教育政策系统中包含着持有一定共识也存在一定利益纷争的不同利益集团。

从社会创业教育政策本身来看，政策的出发点是为了推动社会创业教育的发展，培养更多的社会创业实践者、社会创业行业从业者、社会创业研究者，这是政策的最终呈现。但是深入政策系统的内部，不同的因素、不同利益集团在政策系统中发挥的作用、政策制定者在多重诉求的迷雾中寻找到最佳的政策出口。

在探究政策系统中精英的信念体系的过程中，来自不同利益集团的受访专家在对社会创业教育领域的基本问题形成共识的基础上，对其他方面诸如政策的目的、政策工具的选择等方面都存在认识的差异，而这种差异的表达过程正是社会创业教育政策的博弈与妥协过程。不同利益集团背后所代表的不同的利益诉求，在社会创业教育政策的中观领域内政策的最终导向可能与每个单一利益集团都存在差异与出入，但通常这种状态对每个利益集团都最是为平衡的状态，并且对社会总体而言是最有效率的。

对日本社会创业教育政策而言，虽然不同利益集团——政府、市民社会、市场以及大学对社会创业教育领域性质的认识存在差异，对政策工具的选择也有着各自不同的立场，但最终的政策呈现是以社会创业教育领域的发展为最终归宿。

4

多元与统一：
日本社会创业教育的实践类型

日本社会创业教育政策在不同利益集团的博弈与妥协的背景下生发而来，政策的推进势必会对社会创业教育的实践层面带来切实的影响。

本研究为了展现日本社会创业教育的全貌，将对日本社会创业教育实践进行类型分析，并从不同类型的日本社会创业教育中选取典型案例，对不同类型日本社会创业教育的目标、内容、方法、师资进行分析，并探索性地构建日本社会创业教育的支援网络。

4.1 日本社会创业教育的实践发展与类型分析

日本政府对社会创业人才的培养、社会创业活动均提供了强有力的政策支持，努力构筑社会创业教育系统，大力推进社会创业教育事业的发展，所以在对日本社会创业教育进行案例分析之前，有必要从总体层面把握日本社会创业教育的发展状况。

首先，从直观层面对日本社会创业教育的发展状况进行分析：

（1）日本的地方自治体积极参与日本社会创业教育实践。在国家层面各种支持政策的推动之下，日本各自治体（都道府县以及政令指定市）都积极开展了各种形式的社会创业教育，开展了相关的支持性项目，并且这些社会创业教育项目以公益性为主要特征，以免费或者象征性收取很少的费用为主。

总体来看，通过创业塾、经营塾等形式进行人才培养的自治体比较多，达到 30 个左右。比如川崎市和冈山县，通过区域与大学的合作开展进行社会创业人才的培养；再如高知县灵活运用信息技术手段，开展以开放教学和集合研修实践结合的方式进行社会创业人才的培养。

同时，一些自治体将社会创业人才的培养与雇用事业相结合，拓展了"地区雇用再生特别支援经费"（「ふるさと雇用再生特別交付金」）的使用途径，将社会创业人才培养、社会创业支援活动等均纳入到地区雇用事业支持范围。

（2）市场力量强力介入，成立了一批社会创业教育专门学校。本身作为社会创业领域的重要力量，市场从未缺席社会创业领域，从对社会创业政策制定与实施过程的分析，可以看到市场持有自身的诉求与期待，而在社会创业教育领域也同样体现着这样的诉求。从社会创业教育的视角来看市场，可以发现资本在逐利的同时也开始承担起社会责任，并且开始介入到准公共领域提供个性化服务。虽然这些社会创业教育项目的收费相对较高，但其提供的教育服务也更多样化。

在市场开展的社会创业教育项目中，社会创业学校（社会创业大学，Social Entrepreneur School）是规模最大、影响力最广的代表。该校是专门培养社会创业者的社会学校，以培养社会创业者为核心目标，学校的主要招生对象是社会人，因此学校的主要授课时间为工作日的 19 点—22 点，周六白天。社会创业大学在日本设立了两个校区——东京校区和九州校区，目前已有毕业生从社会创业大学毕业并开始进行社会创业活动。

（3）得益于日本市民社会的迅速发展，大量由市民社会开展的社会创业教育项目涌现出来。

如果从关系链的角度来看，可能市民社会同社会创业的关系最为密切，特别是在日本的语境下，商业创业氛围并不浓厚，社会创业的力量大部分来自于市民社会。因此，市民社会参与社会创业教育的实践也是自然而然的发展过程。

这类社会创业教育多具有选拔性，其受众面也相对局限，并且有两极分化的趋势：一部分教育项目仅关注于普通市民的意识提升，而另一部分教育项目仅关注于社会创业实践者。

市民社会组织开展的社会创业加油 NPO 组织联合社会各部门间的力量开展全国性的社会创业者论坛，扩大社会创业者之间的交流与合作，如 NPO 法人 ISL 负责运作的社会创新公志园（「社会イノベーター公志園」）。众多大企业同 NPO 组织合作开展社会创业者的育成活动，如日本电器公司（NEC）和 NPO 法人 ETIC 合作开设了 "NEC 社会创业塾"，培养了众多的社会创业者。

（4）高等教育机构不仅积极开始社会创业教育实践，同时还开展社会创业相关理论的研究工作。高等教育机构参与社会创业教育并不是日本的特例，而是全球性的发展趋势。

在对日本社会创业教育总体发展情况进行梳理的过程中，研究者通过信息搜集整理出了截止 2015 年 12 月为止全部的日本社会创业教育项目，并对每一个社会创业教育供给主体从目的、实施主体、协作主体、参与主体、教育方法等方面进行了辨析。具体见附录一 "日本社会创业教育实践主体的分布情况表" 所示。

通过对日本社会创业教育实践进行梳理，以社会创业教育项目的主导力量为分类标准，将日本社会创业教育项目分为四类：政府主导型、市民社会主导型、市场力量主导型和大学主导型。如图 4.1 所示为日本社会创业教育四种类型的分布情况。

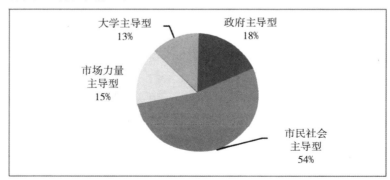

图 4.1 日本社会创业教育分类情况（以主导力量不同为依据）

为了进一步分析日本社会创业教育，本研究从不同类型的社会创业教育项目中分别选取了一个典型案例，然后从社会创业教育的目标、内容、方法、师资等方面分析了不同类型社会创业教育的特点。本研究所选择典型案例见表 4.1 所示。

表 4.1 各类型社会创业教育研究案例选取情况

类型	典型案例
政府主导型	KS 社会创业学院
市民社会主导型	东海青年创业塾
市场力量主导型	社会创业学院
大学主导型	关西学院大学

4.2 政府主导型社会创业教育的案例分析

政府主导型社会创业教育作为政府直接参与社会创业教育实践的类型，在日本社会创业教育总体中所占比例不高。但是政府主导型社会创业教育意义却很大，其所蕴含的意义在于政府正面角色转变的社会整体趋势，以参与社会创业者支援和培养为途径，助力地区内社会创业的发展，提升地区的活力，解决地区内的问题。

4.2.1 政府主导型社会创业教育的实践概况

政府主导型社会创业教育集中出现在日本政府推行"新公共时代"后，并且多是一些地级市城市积极参与其中，如川崎市、仓敷市、大分县、久留米市等，大型都市中鲜有政府层面主导社会创业教育实践。

出现这种现象的原因是多方面的，站在地级城市的角度上看，城市或面临着产业转型、或缺乏年轻劳动力、或缺乏支柱产业，或地级政府收入状况不乐观等，因此单独依靠政府的财政解决很多地区内的社会问题是捉襟见肘。"新公共时代"的到来对这些地区来说可能是一次发展的机遇，但是这些地区普遍存在着劳动力不足的问题，因此市民社会在这些地区的发展并不理想，对于这些地区市民社会的发展而言，缺乏人才是最为核心的瓶颈。

这也是政府层面主导社会创业教育项目的完整行动逻辑：通过主导社会创业教育项目，提升市民的社会贡献意识，培养社会创业人才，激活地区市民社会的发展，为地区政府缓解解决社会问题的压力。

而从大型都市的角度上看，其社会问题要多于那些地级市，人员聚集、大量流动人口、庞大的城市网络等，这些都使得社会问题层出不穷。同时，大型都市也聚集了大量的人才，从人力资本的角度来看大型都市发展社会创业的潜能要优于地级城市。

从现实情况来看也是如此，在本研究对日本市民社会发展的实证调查显示大型都市圈（首都圈、关西圈等）的市民社会发展速度要快于其他地区，大量的市民社会组织都集中在经济相对发达的大型都市。因此，大型都市的政府可能不需要主导太多的社会创业教育项目，而只需要作为协助力量给予社会创业教育项目一定的支持。

政府主导型社会创业教育的立足点比较清晰，从目前日本现有的政府主导型社会创业教育项目来看，其目标都是为了增强地区内的社会活力，除了有针对性地对社会创业者进行支援和培养外，还应有激发普通市民社会贡献意识的教育项目。

政府主导型社会创业教育内部呈现出分化的趋势，一部分以地域内问题的解决为取向，提供实践导向的教育；另一部分则专注于启迪市民的社会贡献意识，提供认知导向的课程。政府主导型社会创业教育的教育内容倾向于同地区内社会问题相结合，教学内容的设计通常与地区发展的重点领域和关键问题相结合，师资多是来自地区内高等教育机构、市民社会组织等，通过合作来实现培养社会创业人才的目的。

政府主导型社会创业教育均是依托地方政府，并且带有较强的问题取向，本研究选取的 KS 社会创业学院是由川崎市政府主导，同日本专修大学进行合作开展教育实践活动。在对 KS 社会创业学院进行分析之前，有必要明确其创立的背景。

4.2.2　KS 社会创业学院的创立背景

川崎市位于神奈川县东北端，市区面积 144.35 平方千米，人口 140 万，是日本著名的工业城市，也是面积最小的政令指定都市。川崎市曾经号称"日本工业之都"，是原材料、电机、机械等的重要生产基地。

虽然川崎市有雄厚的工业基础，但川崎市的社会创业供给与需求还处于不平衡的状态。作为新兴的创业模式，社会创业的供需不平衡不仅存在于川崎市，在整个日本国内都普遍存在。可以说川崎市社会创业的供需情况，是整个日本国内社会创业供需情况的缩影。

首先，从社会创业供给的角度来看，事业型 NPO 和社会志向型企业是社会创业的主要供给形式。就 NPO 而言，2012 年，川崎市所属的特定非营利活动法人共 317 家，而全国的数量约 4 万家。

其次，从人口比例的角度来看，川崎市人口占全日本人口的 1.1%，而川崎市 NPO 数量仅占全国数量的 0.7%，因此从数量上看川崎市社会创业活力不足。

然后，从社会创业的规模角度来看，根据川崎市市民活动中心的调查，川崎市的社会创业规模多较小，虽然也有个别组织的年度活动预算达到 5 千万日元以上，但超过半数的社会创业组织年度活动预算不超过 50 万日元，应该说这种经营规模只相当于制造业中的小规模经营企业。

再然后，从事业收入的角度来看，根据川崎市民活动中心的调查，事业型 NPO 的平均收入组成中会费占 37%，事业收入仅占 21%。而事业型 NPO 的收入构成中应以事业收入为中心，以补助资金、公共财政补助、民间资助作为补充。

根据川崎市市民中心的调查，目前川崎市社会创业团体所面临的问题集中在资金与人才两个方面：活动资金短缺，事业收入不足，补助资金取得的难度越来越高；支援者和参与者的数量不足，专业从事社会创业以及有能力管理社会创业组织的人才极其缺乏。

还有从企业法人的角度来看，对川崎市目前的状况缺乏充分地调查，只在观念层面上认识到社会创业是一个潜力巨大的发展方向。根据日本财团的企业社会责任 100 强以及国际权威基金评级机构晨星（Morningstar）的调查显示，企业社会责任的实践情况都会体现在股票指数上，如一家企业社会责任实践不佳的企业，其股票指数很容易受到一些企业经营不善等情况的影响。

因此，一些大型的企业法人有巨大的热情投入社会责任的实践活动，而同时，企业社会责任（corporate social responsibility）的活动过程中也包含一些社会创业的意味，但又不完全相同，因此在企业实践的过程中，存在诸多问题。

根据川崎市市民中心的调查，目前川崎市有 66％的 NPO 和 NGO 组织同企业法人存在合作，作为企业法人进行志愿活动的占 92％，建立了志愿休假制度的企业占 51％。可以看到，多数企业均持有一定的问题意识，对实现区域社会贡献抱有较高的热情。

但市民层面加入社会创业和志愿活动的比例不超过 3％，仅仅依靠企业法人并不能实现社会创业事业的良性发展，社会创业虽然存在广阔的前景，但结构性缺陷同样不容忽视。

从社会创业需求的角度来看，由日本专修大学和川崎市共同进行的调查显示，川崎市市民中有 71％认为理想中的城市应该是一个侧重生活体验的城市，52％的市民认为城市应该注重服务体验，36.1％的市民认为城市应该作为一个文化城市而存在，29％的市民认为城市应该体现为一个共同体，24％的市民认为城市应该以产业为核心，18％的市民认为城市更应该发展成为学研型都市。

这反映了川崎市市民对城市的基本理想，也反映出了市民对城市生活、服务等方面的高度关注，而这与社会创业的出发点存在高度的契合。

从人口流动的角度来看，川崎市本身人口流动性较高。因为其地处首都圈，因此人口的迁入率和迁出率都比较高。以 35 岁到 39 岁的人口流动情况为例，都维持在较高水平，同时迁出率高于迁入率，这就反映了很多人移居川崎，也有很多人选择离开川崎。

个中缘由也较为复杂，可能有一些人将川崎作为长期居留地，而一些人则选择更适宜生活或发展的地区进行移居。在川崎市武藏小杉周边地区出现了新建公寓之热潮，地价不断攀升，生活成本随之升高。在对川崎市区域生活质量的调查中，麻生区的评价最高，但仍然存在很多问题；多摩区、宫前区、高津区、中原区、幸区和川崎区的得分很低，区域内存在大量的社会问题。

以此为契机，市民参与解决社会问题的情绪日渐高涨。根据川崎市市民中心的调查显示，有38％的市民虽然目前没有参与相关活动但在今后打算参加，有11％的市民想要继续参与相关活动，有6％的市民计划稍微降低参加相关活动的频率。所以在川崎市市民中有超过半数的人想要或已经参与社会问题的解决活动，因此在川崎市社会创业的潜在民众基础较好。

4.2.3 KS社会创业学院的实践状况

KS社会创业学院正是以川崎市社会创业逐步发展为契机创立的，是对社会创业人才培养的实践性探索，特别是在社会创业供给与需求不平衡、相关人才供给不足的语境下，KS社会创业学院是一个十分有意义的尝试。

学院位于川崎市向之丘游园站前，这里作为川崎市登户地区重振计划的一部分，已经建设成所在地69街区的地标高层建筑，学院将其中两层作为卫星校区。学院在这里夜间开始授课，在站前的便利地理位置给很多参与学习的社会人提供了便利条件。

学院从2008年开始正式开课，并得到了文部科学省的支持，作为推动社会人士进修的项目，成为了大学GP项目（Good Practice Program）。KS社会创业学院作为日本专修大学远经济学研究科的特别教育项目提供的为非学历教育，课程完成后得到的是修习证明。

KS学院的目标是实现市民社会的创新，同产业创新相比，市民社会创新的目标是为了实现社会问题的解决，创造良性发展的地域社会。KS学院培养相应的人才，作为实现创新的平台，为创造可以满足市民需求、可以安心生活的社会而努力。

KS学院在经济劳动省与タマ论坛成员交换意见的基础上正式招收学员，学员以社会中坚世代和家庭主妇为核心，年龄从20岁到70岁不等。学院在川崎市政府与タマ论坛的共同合作下，为社会人士提供了再学习的机会以及参与社会创业的机会。

　　KS学院所提供的课程是大学院层次的课程，相关师资均是来自于研究和实践领域的专家，不仅限于专修大学，还包括很多来自其他大学的研究者、实践领域的专家等，可以说学院已经成为了研究者与实践者交流的平台。

　　课程始于系统的理论导入与学习，步步深入，实现社会创业知识的融会贯通与应用，注重理论与实践的结合，课程体系中有多达10门以上的实地研修课程，最终以实现社会创业实践为目标。学院开设了120个小时的集中课程，保证参与课程的学员即便是不具备相关知识背景，也可以成为相关领域的实践者。

　　KS社会创业学院的具体教育内容如表4.2所示。

表 4.2　KS社会创业学院教育内容

导入课程（社会创业基础学习）	
（必修）社会创业入门	神原理　专修大学商学部教授 大平修司　千叶商科大学副教授
都市重建与社会规划	福岛义和　专修大学文学部教授 野泽一博　文部科学省科学技术政策研究所
社会创业的现状与课题	鹿住伦世　专修大学商学部教授 川名和美　专修大学商学部兼职讲师、高千穗大学教授 铃木奈穗美　专修大学经济学部副教授
事业创造的要点	池本正纯　专修大学经营学部教授 加藤茂夫　专修大学经营学部教授
（必修）团队合作 社会创业的计划与意义	为崎绿　中小企业咨询师
共通课程（社会创业成长阶段必备的商业技能学习）	
地域活性化计划——以川崎市多摩区为中心	前川明彦　专修大学商学部兼职讲师
社会融资	小林　敦　青山学院大学大学院国际管理研究科兼职讲师

续表

NPO 的社会成果与商业模式	嵯峨生馬　专修大学经济学研究科客座教授 NPO 法人サービスグラント代表理事
广告信息战略	杉浦正吾　杉浦环境项目株式会社代表、武藏野大学兼职讲师
社会事业的管理	中島智人　产业能率大学副教授
社会创业事业现场调查	為崎緑　中小企业咨询师
应用课程（社会创业本质及其外延的学习）	
市民创业准备讲义	遠山浩　专修大学经济学部教授
（公开讲义）企业社会责任与社会创业准备	遠山浩　专修大学经济学部教授
个人创业计划	尾羽沢信一　法政大学地域研究中心客座教授 犬塚裕雅　一般社团法人 CAT 代表理事 為崎緑　中小企业咨询师
实践课程（深入川崎市的社会企业现场）	
（必修）社会创业实践力	為崎緑　中小企业咨询师
（必修）现场研修	為崎緑　中小企业咨询师
结业论文指导	德田賢二　专修大学经济学部教授 遠山浩　专修大学经济学部教授

　　就学院目前的教育成果来看，可以说卓有成效。在目前修习结业的 150名毕业生中，有一名就任副市长，该学员原就职于京瓷公司，在学院进行了地域问题的学习后，在地方选举中胜出，就任兵库县丰冈市的副市长。

　　多人创立了 NPO 组织：毕业生菊池，依靠在学院学习的理论知识和实践经验，整合学院共同学习期间的人脉资源成立了 NPO 组织——REEL，这是学院毕业生创立的首个 NPO 组织，该组织也依托校友俱乐部的平台，不断吸纳和帮助其他学院的毕业生顺利进入社会创业领域；毕业生笠原泰子，在川崎市麻生区百合丘地区创立了专注高龄者日间护理和社区沙龙事业的樱之丘公司，并在 2011 年 3 月的新事业展览会中获得优胜奖。

　　更有多人成为了地方社会创业活动的领袖，继续攻读大学院，成为大学教职员工。

毕业生们成立了俱乐部，定期组织活动，继续交流在不同领域工作和创业的经验，这一交流形式也成为了一种社会资源。学院的培养是众多怀揣着社会创业理想的民众逐步实现理想，使草根的力量逐步成为社会格局中重要力量的变革因素。

总结 KS 学院取得一些成果的原因，可以归纳为以下几点：

第一，地方政府主导下的 KS 学院，无论是实践领域专家进入人才培养环节，还是实践研修课程的顺利开展都得到了学院所在地川崎市政府的大力支持。

第二，学院得到了文部科学省的支持。文部科学省对 KS 学院的实践给予很高的评价，认为这种实践模式是政府整合社会资源进行办学的优秀范本，文部科学省在政策等方面的大力支持，为实践的成功开展提供了重要保证。

第三，也是最为重要的一点是参与者强烈的动机。这种强烈的动机转化为课程上积极热烈的参与和讨论，不同学历背景和经历的学员在课程上展开思想的碰撞。对教师而言，来自实践领域、研究领域的专家可以在 KS 学院这个平台上进行交流，针对教学中遇到的问题进行有针对性的探讨。

可以说，KS 学院的成功得益于社会资源的整合和利用，将川崎市政府、专修大学、企业以及 NPO 组织、市民的力量集合在 KS 学院的平台上进行合作。应该说政府力量是主体；市民对改善城市生活的追求、对诸多社会问题的关注促使了政府开始这样的社会创业教育实践；企业以及 NPO 组织对教学活动的开展等提供了大量支持；而专修大学则是资源的统筹者，在 KS 学院的运作过程中起到推动的作用。

4.3　市民社会主导型社会创业教育的案例分析

市民社会主导型社会创业教育占日本创业教育总体的比例最高，大量的市民社会组织都纷纷加入了社会创业教育实践中。

对于市民社会的发展而言，社会创业教育是人才培养的核心环节，要实现市民社会持续、稳固地发展，行业从业人才是重要保证。另外，市民社会主导型的社会创业教育其受众也相对集中，有很多都是目前在市民组织中从事社会贡献工作的人、社会创业者等。

4.3.1　市民社会主导型社会创业教育的实践概况

仅从数量层面上看，市民社会主导型社会创业教育是日本社会创业教育的最主要形式，有超过一半以上日本社会创业教育项目都是由市民社会主导的。大部分非营利组织中心、市民社会组织协会都参与到了社会创业教育事业中，并且有一些市民社会组织主导了不只一项社会创业教育实践。

市民社会参与社会创业教育实践本身具有深刻的自身立足点和逻辑，社会创业人才的培养可以促进市民社会的不断发展，而市民社会的不断进步又可以为社会创业人才的发展提供更多的空间，因此从市民社会的角度来看参与社会创业教育实践似乎是大势所趋。

但是同时，从教育领域的视角来看，市民社会主导下的社会创业教育是否可以走出特定市民社会的利益诉求，更加关注人才成长的本身呢？这似乎给市民社会主导下的社会创业教育提出了合法性危机，教育作为准公共领域，其公平和效率在社会创业教育领域内如何实现，不只是单一的问题，而是涉及了很多其他领域的复杂问题。

从时间上看，日本市民主导型社会创业教育实践是日本最早开展的社会创业教育，很多非营利组织和社会团体在成立之初就开始注重人才的培养活动，虽然很多的项目在最初没有明确提出培养社会创业者这样的概念，但从其具体的实践内容来看，其实质就是对社会创业者的支援和培养。

另外，市民主导型社会创业教育的主要形式以项目为核心，其受众范围相对较小，很多教育项目需要经过筛选才能确定学习者，带有一定的竞争性。但这种小范围的教育项目通常可以带来更为直观的教育效果，市民主导型社会创业教育项目可以帮助一些社会创业者建立起自己的社会企业，通过创业大赛等形式为社会创业者筹集到资金以扩大自己的创业事业。

鉴于市民主导型社会创业教育的形式，其师资也多来自于社会创业实践领域，很多市民社会组织的负责人、社会创业者都是市民主导型社会创业教育的核心师资。另外，一部分市民主导型社会创业教育项目注重同高等教育机构、政府部门的合作，将大学教师、政府部门人员引入师资队伍中。

4.3.2 东海创业塾的创立背景

本研究选取的东海创业塾是日本著名的非营利组织 ETIC 主导的众多社会创业教育项目之一。谈到东海创业塾，就必须从其主导力量非营利组织 ETIC 入手，来分析这个类型社会创业教育的创立背景。

非营利组织 ETIC 是为社会创业事业感兴趣的人士而专门设立的支援组织。该组织于 1993 年成立，最初以早稻田大学的学生为服务对象，但不仅仅局限于社会创业，而是对所有抱着创业理想的年轻人提供支持和帮助，并且培养出了一批学生创业者和青年企业家。21 世纪以来，ETIC 开始将注意力转移到对社会创业兴趣者的支援上，并逐渐发展成为社会创业者提供支援的特殊力量。

为社会创业计划过程中的人们举办论坛，提供经营相关的咨询服务，为已经开始进行社会创业的人们提供交流平台，将相关领域的专家聚集一堂开展专为社会创业者的学习会，推进社会创业者支持网络的建立。ETIC 通过一系列的活动调整，逐步将自身的体制建立成为满足各种不同类型与阶段社会创业者的需求。目前 ETIC 主导下主要的社会创业教育项目主要有以下三种类型：

（1）以社会企业为基地、以大学生就业体验为形式的就业实习项目，旨在激发大学生的社会创业热情。

（2）通过与当地政府、大型企业合作（如日本电器公司 NEC，花王株式会社等）为刚刚开始进入社会创业领域的新人提供各种经营资源和技能培训，通常是以"社会创业塾"的形式出现。

（3）联手风险投资家为社会创业者解决融资难题，实现社会创业的可持续发展。

在这三种类型的社会创业事业的基础上，ETIC 还和地区政府、大型企业进行合作，开始地区乃至全国范围内的社会创业大赛、支持机构等。

2009 年 10 月开始，ETIC 就携手东京都政府建立了"社会资本中心"，为社会创业者、社会创业投资者以及自愿到社会企业进行就职的人员提供咨询服务。并在全国范围内举办了社会创业计划大赛"STYLE"，通过开发这种立体化的教育项目，将不同阶段、不同诉求的社会创业者都集中在 ETIC 的社会创业教育系统中。

值得注意的是，ETIC 的社会创业教育系统是一个开放的系统，它的开放体现在其合作性上。ETIC 所提供的社会创业教育虽然以市民社会的力量为主导，但是政府部门、大型企业等市场力量以及大学的广泛参与扩大了其影响力，也丰富了其完整性。如图 4.2 所示为 ETIC 目前的社会创业教育体系。

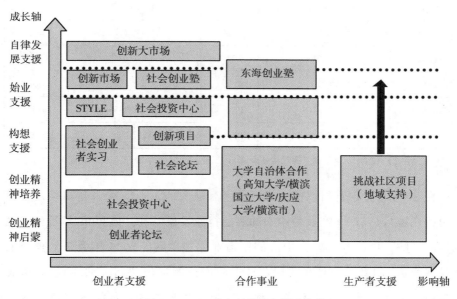

图 4.2 ETIC 社会创业教育体系构成

在 ETIC 社会创业教育体系中，东海创业塾所占据的位置是创业者的发展阶段，通过与各方合作，特别是地区内的合作来完成其影响力的实现。

以那些持有通过地域课题解决和地域资源活性利用实现东海地区社会活力重塑为目标的青年创业者为对象，以提高青年创业者创业事业层次目标，完善事业的发展战略，对创业者的事业进行推动和支援。

东海创业塾得到了兄弟工业株式会社在财政方面的支持以及经济产业省中部经济产业局和东海地区各县（爱知县、三重县、岐阜县）政府的大力支持。

日本东海地区指日本中部南部静冈、爱知两县与三重县，这里城市聚集，是为太平洋带状工业带的重要组成部分。表 4.3 显示了东海地区经济在整个日本经济中所占的规模，约占日本经济 GDP 的 10%。东海地区的制造业以汽车产业为中心，带动日本经济的增长。

表 4.3　东海地区经济比例

	全县总产值		工业产品产出额	
	金额（100 万日元）	比例	金额（100 万日元）	比例
爱知县	37171925	7.1%	46421227	13.8%
岐阜县	7386360	1.4%	5959020	1.8%
三重县	8207134	1.6%	11745058	3.5%
东海地区	52765419	10.1%	64125305	19.1%
全国	520249343	100.0%	335578825	100.0%

注：全县总产值为 2007 年度（县民经济计算），工业品产出额为 2008 年度（工业统计）

在 2008 年金融危机以前，东海地区有强大的工业支撑（爱知县是丰田公司所在地），以汽车产业为中心的制造行业发展顺利。但 2008 年受到金融危机的影响，以汽车产业为中心的制造业明显低迷，2008 年爱知县全年的增长率为负 7.1%，正是在此后，日本政府开始提出"新公共时代"，市民社会得到了空前的发展。在东海地区的情况更加明显，传统的制造工业不景气导致一些社会问题开始出现，如失业、流浪者问题等，这也是市民社会发展的重要促生因素。

在东海地区经济开始转型、市民社会逐渐扩大影响力的过程中，社会创业作为一种解决社会问题的方式也开始逐渐受到市民社会组织的重视，在这种语境下社会创业教育才得到发展。

4.3.3 东海创业塾的实践状况

东海创业塾开始于 2008 年，经过了 7 年时间对 31 名创业者开展了教育和支援活动，这 31 名创业者的事业都有了持续的发展，在这些创业者中，有同当地农工商联合会合作推出新产品的，有获得日本经济协会奖励的，等等。

东海创业塾的教育目标非常明确，就是同地区内的社会力量进行合作，对地域内正在社会创业道路上的创业者提供支持和援助。东海创业塾教育项目的主要特征有以下三点：

（1）帮助创业者调整经营理念、为其事业发展制定中长期的发展战略

项目汇集了地域内的前辈创业者和各领域内的专家作为创业导师，设立了固定的时间帮助创业者为自己的事业进行把关诊脉。通过从创业导师处得到的专业指导意见，创业者可以发现一些自身未曾发现过的视角，获得一些解决创业过程中难题的启发。另外，由创业者组成的"集合研修"也为创业者提供了一个宝贵的交流平台，可以让处在相似情况下的社会创业者们交流自身创业过程中的经验与教训。

（2）为实现在成长战略的实现过程中获得伙伴、客户和支援者的支持

对于通过了"个别事业支援战略会议"审核的创业项目，东海创业塾将为其提供与潜在事业伙伴与顾客、本地企业的经营者以及核心人士进行个别交流的机会。为了实现创业项目在质的层面的提高，创业导师将根据每个创业者的项目制定个别方案。

（3）实现最大限度地服务创业者

设立专属协调人制度，每位创业塾内的创业者将得到一位专属创业协调人，协调人同创业者之间具有一个长效的机制，保证协调人可以对创业者的创业情况及时跟踪，并将创业者不同时期的需求对创业塾进行及时反馈。

同众多市民社会主导的社会创业教育项目类似，东海创业塾师资力量基本都来自于社会创业的一线。由于很多社会创业者的工作异常繁忙，无法长时间地担任东海创业塾的导师，东海创业塾采取的方法是建立导师库，

根据每一期时间的安排，让有时间的创业者担任导师。

东海创业塾第八期共有导师 12 名，均是社会创业领域内的实践人士，以部分导师为例，对师资情况进行介绍：

佐藤真琴，PEER 株式会社代表。作为社会人进入看护学校学习，在实习过程中切身感受到癌症患者的日常生活，以此为契机，在最初投入 5 万日元开始创业活动，通过建立个人美容室、医院卖店等实现患者在医院中也可以过更有尊严的生活的愿望。

石川治江，"和"护理中心（NPO 法人）代表理事。1947 年生于东京，在外资企业担任过很长时间的秘书，之后自己创业经营过居酒屋和咖啡馆，后转入到社会福祉之路。1987 年成立了"和"护理中心，当时还是属于民间福祉团体，于 1999 年正是 NPO 法人化。任立教大学 21 世纪社会设计研究科讲师。

川北秀人，人、组织、地球国际研究所代表。1964 年生于大阪，1987 年从京都大学毕业后，先是进入大手企业从事营业业务，1991 年退职并开始担任国际青年交流基金会的政策秘书，1994 年创立了"人、组织、地球国际研究所"，为一大批的大手企业，比如日本航空、NEC、三菱重工等提供政策咨询服务，并提供企业社会责任的实现方案。

小出宗昭，富士市产业支援 f-Biz 中心主任。1959 年出生，从法政大学经营学部毕业后进入静冈银行工作。2001 年在静冈市创立了创业和产业支援机构"soho 静冈"，2005 年 2 月作为创业支援者获得了"2005 年日本创投赏"。2008 年 8 月成立了富士市产业支援 f-Biz 中心。

户枝阳基，特定非营利活动法人ふわり理事长。从日本福祉大学毕业后进入民间团体工作，在工作中深切感受到了残障人士以及家庭所面临的诸多困难，因此开始创立专门的支援机构。

这些导师通过一对一的辅导时间同年轻的社会创业者进行充分的沟通与交流，通过大量的研讨会、论坛等模式增强不同领域内的导师与学员就具体社会创业中的问题提出研究型解决方案。

4.4 市场力量主导型社会创业教育的案例分析

市场力量主导型社会创业教育是日本社会创业教育中最具特色的，这种类型教育的出现是教育内部自发的力量与市场的契机相遇后的结晶。

4.4.1 市场力量主导型社会创业教育的实践概况

仅从数量上而言，市场力量主导型社会创业教育在日本整体的社会创业教育中所占比例不高，但是市场力量主导型社会创业教育的意义却十分重要。本研究认为其意义主要是从教育和社会创业的两个视角来观照。

首先，从教育的视角而言，市场力量的介入可以增强教育系统内的竞争，提供了多样化的教育项目。社会创业教育作为一种实践导向的教育项目，其同博雅教育、专业教育还是存在一定的区别的。

通过对社会创业的研究，教育领域对社会创业过程中所需要的核心能力已经有了一定程度的认识，因此社会创业教育可以以实践成果为导向，以一定时间内的教育成果为评价依据，通过模块化的教学活动为受教育者提供能力提升课程，提供实践支援，对受教育者的社会意识和创业能力进行培养。市场力量主导型社会创业教育也就是抓住了这个特点，多采取模块化教学的方式，将社会创业过程中所需要的能力进行人为的划分，并推出相应的课程。

从社会创业的视角而言，市场力量的介入反映出了社会创业本身的市场性，同时教育本身又不完全是市场行为。

尽管近年来教育，特别是高等教育开始频繁地同市场相结合，但是教育本身的属性不能完全被忽视，因此社会创业视角下市场主导型社会创业教育本身就带有社会性与市场性的结合，市场力量主导型社会创业教育从某种程度上来说是社会创业。

市场力量主导型社会创业教育提供了最为个性化的社会创业教育课程，其目标指向性都非常明确，为了极大限度地满足受教育者的需求，市场力量主导型社会创业教育通常会打破知识的完整性，以目标完成为出发点和归宿，以阶段性的社会创业目标为教育效果的评价指标，整合社会资源，将高等教育机构、政府部门、市民社会组织中的人员均纳入自己的师资队伍中。

与政府、市民社会主导型社会创业教育不同，市场力量主导型社会创业教育的教育内容更加系统，通常市场力量主导型社会创业教育会自行编写教材，这些教学内容也是社会创业能力模块化的具体体现。

4.4.2   社会创业学院的创立背景

虽然在日本社会创业教育各个类型中市场力量主导型社会创业教育机构所占比例并不突出，但是最大规模的社会创业教育机构就是市场力量主导型社会创业教育机构——社会创业学院。

社会创业学院之所以出现要从两个方面来分析：一方面，社会创业教育自身的性质决定了市场力量的参与。教育本身作为准公共领域，其内部已经开始出现市场化的倾向。美国乔治亚大学的希拉·斯劳特（Sheila Slaughter）和拉里·莱斯利（Larry L. Leslie）在 20 世纪 90 年代发表的《学术资本主义：政治、政策和创兴型大学》（Academic Capitalism：Politics，Policies，and the Entrepreneurial University）中提出了"学术资本主义"（academic capitalism）。学术资本主义代表一种政府、市场和学术三方面力量平衡的变化，强调高等教育对国家经济发展的效用，以及就教学科研人员和院校而言，反映了对市场及具有市场活动特点的偏好。①

学术资本主义的全球化现象已经开始呈现，教育领域的市场化问题也从未停止过脚步，尽管对其的评价不一，如日本的国立大学法人化改革，在本研究中已经有所提及，其对日本教育领域产生着持续性的争论和影响。在这种教育活动市场化的趋势下，社会创业教育也同样走向了市场。

另一方面，社会创业本身的发展非常迅速。从以上研究对日本社会创业事业的规模以及民众对社会创业的认知态度可以反映出日本的社会创业

---

①   刘原兵. 学术资本主义语境下的留学生教育 [J]. 高等教育研究，2013，9，101－106.

事业是一个充满潜力的领域，正因为这种潜力与民众的高度认同度，大量有志于进行社会创业实践的人士进入这一领域，尽管有政府、市民社会、大学分别主导的社会创业教育类型，但民众对社会创业的热情仍旧召唤着市场力量进入这一领域。

正是在这种内外共同作用力之下，市场力量主导型社会创业教育开始出现，并发展出日本国内最大规模的社会创业教育机构——社会创业学院。

4.4.3　社会创业学院的实践状况

社会创业学院建立于 2010 年，到目前为止是日本最大的专业进行社会创业者培养的机构，分为东京校和九州校。截止到目前为止，学院已经有 300 多名毕业生活跃于社会创业界。通过 12 个月或者 6 个月的课程，提高自己的创业力，深入挖掘社会问题的解决通路，实现自己心中的社会创业理想。

社会创业学院之所以成为日本最大的社会创业教育专门机构，其特点主要有三个方面：

（1）社会创业学院拥有提升社会价值的课程。社会创业学院的课程主要从"自我实现""社会问题解决""商业价值"三个层面对受教育者进行培养，通过学习社会创业学院课程，可以实现从自我到社会的多重目标。

（2）社会创业学院保有重视实践、对话和输出的授课取向。定员在 15 人的小班教学，让志同道合的学生和教师们可以实现高质量的沟通，在进行真心的交流与反馈的同时形成自己对社会创业的看法。

（3）社会创业学院具有完善的支援体制。从创业计划的制订，到生涯领域的困惑，完善的咨询体制会保证每一个学生都可以得到一对一、面对面的指导，以在校生和毕业生为中心的各种活动会为处在创业不同时期的学生提供完善的支援。

通过以上的分析，本研究从自我实现、社会问题解决和商业价值三个纬度对社会创业学院、MBA 系商学院、社会贡献型 NPO 和海外留学进行了比较。具体见下图 4.3 所示，可以较为清晰地反映出社会创业学院的优势。社会创业学院在三个方面实现了均衡，而 MBA 系商学院偏重商业价值，社会贡献型 NPO 注重社会问题的解决，海外留学则偏重个人的发展与提升。

自我实现
自我实现
自我实现
自我实现
社会问题解决 商业价值
社会创业学院
社会问题解决 商业价值
MBA系商学院
社会问题解决 商业价值
社会贡献型NPO
社会问题解 商业价值
海外留学

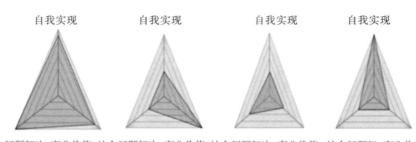

图 4.3 社会创业学院与其他类型学校的比较

在社会创业学院，在教师的指导下学员可以根据自己的目标来选择参加的社会创业教育课程。以制订解决社会问题为宗旨的创业计划者，可以选择社会管理课程；要进行社会创业、完善社会创业模式的学员，可以选择商业管理课程；而正在进行创业，想把事业推入可持续发展轨道的学员选择创业实践课程最为合适。如图 4.4 所示为社会创业学院的课程体系。

社会价值提升的步骤
自我觉醒
社会贡献
商业
事业推进
体验
创业
意愿
社会性
社会意义的
诉求力
市场性
收益性
社会影响性
为解决社会问题而
制订创业计划
社会管理课程
（时间：6个月）
初衷：发掘创业意愿
宗旨：制订创业计划
完善创业模式
商业管理课程
（时间：6个月）
初衷：开展计划
宗旨：完成计划
经过一年的实践将事
业推入正轨
创业实践课程
（时间：12个月）
初衷：开始创业
宗旨：可持续发展

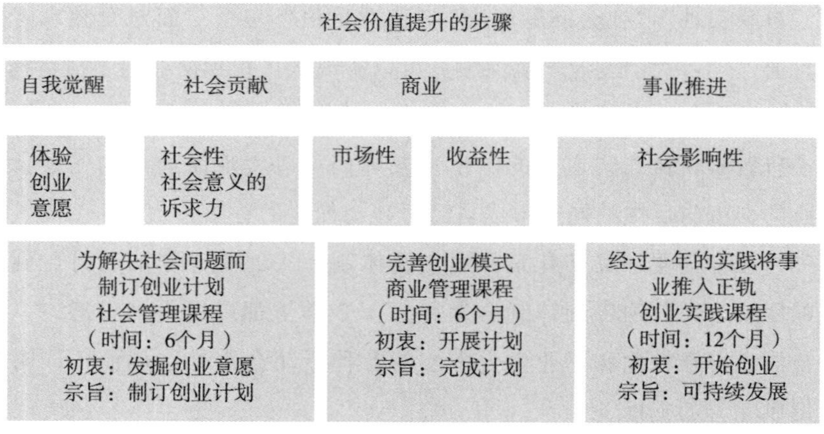

图 4.4 社会创业学院的课程体系

社会创业学院的师资来源更加丰富和多元，除了社会创业者外，还包括来自高等教育机构的研究者、政府机构的官员退职后专职在社会创业学院担任讲师。除了师资团队外，社会创业学院还独立进行教材编写，建立了由一线教师、社会创业研究者和政府政策制定者共同组成的教材编写委员会，将教学实践中的问题、实践领域内的经验、学术领域内的成果以及政策氛围内的动态都及时反馈到教材的编写中。

4.5 大学主导型社会创业教育的案例分析

日本的大学主导型社会创业教育虽然在数量上并不占据优势，但是大学主导型社会创业教育与其他类型的区别也是十分显著的，即大学主导型社会创业教育提供的是学历教育，而其他类型提供的均是非学历教育。

因此，大学主导型社会创业教育构成了日本社会创业教育体系中高层位置，其培养的人才不仅包括社会创业者、社会创业行业从业人员，还包括社会创业的研究者。

4.5.1 大学主导型社会创业教育的实践概况

本研究在对日本社会创业教育背景研究的过程中对全球范围内社会创业教育的迅猛发展以及日本大学社会服务职能的不断明晰分别进行了阐述。而日本大学主导型社会创业教育的实践发展也深刻地诠释了全球化范围内的影响以及大学自身发展的突破。

首先，大学主导型社会创业教育的实践是教育政策与教育实践国际间借鉴的过程，从最初世界顶级商学院中个别教师对社会创业的关注发展到全球范围内大批大学都投身到社会创业教育实践的过程，可以较为清晰地看到大学社会创业教育的发展轨迹。

从美国发展到欧洲，在欧洲零星散落发展的态势中英国成为特例，大批英国的大学开展社会创业教育，再到亚洲国家，而在亚洲国家又呈现出不同的趋势（如在印度以强烈的问题解决为导向的培养体系，在日本以重视社会福祉发展为出发点的多层次人才培养系统）。

另外，从大学自身而言，日本大学正在经历的法人化改革使得大学的社会地位悄然发生着变化，日本传统的高等教育认识论正在接受着巨大的挑战。这种改革在名义上改变了大学同国家之间的关系，但从本研究对社会创业教育的政策分析中可以看到这种名义上的变化还远没有产生实质效果。

应该说这种变革没有打破日本高等教育系统中原有的格局，而是让不同类型的高等教育机构加速了分化并向着不同的方向越走越远。日本传统的旧帝大还是垄断着大量的国家财政支持，传统旧帝大对原有优势的固守使得留给新的学科或教学实践活动的空间有限。世界范围内的趋势是大学是社会创业教育的重要力量，而在日本，虽然不能说大学的角色不重要，但至少可以说大学的力量还不足够强大，国立大学在社会创业教育实践中的参与度异常低，只有东京工业大学一家国立大学参与其中。

大学主导型社会创业教育的教育目标更多的是关注人的成长，通过层次完善的社会创业教育，大学主导型社会创业教育致力于培养社会创业者、社会创业研究者、社会企业从业者、社会创业支援者等多个层面的人才。大学主导型社会创业教育的优势在于其教育内容的系统性。

4.5.2 关西学院大学社会创业专业的创立背景

根据日本经济社会综合研究所 2014 年《社会创新研究·社会企业家 WG 报告书》中显示，全球共有 33 所大学开设了社会创业课程（或专业），其中本科层次共 7 门，研究生层次共 23 门，建立了 16 个致力于社会创业研究和社会创业者培养的中心。具体的地理分布情况见图 4.5 所示。

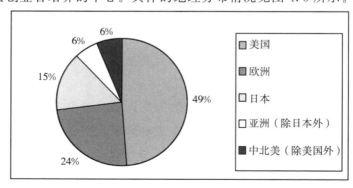

图 4.5 开展社会创业教育的高等教育机构地理分布

通过对比发现，日本高等教育机构的社会创业教育定位与其他国家的定位有所不同，如表4.4所示。在美国和欧洲，社会创业的相关课程大部分是作为商学院学生的选修课，而日本进行社会创业教育的大学均设立了社会创业相关的专业，均属于学位课程，学位层次涵盖了从本科到博士。

另外，这些专业基本上从社会政策学、社会福祉学等学科中脱胎而来，这同欧美等国家普遍设立在商学院、管理学院的社会创业教育现实也有所不同。从创立的时间维度上看，日本的社会创业教育方兴未艾，正处在朝阳期并且在实践过程中逐步形成了自己的特色和优势。

表4.4　日本高等教育机构开展的社会创业教育课程一览

大学名	地区	学科	学位	开设时间
关西学院大学	兵库县	人类福祉学部 社会创业专业	学士 （社会创业）	2008
庆应义塾大学	神奈川县	综合政策学部 社会创新专业	学士 （综合政策）	2005
		政策·媒体研究科 社会革新方向	硕士 （政策媒体） 博士 （政策媒体）	2009
成城大学	东京都	社会革新学部 政策革新专业	学士 （社会创新）	2005
		社会创新研究科	硕士 （社会创新）	2009
东京工业大学	东京都	社会工学研究科 社会创业管理方向	博士 （社会工学）	2006
同志社大学	京都府	综合政策科学研究科 社会创新研究方向	硕士 （社会创新） 博士 （社会创新）	2006

资料来源：经济社会总合研究所. 社会イノベーション研究·社会起業家WG报告书［R］. 经济社会总合研究所，2012：12.

日本进行社会创业教育的五所大学中，关西学院大学仅开设了本科层次的课程，其培养目标更讲求实践，而其他大学均开设了硕士以及博士层次的课程，其研究性质更浓厚。本研究选取了关西学院大学的社会创业教育作为研究对象。

4.5.3　关西学院大学社会创业专业的实践状况

学科课程的设置以社会福祉学为核心，结合了经济学、法学、社会学以及创业实训等方面的课程，在第三学年后开展实习。由于社会创业所要解决的问题是依靠现有的社会资源难以解决的，因此仅依靠课堂讲授和实习等方式培养还略显单薄。

而关西学院大学的社会创业教育以体验学习理论为基础，创造性地开展教学活动，设立了包括基础课程、专业课程、实践课程和应用课程一系列教学实践活动，如表 4.5 所示为关西学院大学社会创业教育目标及课程实践途径实例。

表 4.5　关西学院大学的社会创业教育目标及实践途径

课程＼目标	基础·专业教育（教室讲授）	实践教育（实习、创业计划模拟实践）	应用教育（创业计划·实践·评价）
目标 1：福祉意识	在基督教相关学科、社会思想实践、多文化共生论等相关课程的讲授过程中了解社会的多样性和社会中各种特定群体的特征，获得直面各种社会问题的知识和技能	在实习过程中密切联系社会实际，提升自身的理论知识水平	作为创业当事者持有解决一定社会问题的意识，在实践过程中以社会福祉为目标，将理论应用于实践过程中
目标 2：企划能力	通过商业计划论、社会创业论等课程，掌握有关市场调查、资金调配、组织设计、实施方法、目标管理、服务评价等创业企划核心环节的知识	在实习过程中亲身参加到创业企划活动中，灵活运用基础·专业教育过程中学习到的知识	通过社会创业的计划·实施·评价活动，逐步认识到自身在企划能力方面的优势与不足，在实践过程中进一步完善自身的创业企划能力

图 4.6 为关西学院大学社会创业专业的课程架构情况，在基础课程、专

业课程、实践课程和应用课程的过程中实现体验学习圈的良性循环，在课程学习的过程中通过具体的体验、观察和反思体验，产生一定的体验意义，总结归纳并形成理论，最后将理论应用于新的情境。

值得注意的是，应用课程并没有加入学年的限制，而是在基础课程、专业课程和实践课程开展的同时并行开展，提供给学生必要的项目体验，在体验的过程中选择自己适合的创业项目，这真正体现了理论学习与体验学习的实时对接与融合。

通过体验学习，学生们对社会现实有了更深刻的认识，极大地增强了学生们作为社会创业者参与社会事务的热情，可以很好地培养学生的创业精神。同时通过体验学习，可以创造更多开展学习成果报告会和交流会的机会，可以让学生从教师处学习到自主分析的能力，提高教育效果，推进学生策划社会创业的活动，实现 PDCA（plan‐do‐check‐action）的良性循环过程。

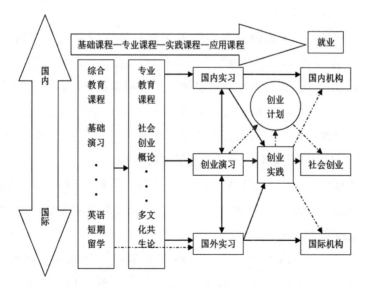

图 4.6 关西学院大学社会创业专业的课程架构

资料来源：人间福祉学部专门教育科目カリキュラム［EB/OL］http：//www. kwansei. ac. jp/s _ hws/attached/0000036513. pdf，2014－3－20.

关西学院大学社会创业专业的实践课程和应用课程始于 2009 年 4 月，

约有 100 名学生登记参加，学生从社会创业实践的初级阶段起步，目前已经有 11 名学生的社会创业活动步入了正轨。

这些学生的社会创业方向多种多样，有专为发展空巢高龄人士社区的创业项目，有旨在改善发展中国家环境问题的创业活动等。本研究仅以社会创业专业第一届学生设立的在日亚洲女性就业支援项目（CASA）为例，分析社会创业教育支撑网络的构成情况。

CASA 项目的发起得益于身为某 NPO 理事的社会创业专业教师，这一 NPO 法人是以满足在日外国人行政手续办理等需求为主的机构，学生们在该 NPO 中进行实践课程的学习。

在此过程中，学生们得到了同大量在日外国女性接触的机会，认识到在日外国女性，特别是亚裔女性诸多的生活困难，包括同日本男性结合后遭受到的家庭暴力、语言障碍等。此后，学生们又访问了有关多文化共生的 NPO，更加深刻地认识到日本的外国女性在生活、就业等方面的障碍已经成为了一大社会问题。

以此为契机，学生们进一步参加了帮助在日外国女性的支援活动，这也是 CASA 社会创业项目的雏形。学生们经过近 4 个月的考察后，向学校提出了创业方案——在校内开设可容纳 300 人用餐的异国饮食专营店。

在当时，学生们并未从运营角度来考量，而只是将其单纯作为社会创业专业的应用课程内容，但在实践的过程中这一项目得到了来自创业导师、NPO 机构人员、外国女性支援者等多层面的支持。

在此过程中学生们不断地审视自己的创业项目。同时，学生们还参加了作为应用课程的创业计划大赛，得到了专家评审的意见后，学生们的社会创业实践逐步走入正轨。

校外的商业街正式开业主营异国料理并提供外送服务。在经营期间，学生们可以得到来自学校指导教师、NPO 等的指导，包括经营管理知识、财务知识等各方面，同时学生们还向一些专门的 NPO 提出补助金申请，CASA 创业项目在这种多元的支撑网络中逐步成长。

通过对社会创业项目 CASA 的梳理，表明社会创业教学的场域并不限于学校内部，而是有更为广阔的空间，在实践的过程中来自利益相关者和指导者的支援逐渐形成了一个网络（如图 4.7 所示）。在支援网络中，学生的创业实践作为支援的中心，消费者、指导者、实业家等通过相互作用实现支撑网络的良性运行。

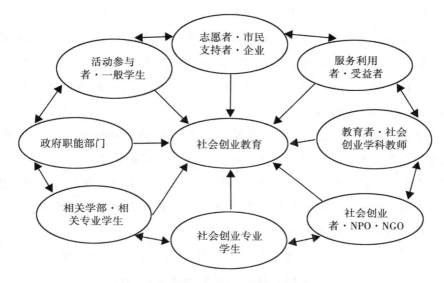

图 4.7　大学主导型社会创业教育的支撑网络

4.6　本章小结

通过对不同类型社会创业教育的案例分析，呈现出日本社会创业教育的多元态势，政府、市民社会、市场和高等教育机构都参与到社会创业教育活动中。不同类型的社会创业教育呈现出不同的特点，但是其出发点和归宿都是统一的，就是培养社会创业人才，促进社会创业事业的发展，解决社会问题。

政府主导型社会创业教育得益于政府部门的强大优势，一方面可以综合调配社会资源，整合各种社会力量参与到社会创业教育的实践中；另一方面，政府主导型社会创业教育又带有明显的地域问题指向性和区域局限性，通常是以解决区域内问题为目的，但是对人才培养的完整性关注不足，培养的社会创业者带有较强的地域烙印。

市民社会主导型社会创业教育在日本发展得最为迅速，同时也是数量最多的。一方面，市民社会主导型社会创业教育拥有大量的社会创业行业内的资源，从师资、教育内容、企业实践等环节都得到社会创业行业内大量实践者的支持；另一方面，市民社主导型社会创业教育又受制于大量的实践资源，很多时候轻视了理论学习的重要性，很多教育项目没有特定的教材，教学内容也缺少实践取向并且缺乏稳定性，存在就事论事的倾向，缺乏抓住本质的洞察力。

市场力量主导型社会创业教育是最为个性化的社会创业教育，一方面，教育内容自成系统，师资来源丰富多元，关注学员的诉求和成长，从社会创业实践中寻求经验；另一方面，市场作为主导力量进入准公共领域后还是不能改变其逐利的基本属性，因此这种类型的社会创业教育注定不是所有对社会创业感兴趣的人士都可以接受的。

大学主导型社会创业教育是完善的社会创业人才培养系统，一方面，不仅培养社会创业者，还培养社会创业研究者、社会创业支持者，因此其教育体系也最为完备，从本科到博士的学位课程覆盖全面；另一方面，大学参与社会创业教育的热情不足，日本大学自身正在经历自身定位的迷茫期，因此参与社会创业教育实践的大学数量有限，很多大学没有足够的推动力量。

5

平衡与失衡：日本社会
创业教育的供需反馈

　　本研究对日本社会创业教育供需反馈的研究，引入了经济学分析中常见的供给与需求的概念，探索日本社会创业教育在供需双方间的平衡抑或失衡关系，并试图寻找到原因。

5.1　日本社会创业教育的供给反馈

　　鉴于日本社会创业教育政策所提出的整合社会资源构建并完善日本社会创业教育，以上一章中对日本社会创业教育的分类为基础，本研究从多元化的社会创业教育实施与研究主体入手研究社会创业教育的供给面，分析政府、市民社会、市场以及教育机构在社会创业教育实践中所扮演的角色，并对不同类型社会创业教育机构中的社会创业教育教师、研究者以及管理人员进行访谈，深入了解日本社会创业教育的供给侧反馈情况。

5.1.1　日本社会创业教育的供给主体分析

　　日本政府对社会创业人才的培养、社会创业活动均提供了强有力的政策支持，要求努力构筑社会创业教育系统，大力推进社会创业教育事业的发展。因此要分析日本社会创业教育的实践情况必须首先理清日本社会创业教育的供给主体。

通过对目前日本社会创业教育进行深入的分析，可以发现供给主体的来源呈现着多元化的趋势，政府部门、市民社会组织、市场力量、高等教育机构都纷纷参与其中。

同时，供给主体通常都是以一方社会力量为主导，其他几方社会力量与之进行协作，因此日本社会创业教育的供给过程本身就是一个社会创业事业网络构筑的过程，这些合作的开展不仅限于社会创业教育领域，还会涉及社会创业事业活动的多个领域。

在对社会创业教育供给主体进行分析的过程中，有必要对以不同社会力量为主导的社会创业教育项目进行比较。

从日本社会创业教育供给主体的地域分布情况来看，地处关东地区（首都圈）的社会创业教育供给主体共 20 个，占据的比例最高，占总体的28％，而冲绳地区的社会创业教育供给主体占据的比例最低。

这也印证了本研究以上的分析，地域经济的发展水平对社会创业意识的成长本身有一定的影响，同时经济相对发达地区又会聚集更多的具备社会创业意识的人才，因此就形成了一个良性的互动过程。详见图 5.1 所示。

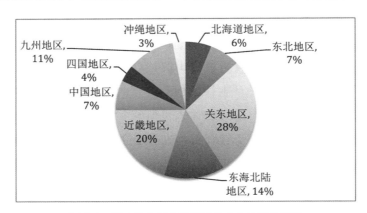

图 5.1 日本社会创业教育供给主体地域分布图

日本社会创业教育以市民社会主导型为主要形式，有 54％的日本社会创业教育为市民社会主导型，而其他三种类型的社会创业教育则相对比较均衡，其中大学主导型的社会创业教育占比最小，为 13％。

但值得注意的是此处的比例仅是不同类型的社会创业教育项目数量上的比例，并不是影响力层面的衡量。

依据对日本社会创业教育的案例分析，在本章中仍旧选择各类型社会创业教育中的案例（政府主导型社会创业教育——KS社会创业学院，市民社会主导型社会创业教育——东海创业塾，市场力量主导型社会创业教育——社会创业学院，大学主导型社会创业教育——关西学院大学），对案例项目进行了实地考察并对教育管理者、教师从社会创业教育供给的层面进行访谈。

5.1.2　政府主导型社会创业教育的供给分析

为了更深入地分析政府主导型社会创业教育供给面的特点，本研究从社会创业教育的目标、方法、内容层面对KS社会创业学院的部分教师和教育管理者进行了半结构访谈，受访专家的相关信息见表5.1所示。为了研究需要，对受访者的姓名信息进行了编码处理。

表5.1　KS社会创业学院访谈对象基本情况

编码	职业	访谈时间及地点
YS	川崎市政府社会创业推进科科长 KS社会创业学院兼职教授	2014年11月7日 川崎
DT	专修大学经济学科教授 KS社会创业学院副院长	2014年11月10日 东京
CY	专修大学经营学部教授 KS社会创业学院教授	2014年11月10日 东京
SZK	专修大学经济学科副教授 KS社会创业学院副教授	2014年11月11日 东京
CW	特定非营利活动法人"大服务"代表理事 KS社会创业学院兼职讲师	2014年11月11日 东京

1. 政府主导型社会创业教育的目标

政府主导型社会创业教育的目标由其主管的政府进行制定，因此带有强烈的地域色彩和社区目标指向性。

　　KS 社会创业学院的创立主要是为了激活川崎市的经济发展，促进川崎市社会问题的解决［地区指向性明显］。川崎市在工业化时代中曾经辉煌过相当长的时期，但是日本经济体制开始转型，川崎市的很多工业行业开始凋敝，失业、环境破坏等社会问题成为了制约川崎市发展的大难题。因此积极开展同专修大学的合作，建立 KS 社会创业学院的原因就在于此。(YS)

　　KS 社会创业学院的教育目标是为川崎市培养可以通过社会创业行为解决社会问题的创业人才，这种教育目标是由 KS 社会创业学院的主导——川崎市政府所制定的［教育目标政府主导］。(CY)

　　虽然政府主导型社会创业教育的目标都比较明确，但以解决地区问题为实践取向，人才的培养通常被放在了第二位，或者被忽视，一些受访教师则表示了教育项目有被作为解决地域社会问题的外部性倾向。

　　KS 社会创业学院与专修大学的关系是相互独立的，因此 KS 社会创业学院的教育目标更倾向于实践性［教育目标的实践指向］，同时，KS 社会创业学院的地理位置也极大地限制了其招生范围，毕竟很多学生还是倾向于选择首都圈和关西圈的学校，因为那里有更多的机会，川崎市政府也清晰地认识到这一点。因此，KS 社会创业学院的教育目标明显是地域性的［教育目标的地域性］。(DT)

　　KS 社会创业学院的主导力量是川崎市政府而并不是专修大学，因此在此把教育的本质先悬置不论，KS 社会创业学院的目标指向是很明确的［教育目标明确］，就是为了地域发展而储备人力资源［地域发展］。(SZK)

　　KS 社会创业学院是川崎市政府在"新公共时代"下政策推进的产物，也是川崎市市民社会组织发展的强大推动力量。教育目标首先应该是培养人［培养人的方面可能被忽视］，但是 KS 社会创业学院的教育目标可能是以实践为导向。(CW)

　　从受访教师的反馈而言，政府主导型社会创业教育的目标比较明确，但这个目标并不是被所有教师认同，因此从目标层面看，政府主导型社会创业教育的供给侧内部存在着一定的冲突和矛盾。

　　如果以组织行为学的视角来看这个问题，可能是这类组织（政府主导型社会创业教育项目）内部缺乏稳定并得到广泛认同的组织问题，很多师资是流动的而非正式教职，即便在对组织的目标层面存在不认同，很多教师也可能选择忍受而不是采取正面的手段进行调和。

政府主导的情况下，在目标定位的过程中难以避免会出现一些权威主义倾向，这同国内的"一言堂""权威家长制度"有一定的类似性，但至少从研究者实地访谈的过程中没有得到有关政府层面在组织社会创业教育的过程中举行过一些咨询会、听证会的信息。

2. 政府主导型社会创业教育的方法

政府主导型的社会创业教育因其教育目标带有明确的实践指向，因此政府主导型社会创业教育的方法同样以实践为导向。

以实践为导向的社会创业教育也必然以实践方法为主要的教育方法［方法的实践导向］，对于 KS 社会创业学院而言，扎根地域问题的取向给了实践性的教育方法广阔的发挥空间。（CY）

在教育过程中除了应用了一些传统的教育方法——课堂讲授、研讨等形式外，还较为广泛地应用了工作坊、企业见习等形式对受教育者进行社会创业教育。社会创业教育作为全新的教育类型，同创业教育有着密切的联系，因此在创业教育中普遍应用的教育方法也可以被社会创业教育所用［创业教育方法的使用］。（YS）

政府主导型社会创业教育在教学方法的选取上听取了来自教育领域专家的意见，并结合了实践领域的问题，加入了调研、实习等方法和手段，总体上是理论与实践相结合的方法。

KS 社会创业学院虽然带有明确的实践取向，但是川崎市政府在制定教学纲领的过程中充分采纳了专修大学相关专家的意见，建立了一整套社会创业教育课程，应用传统的课堂讲授方式对受教育者进行完整的理论教育［听取了教育领域专家的意见］。此外还通过实地调研等方式了解川崎市社会问题的基本面，进入企业进行见习了解社会创业的实践过程［结合调研与实习等形式］，为解决川崎市的社会问题提供人力资源。（DT）

社会创业教育本身的性质也决定了其教育的方法，而 KS 社会创业学院则将实践性教育方法发挥到了极致，大力开展企业实习活动，通过体验学

习的方式让受教育者更加直观地了解社会创业［实践取向］。(SZK)

KS社会创业学院通过传统的教育方法让受教育者掌握社会创业的相关理论，通过企业见习的实践教育方法让受教育者掌握更多的实践经验，了解更多的实践层面的问题［理论与实践相结合］。(CW)

政府主导型社会创业教育的教育方法应该还是遵循着很多传统的教学方法，特别是借鉴了创业教育的教育方法，同时社会创业教育自身的独特性可能要求社会创业教育有一些特殊方法。但是在对政府主导型社会创业教育供给侧的访谈中，教师普遍没有提到社会创业教育的特殊性，也没有谈到社会创业教育与一般创业教育在教育方法层面有哪些不同。

3. 政府主导型社会创业教育的内容

政府主导型社会创业教育由于其较强的实践取向，通常有大量的实践性课程，可以更加真切地接近地区的社会问题，这也是政府主导型社会创业教育的特点和优势所在。

KS社会创业学院因政府主导的性质使得社会创业教育课程可以被广泛地开展，一些必备知识还可以从其他大学以及实践领域邀请专家进行讲授［实践性内容与理论性内容］，因此这是政府主导的优势所在。(YS)

KS社会创业学院的教育内容是偏向实践性，但并不是偏重实践而轻理论，而是将KS社会创业学院教育内容同川崎市的实际相结合［理论与实践相结合的教学内容］，这是KS社会创业学院的卓越之处。(CW)

KS社会创业学院的教育内容较为系统，包括导入课程（社会创业基础学习）、共通课程（社会创业成长阶段必备的商业技能学习）、应用课程（社会创业本质及其外延的学习）、实践课程（深入川崎市的社会企业现场）。

KS社会创业学院课程体系的建立过程经过专修大学经济学科专家的反复认证，同时也有一个动态的系统［课程的内容体系是动态的］，其中包括一些基础性必修课，还包括一些与川崎市实际社会问题相关的动态课程。(DT)

KS社会创业学院教育的内容相当系统化［教育内容的系统化］，虽然KS社会创业学院为非学历教育，但是其教育内容可以和培养专业本科生的课程相当。(CY)

KS 社会创业学院教育的内容包括基础课程、应用课程、实践课程等多个方面［教育内容系统的构成］，从社会创业过程的视角来提供教育内容，从创业初期的机会识别，到实践过程中问题的解决等。（SZK）

政府主导型社会创业教育的课程内容比较系统，从供给侧的反馈来看，教师对课程内容的认同度较高。另外，教育内容的动态系统化也被教师所认同，而社会创业教育内容的主要难题也就在于如何将实践领域内的经验、问题等及时反馈到课堂教学中，动态系统化教育内容体系的建立可以在制度层面上保证教育内容的及时更新。

5.1.3　市民社会主导型社会创业教育的供给分析

为了更深入地分析市民社会主导型社会创业教育供给面的特点，本研究从社会创业教育的目标、方法、内容层面对东海创业塾的部分教师和教育管理者进行了半结构访谈，受访专家的相关信息见表 5.2 所示。为了研究需要，对受访对象的的姓名信息进行了编码处理。

表 5.2　东海创业塾访谈对象基本情况

编码	职业	访谈时间及地点
ZT	株式会社 PEER 总经理 东海创业塾创业导师	2015 年 5 月 15 日 名古屋
CGC	公益财团法人爱知社会财团 东海创业塾创业协调人	2015 年 5 月 15 日 名古屋
LM	社区青年银行 momo 东海创业塾创业导师	2015 年 5 月 18 日 名古屋
JY	NPO 法人创业支援网络代表理事 东海创业塾创业导师	2015 年 5 月 18 日 名古屋
SN	NPO 法人 ETIC 东海创业塾创业导师	2015 年 5 月 18 日 名古屋

1. 市民社会主导型社会创业教育的目标

市民社会主导型社会创业教育是市民社会发展的过程产物，同政府主导型社会创业教育项目相似的是其实践取向。另外，其更重要的特色是其社会取向，市民社会本身的发展是其参与社会创业教育的内生动力。

市民社会的力量已经越来越大，参与到社会创业教育中的市民社会组织也越来越多［市民社会参与社会创业教育的趋势］，在 2008 年以前，ETIC 是为数不多的参与到社会创业教育项目中的市民社会组织。市民社会组织所主办的社会创业教育的目标是为了维持市民社会发展而进行的人才培养活动。（ZT）

因此总体来看，日本市民社会主导型社会创业教育的目标是实现市民社会的持续发展。本研究所选取的案例东海创业塾就可以很好地反映出日本市民社会主导型社会创业教育的目标。

东海创业塾的教育目标是以支援现有的创业者为指向，但并非所有的市民社会主导型社会创业教育都如此，有一些还是会进行社会创业基础知识的教育教学活动［教育目标的复杂性］。（LM）

东海创业塾作为 ETIC 主导的社会创业教育项目，其本质目标是为了促进市民社会的发展［教育的目标是促进市民社会的发展］，对创业者的支持可以扩大市民社会的影响力，并且在实践过程中也被证实了是行之有效的。（JY）

市民社会主导型社会创业教育虽然带有较强的市民社会烙印，但同政府主导型社会创业教育不同，市民社会要发展本身就依托多方的社会力量，因此市民社会主导型社会创业教育的目标带有多重性。

东海创业塾的主导力量虽然是市民社会组织，但是其参与力量还是相当复杂的［多方参与］。因此，其目标也并不是单一的［目标体系层次多样］，首先支援创业者通过创业手段解决社会问题是核心目标，而通过这种创业手段可以实现市民社会发展的诉求也为当地政府解决了棘手的社会问题。（CGC）

市民社会主导的社会创业教育通常是以解决社会问题为核心的，并且是以市民社会发展为大方向的，当然这对于政府来说也是喜闻乐见之事［目标实现的多方获益性］。（SN）

2. 市民社会主导型社会创业教育的方法

市民社会主导型社会创业教育的方法多采取专题讲座、企业见习、工作坊等形式，虽然在教育方法上同其他类型社会创业教育并不存在很大的区别，但是由于市民社会在师资资源上的优势，市民社会主导型的社会创业教育通常可以更为直接地通过一系列的教育方法实现立竿见影的效果。

各种类型的社会创业教育所采用的教育方法并不存在太大的区别［教育方法存在基本的准则］，各种教育方法的选取与教育目标有着很大关系，由不同的目标出发自然会选取不同的方法。（CGC）

东海创业塾同大部分市民社会主导型的社会创业教育项目所采取的教育方法都是类似的。（SN）

同时，市民社会主导型社会创业教育的方法存在一些特定的优势，因为其受众通常是经过筛选划定的社会创业者，教师有条件对学生进行单独辅导，这种教育方法上的优势来自于师资力量方面的优势。东海创业塾所使用的教育方法都是社会创业教育比较常规的方法，但是师资资源方面的优势使得其为每一位创业者提供个别辅导、配备单独的协调员成为了可能。［师资力量上的优势］（ZT）

大量的社会创业者可以被积极地调动到社会创业教育活动中，这是其他类型社会创业教育所不具备的优势，对于市民社会主动型社会创业教育来说，不同教育方法的使用可以较为立体地实现提升创业者能力的目的。东海创业塾所选取的教育方法更倾向于实践取向［教育方法的实践取向］，这同受教育者有着密切的关联，大部分创业者需要的教育是实践性的，并且大量的社会创业者可以提供实践性的课程。［师资层面的优势］（LM）

东海创业塾的教育方法是专题讲座、企业见习、工作坊等方法相结合，但无论是何种方法其关注的核心是通过教育给创业者带来哪些新的改变，因此也可以说东海创业塾的教育方法是以受教育者为关照的［以受教育者为指向采取适合的教育的方法］。（JY）

3. 市民社会主导型社会创业教育的内容

如果用一句话来概括市民社会主导型社会创业教育的内容，那么就是重视经验知识、强调经验交流、尊重成功人士的经验。大量成功的社会创业者、市民社会组织的领袖走入了社会创业教育的课堂同年轻的创业者们分享自己的创业经验。

在社会创业教育的课堂中我可以给到年轻创业者的是基于我的创业经验［经验］来分析现在的社会应该如何将创业事业成功地发展下去，同时，很多创业者可能更希望我可以分享给他们的是自己如何度过创业的瓶颈期，特别是在心理上［交流与心理支持］。（ZT）

东海创业塾更侧重经验的分享，不仅是成功者给这些年轻的创业者的分享，还包括这些创业者互相之间的经验交流［经验交流］。很多时候社会创业教育只是一个场域，可以将志同道合者聚齐起来［交流平台］。（LM）

市民主导型社会创业教育一般是没有教学大纲进行指导的，大量的市民主导型社会创业教育机构存在着因师设课的情况，在东海创业塾同样存在。社会创业教育的内容应该包括社会创业的认知层面和实践层面的知识，而具体到每一个教育机构开设哪些课程则有很多种方法，最基础的是根据教育目标制定大纲，当然也不排除有什么师资开什么课的情况［应然状态］。（CGC）

市民社会主导型社会创业教育普遍缺乏详细的教学大纲，这同大学主导型社会创业教育存在很大的差距，但是很多市民社会主导型社会创业教育又将这作为一种另类的优势——灵活的教育内容可能比那些结构化的教育更有效［缺乏教育大纲的指导］。（SN）

从市民社会主导型社会创业教育的供给侧反馈来看，心理层面的支持成为了明确的教育内容，同时一些教师认为缺乏明确教育大纲的指导，在教育实践过程中存在"因师设课"的现象。

5.1.4　市场力量主导型社会创业教育的供给分析

为了更深入地分析市场力量主导型社会创业教育供给面的特点，本研究从社会创业教育的目标、方法、内容层面对社会创业学院（九州校）的部分教师和教育管理者进行了半结构访谈，受访专家的相关信息见表5.3所示。为研究需要，对受访者的姓名进行了编码处理。

表5.3 社会创业学院访谈对象基本情况

编码	职业	访谈时间及地点
TZ	社会创业学院校长	2014年11月13日 东京
ST	国际NGO World Federalist Movement of Japan 理事 社会创业学院讲师	2015年7月21日 福冈
JSY	社会创业学院运营事务局长	2015年7月22日 福冈
SK	山口建设工业株式会社会长 社会创业学院九州校校长	2015年7月24日 福冈
HJB	株式会社スワン 代表 社会创业学院九州校讲师	2015年7月24日 福冈

1. 市场力量主导型社会创业教育的目标

市场力量主导型社会创业教育的目标是满足市场需求，但是这个满足需要一个底线来规制，毕竟教育事业并不是自由市场，作为准公共领域，教育领域的问题不能完全以迎合市场为目的。

社会创业学院的不同课程有着不同的教育目标，但是其核心是不会发生变化的——以市场的需求为准则［将市场的需求作为目标准绳］。(SK)

市场力量主导社会创业教育背后的操控力量是资本，而资本的逐利性决定了教育市场化过程中会出现一些问题，因此谈到目标的问题应该首先确定一个底线［应该有底线］。(HJB)

市场力量主导型的社会创业教育通常根据受教育者的需求开展教学实践，而对不同层面的受教育者来说其目标自然也是不同，因此对于市场力量主导型社会创业教育的目标不能进行简单的概括，但是其背后的本质依然是适应市场的需求。

社会创业学院建立的目的是为了给社会上一些对社会创业抱有梦想、希望通过学习历练成为真实的社会创业者的人一个全新的路径。社会创业学院作为完全市场化的学校，其生命线是学习者，同时其核心也是学习者。

在日本参与到社会创业学院学习的人多是具有个性化需求的群体，否则他们可能更倾向于选择其他类型的社会创业教育［需求的个性化］。(TZ)

社会创业学院的教育划分为不同的阶段，整个课程是按照社会创业的不同阶段进行安排的，面向市场推出的课程也是多层次的，同时可以推出个性化课程，这样的教育目标也是个性化的［教育的目标个性化］。(ST)

市场化的社会创业教育有其灵活高效的一面，也有缺乏原则的一面。教育的基本目标应该是关注人而不是关注资本［教育目标的双重性］。(JSY)

2. 市场力量主导型社会创业教育的方法

市场力量主导型社会创业教育的方法是理论认知与实践相结合，对于市场力量主导型社会创业教育而言，教育方法的选择是学校与学生共同协商的结果，学生可以根据自己习惯的方式来选择合适的教育方法。

社会创业教育的方法没有绝对之分，从市场的角度来看，学习者更希望通过实践的方式习得新的技能［适应学习者的教育方法］，而对于创业者的心理建设、认知层面的知识则并不是可以通过实践的手段习得的。因此，市场力量主导型社会创业教育的核心是灵活度，以社会创业学院为例专门开设了全部采用实践教学法进行教学的课程。(ST)

社会创业教育的方法在社会创业学院来说并不是十分重要，因为我们的教育方法是会及时调整的［教育方法及时调整］。同时，也有些教师表示对教育方法并不关注，因为目前所使用的教育方法已经可以满足学习者的需求。但是研究者认为并不是现有的教育方法完全可以满足需要，而是存在学习者并不是真的知道怎样的教育方法才最有利于自己的学习。(TZ)

社会创业学院的教育方法并不是大家所关注的焦点，对于新的教育方法社会创业学院也没有过多的涉猎，市场对新的教育方法缺乏检验的动力。(JSY)

当然，大部分的教师还是认可目前的教育方法的，并且将这种教育方法层面的适切性归结于市场机制的调节。但研究者同样持怀疑态度，市场的接受程度是否可以真实地反映出教育方法的适切程度，这本身也是存在疑问的。

社会创业学院的教育方法一直以来被认为高明于其他类型的社会创业教育方法，但这一事实并不是教育方法的变化而是市场调节机制的可靠，当不适合大家的教育方法在社会创业学院会很快被发现［市场机构的调节作用同样是应然状态下的］，而与之相对的其他类型的社会创业教育则没有实时控制系统。（HJB）

3. 市场力量主导型社会创业教育的内容

市场力量主导型社会创业教育的内容同方法有一定的相似属性，即都具有高度的灵活度。同时，市场力量主导型社会创业教育市民社会力量主导型社会创业教育也呈现出较大的差异。

市场力量主导型社会创业教育在安排课程内容上经过了一批专家的开发，社会创业学院的教育内容就经过了一系列的体系构建与诠释。

社会创业学院的教育内容分为三个核心部分：自我实现、社会问题解决以及商业价值，而每个课程的背后都蕴含着这三部分核心内容［教育内容的核心］。（TZ）

社会创业学院作为日本最大的社会创业教育机构，其内容都是有详细的理论为支撑的［有明确的理论依据］。（HJB）

社会创业学院教育的内容也有市场力量的参与，并且不同的教育内容反映的是不同的深层教育机制。（JSY）

在社会创业学院的课程体系中，一直以社会价值这一核心概念为基础［社会价值作为核心］，在社会创业学院的体系中社会价值是自我价值、社会问题解决以及商业价值的集合体。（ST）

详见图 5.2 所示的社会价值模型，这个社会价值模型是社会创业学院组织课程、制定课程体系所遵循的哲学依据，这种哲学是否可以反映出社会创业过程中真实的价值观构成还有待探讨，但在社会创业学院对教育内容的安排是完全以此为依据的。

社会创业学院的教育内容以社会价值为核心，以不断深化实现社会价值为宗旨，形成了社会创业学院教育内容的自身逻辑。（SK）

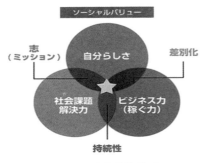

图 5.2　社会价值模型

5.1.5　大学主导型社会创业教育的供给分析

为了更深入地分析大学主导型社会创业教育供给面的特点，本研究从社会创业教育的目标、方法、内容层面对关西学院大学的部分教师和教育管理者进行了半结构访谈，受访专家的相关信息见表 5.4 所示。为了研究需要，对受访者的姓名进行了编码处理。

表 5.4　关西学院大学访谈对象基本情况

编码	职业	访谈时间及地点
STZ	关西学院大学社会创业科教授	2015 年 6 月 3 日 西宫市
SL	关西学院大学社会创业科教授	2015 年 6 月 3 日 西宫市
DX	关西学院大学社会创业科副教授	2015 年 6 月 4 日 西宫市
SL	关西学院大学社会创业科教授	2015 年 6 月 5 日 西宫市
ML	关西学院大学社会创业科教授	2015 年 6 月 5 日 西宫市

1. 大学主导型社会创业教育的目标

大学主导型社会创业教育的目标均是以培养人的全面发展为第一要务，

由于社会创业较强的社会指向性，因此注重培养受教育者的社会意识，塑造受教育者全面的发展方面。大学主导型社会创业教育的目标指向性并不是单一的，而是层次多样的。

为了创造一个更为完美的社会，通过跨学科实践性课程，突破既定概念的束缚，培养在创新思维指导下可以在创业过程中开展主体性活动、具备全球化视野的社会创业者［教育目标］。（STZ）

社会创业学科的教育课题是不仅培养可以在实践中创立新的社会创业组织的人才，同时培养具备在现有营利和非营利组织中开展社会贡献活动能力的人才［教育目标］。（DX）

同时，作为关西学院大学而言，其于 2008 年 4 月正式创立人间福祉学部社会创业学科专业，作为私立大学而言，其培养目标也是带有自身特色的。

在国际化与多样化不断推进的现代社会中，掌握在全球范围内都有效的知识和技能已经变得至关重要。因此关西学院大学社会创业科的教育目标依旧体现了全球视野，我们培养的人才不只是把关注的目光聚焦于地区或者日本，而是放眼全球［全球视野的人才培养目标］。（SL）

现实中的情况也可以从侧面反映大学主导型社会创业教育的目标：很多社会创业专业的学生在毕业后没有成为社会创业者或社会创业行业的从业者，但是他们所具备的社会意识、商业领域的技能、解决社会问题的能力使其得到了用人单位的肯定。培养以社会创业为视角，可以尽情发挥自己作为社会人贡献社会福祉的想象力，通过学习练就一身百折不挠的精神、技能过硬的实践力，这就是我们教育的最终目的［更广阔的人才培养视野］。（SL）

社会创业教育的目标首先是具备高度的社会责任感，对于生活福祉的关注是第一位，培养具有从问题出发解决问题的实践能力，具有全球视野的人才。（ML）

2. 大学主导型社会创业教育的方法

大学主导型社会创业教育的方法多是根据其不同的培养目标而选取的，多采用理论与实践结合的方法，对受教育者进行社会创业相关知识和技能

的培养，其方法选取背后的理论与原则是相似的。对关西学院大学社会创业
教育方法的分析，首先要厘清背后的理论支持。

社会创业专业的课程是以体验学习理论为指导［理论支撑］，社会福祉
为价值基础，以培养社会创业者关注弱势群体的敏感意识，促进社会创业
者形成应对社会问题的企划能力、人脉网络形成能力、资金调配能力、信
息技术应用能力以及沟通能力的教育项目。（ML）

在此，有必要对体验学习理论进行简单的介绍：体验学习
（Experiential learning）发展历史悠久，其思想最初来自美国著名教育家约
翰·杜威（John Deway）的"经验学习"，而体验学习的集大成者是美国凯
斯西储大学组织行为学教授、体验学习专家大卫·库伯（David A. Kolb）。

1984 年，库伯教授出版《体验学习——让体验成为学习和发展的源泉》
（Experiential Learning: Experience as the Source of Learning and Develop-
ment）一书，他借鉴杜威、库特·勒温（Kurt Lewin）以及让·皮亚杰
（Jean Piaget）的学习理论，创造性地提出四阶段体验学习圈模型。由于这
个模型构建了程序化、科学化的体验学习过程，也使得体验学习圈在世界
范围内被广泛引用，详见图 5.3 所示为库伯的体验学习圈模型。

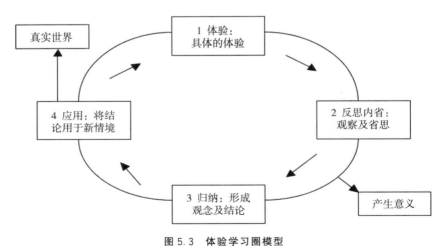

图 5.3　体验学习圈模型

体验学习包括具体的体验、对体验的内省、对他人体验的观察以及对
体验的抽象思考，通过以上的四个步骤实现将新的体验导入自身行动的循

环过程。关西学院大学的社会创业教育就依据体验学习理论来制定课程，通过各种体验学习的循环模式，采取综合课程、专业课程、实习课程、实践课程开展社会创业教育。

通过体验学习，学生们对社会现实有了更深刻的认识，极大地增强了学生作为社会创业者参与社会事务的热情，可以很好地培养学生的创业精神。通过体验学习，可以创造更多开展学习成果报告会和交流会的机会，可以让学生从教师处学习到自主分析的能力，提高教育效果，推进学生策划社会创业的活动［*教育方法*］。（SL）

关西学院大学基于体验学习理论安排教育方法的途径并非其独有，而是大学主导型社会创业教育的普遍想象，这也是大学主导型社会创业教育与其他类型社会创业教育的不同。

当然其他类型的社会创业教育也有很多是以实践为导向，但却没有明确提出其教育方法背后的理论支撑，这也同主导力量不同有一定的关系，大学对社会创业教育的研究成果可以较为直接、较为迅速地反映到社会创业教育实践领域。

3. 大学主导型社会创业教育的内容

大学主导型社会创业教育的内容与其培养目标有着密切的联系，目前日本大学主导型社会创业教育集中在福祉学、政策学、社会工学等学科专业，因此其教育内容也多依托原有的学科而来。

同美国和欧洲的大学社会创业教育有着较为明显的不同，美国和欧洲更强调对社会创业教育的创业层面的培养，以创业学院、商学院为核心组织教育活动，而日本则更注重对社会性的培养［*日本社会创业教育内容更注重对社会性的培养*］。（ML）

在社会创业学科设立之初便基于体验学习理论设立了实践教育课程，在专业开设的第二年，关西学院大学的社会创业学科被日本文部科学省纳入了大学教育学生支援推进事业（项目 A）大学教育推进项目，由文部科学省提供资金扶持，大力发展实践教育课程，一系列的实践教育课程被常态化［*教育过程*］。（ST）

5.2　日本社会创业教育的需求反馈

以上的研究已经对日本社会创业教育的供给反馈做了分析，作为供需双方中另一个重要的层面，对日本社会创业教育需求反馈的分析将从社会创业教育的受教育者入手，从总体上把握受教育者对日本社会创业教育需求的总体情况。

在把握总体情况的基础上，对不同类型社会创业教育的受教育者进行访谈研究，分析不同类型社会创业教育受教育者的多样化需求情况。考虑到受教育者数量较多，一对一进行访谈存在一定的难度，本研究采取了焦点小组的方法对受教育者进行访谈。

5.2.1　日本社会创业教育的需求主体分析

日本社会创业教育已经成为了教育服务项目走入市场，并且社会创业教育教学活动不仅可以满足个体发展的需求，还可以满足经济社会发展的需求，政府机构、市民社会组织的纷纷参与正说明了这一点。

正因为社会创业教育的双重服务属性，使得日本社会创业教育需求成为个人和社会二元主体的客观存在。本研究认为对日本社会创业教育需求主体的分析应该回归到现实层面，从个人需求，即受教育者的层面进行分析。

因此，研究对日本社会创业教育的受教育者进行了分析，如附录二所示为目前日本全国社会创业教育的受教育者的分布情况。

本研究将社会创业教育受教育者分为四种类型：社会创业从业者（其中包括经营者、管理者和一般从业人员）、具备社会创业意识的人员（其中包括年长人士、中年社会人、青年社会人、大学生、女性）、一般社会民众以及其他。

这个分类是根据受教育者与社会创业之间的关系来进行界定的。社会创业从业者与社会创业的关系最为密切，具备社会创业意识的人员是对社会创业有一定兴趣或萌生了进入社会创业领域的愿望，而一般社会民众和其他人员则同社会创业教育的关系较远。

通过赋值对日本社会创业教育受教育者进行统计，将每一个类别受教育者参与到社会创业教育的记作 1，而未参与的记作 0。对日本社会创业教育受教育者情况进行统计，所得的统计数据并不代表绝对的人数比例，具体情况如图 5.4 所示。

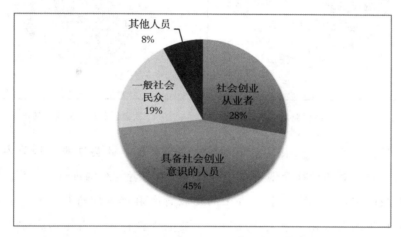

图 5.4　日本社会创业教育受教育者构成情况

从图 5.4 中可知，日本社会创业教育受教育者中具备社会创业意识的人员是参与社会创业教育的主体，占全部受教育者的 45%；其次是社会创业从业者，占全部受教育者的 28%；一般社会民众占全部受教育者的 19%，其他人员占全部受教育者的 8%。

同时对于受教育者中构成人员较为复杂的具备社会创业意识的人员与社会创业从业者，本研究通过同样赋值进行统计，详见图 5.5 所示。

在参与社会创业教育的具备社会创业意识的人员中，青年社会人所占比例最高，占 28%，其次分别为大学生（26%）、中年社会人（17%）、年长人士（15%）、女性（14%）。在参与社会创业教育的社会创业从业者中，一般从业人员所与比例最高，占 39%，其次为管理者（35%）、经营者（26%）。

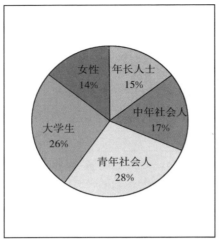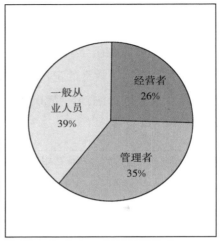

图 5.5　具备社会创业意识的人员构成情况　　社会创业从业者构成情况

　　通过以上的研究，根据主导力量的差异将日本社会创业教育分为四种类型。本研究对四种社会创业教育类型中受教育者的结构进行了分析。

　　对政府主导型社会创业教育中的受教育者群体构成进行分析，具备社会创业意识的人员和一般民众成为了主要的受教育者，占比均为 33%，社会创业从业者占 27%，其他人员占 7%。详见图 5.7 所示。

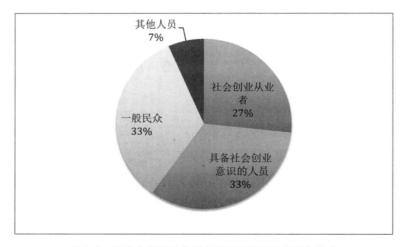

图 5.6　政府主导型社会创业教育的受教育者群体构成

　　对市民社会主导型社会创业教育中受教育者群体构成进行分析，具备社会创业意识的人员比例最高，占 41%，社会创业从业者占 34%，一般民众占 14%，其他人员占 11%。详见图 5.6 所示。

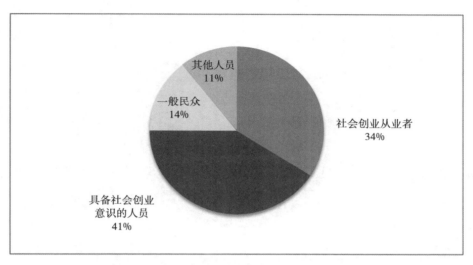

图 5.7　市民社会主导型社会创业教育的受教育者群体构成

对市场力量主导型社会创业教育中的受教育者群体构成进行分析，其构成比较有特色，仅有具备社会创业意识的人员和社会创业从业者，并且各占据 50%。详见图 5.8 所示。

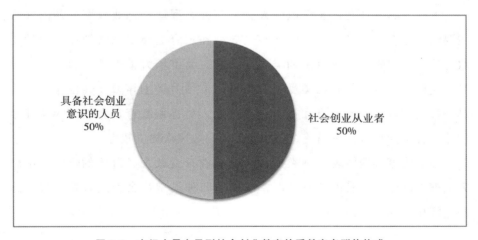

图 5.8　市场力量主导型社会创业教育的受教育者群体构成

对大学主导型社会创业教育中的受教育者群体构成进行分析，具备社会创业意识人士的比例很高，占 75%，而剩余 25% 的受教育者则来自一般民众。详见图 5.9 所示。

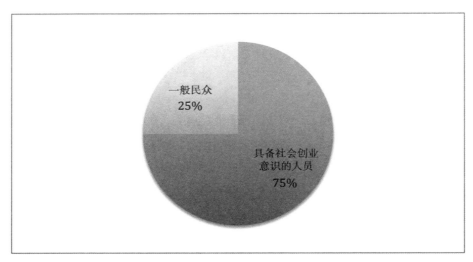

图 5.9   大学主导型社会创业教育的受教育者群体构成

根据对四种不同类型的社会创业教育的受教育者群体构成的分析，较为清晰地显示了不同类型的社会创业教育其受教育者群体的构成存在一定的特点。

首先，具备社会创业意识的人员是四种类型社会创业教育的共同并且主要的受教育者；另外，市民社会主导型和政府主导型社会创业教育的受教育群体面比较广，涵盖了四类主要人群，而市场力量主导型和大学主导型社会创业教育则仅有两类受教育人群，市场力量主导型社会创业教育为具备社会创业意识的人员和社会创业从业人员提供教育，大学主导型社会创业教育则为具备社会创业意识的人员和一般民众提供教育。

为更为直观地体现四种类型社会创业教育受教育者群体的不同，本研究根据不同受教育者的比例情况，制作了四种类型社会创业教育比较雷达图，详见图 5.10 所示。

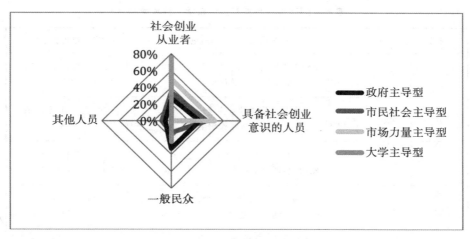

图 5.10 四种类型社会创业教育受教育者群体构成差异图

在对日本社会创业教育的需求主体进行分析后，本研究对四种不同类型的社会创业教育选取了案例，对受教育者进行了焦点小组访谈，从社会创业教育的目标、方法、内容方面对受教育者的需求层面进行了研究。

对需求层面案例的选取参照了供给层面的研究，选取了相同的案例，因此在需求层面的研究中直接进行对访谈材料的分析。

5.2.2 政府主导型社会创业教育的需求分析

为了更深入地分析政府主导型社会创业教育需求侧的反馈情况，本研究从社会创业教育的目标、方法、内容等方面对 KS 社会创业学院的部分学生进行了焦点小组访谈，选取访谈对象的过程中考虑到了政府主导型社会创业教育受教育者群体的构成情况。

受访对象的相关信息见表 5.5 所示。为了研究需要，对受访者的姓名进行了编码处理。

表 5.5 KS 社会创业学院访谈学生基本情况

编码	基本情况	访谈时间及地点
QM	专修大学经济学院学生 KS 社会创业学院选修课程学生	2014 年 11 月 6 日 川崎
AC	专修大学经济学院学生 KS 社会创业学院选修课程学生	2014 年 11 月 6 日 川崎
SC	待业 计划进行社会创业 KS 社会创业学院学生	2014 年 11 月 6 日 川崎
YT	自由职业者 计划进行社会创业 KS 社会创业学院学生	2014 年 11 月 6 日 川崎
DS	社会创业者 创业两年 KS 社会创业学院学生	2014 年 11 月 6 日 川崎
XYZ	社会企业管理者 KS 社会创业学院学生	2014 年 11 月 6 日 川崎
SG	退休人士 KS 社会创业学院学生	2014 年 11 月 6 日 川崎
CS	女性 企业职员 KS 社会创业学院学生	2014 年 11 月 6 日 川崎
JBT	企业职员 KS 社会创业学院学生	2014 年 11 月 6 日 川崎

1. 受教育者的社会创业教育目标需求

不同的受教育者在社会创业教育目标需求方面也是分为不同层面的，但在目标的基本面上是相同的，都是为了学习社会创业的相关知识，并且对于没有明确的社会创业意向者而言，参加社会创业教育的目标也基本停留在了解相关知识的层面上。

因为对社会创业比较感兴趣，所以选择来参与社会创业教育课程，想通过课程的学习获得更多的社会创业知识［以知识获得为目标］。（QM）

参与社会创业课程的首要目的是学习社会创业的相关知识和技能，为自己今后的创业做好基础性的知识储备［为创业做知识准备］。（YT）

参与社会创业教育的初衷是对社会创业领域感兴趣，所以想进一步了

解［*兴趣使然*］。（SG）

但是对于已经有明确社会创业意向的受教育者而言，了解相关知识、掌握相关技能只是初级阶段的目标，为日后社会创业实践建立一个社会资本网络、寻找到具有相同创业梦想的人士，有一个心理的诉求包含在其中。参与社会创业教育不仅想要学习到知识和技能，主要想要认识有同样理想的人［*交往需求*］。（SC）

社会创业的理想虽然已经产生了很久，但是目前还需要更多的知识储备，同时心理上的支持对我来说也非常重要，认识更多有社会创业理想的人也是我走进课堂的目的［*心理支持*］。（CS）

虽然有社会创业的理想，但是作为公司职员的自己并没有团队，家人也并不支持自己离职创业，来参加课程其实也是想寻找一种心理支持［*心理支持*］。（JBT）

另外，部分受教育者有着较为明确的地区贡献精神，并且经过筛选才选择了 KS 社会创业学院进行社会创业的学习，是 KS 社会创业学院的自身定位给了学习者信心。

我自己所从事的行业也受到了产业转型、经济不景气的影响，而身边这样的朋友还有很多，作为川崎市民我也看到了自己生活的城市发生的一些不好的变化，也正是有这种改变生活的城市的理想，才最终促使我来参加社会创业的学习［*区域贡献*］。（SC）

来到 KS 社会创业学院也是一种巧合吧，在电车里看到了该学校的招生宣传牌，当时的自己只是看了孟加拉国的乡村银行，对社会创业有一个初步的印象，并没有想过有这种专门的学院。最终选择来 KS 社会创业学院主要是了解到它是川崎的大学，它的课程主要也是针对川崎的实际问题，去川崎本地的企业进行实践，这是我最终选择来这里学习的原因［*区域贡献*］。（JBT）

2. 受教育者的社会创业教育方法需求

总体上说，受教育者所需要的社会创业教育方法分为两个类别——理论取向和实践取向，也正因为取向的不同，才反映出对教育方法的需求有所区别。对没有明确的社会创业意图的受教育者来说，他们更倾向于了解真正的社会创业，现场考察、实地调研等方法更加受到这些受教育者的欢迎。

　　我更喜欢进入社会创业的现场同社会创业者进行交流，哪怕这种交流是非常浅层的［实践取向］。当然传统的课题讲授也是需要的，特别是对于我来说，我不了解理论上的社会创业，但是从现实中得到的直观感受会让我对理论学习也产生兴趣［理论取向］。(CS)

　　去川崎市社会企业的寻访活动对我的启发很大，这种直观的教育方法对我来说比课题的讲授更为重要，可能社会创业本来就是实践层面的知识更重要一些［实践取向］。(SG)

　　而对有着明确社会创业意愿、带着明确问题走进课题的受教育者来说，专题讲座、企业见习、研讨会、工作坊等方法则更加受到欢迎。

　　作为一个社会创业实践者来说，一些基本的理论和实践技能已经在我创业初期完成了积累，因此一些专家开设的专题类课程、主题性的工作坊是我所需要的，我可以带着我的问题同专家等进行沟通［问题取向］。(DS)

　　研讨会的形式对于帮助是很大的，自己作为一个社会创业的从业人员，面临问题的时候通常没有一个合适的方式去寻找答案，但是研讨的过程中我得到了很多专家的看法，包括同学们的想法都使我得到了启发［问题取向］。(XYZ)

　　企业见习的教育方法可能对我的帮助最大。毕竟自己有一个进行社会创业的理想，在社会企业进行见习的过程解答了我的很多困惑［实践取向］。(SC)

　　3. 受教育者的社会创业教育内容需求

　　对不同类型的受教育者的教育目标都是不同的，因此其所需要的教育内容同样存在差异。对于没有明确社会创业意愿的受教育者来说，基础的社会创业知识与技能应该是其最为需要的内容。

　　对于社会创业的相关理论可能我最希望学习到［基本理论］，同时社会创业作为一个新兴的概念，我更想了解其发展背景与来历。(QM)

　　对社会创业的兴趣促使我来参与课程，主要是想了解社会创业的基本性知识［基本知识］，至于创业实操部分还没有太多考虑。(JBT)

首先对社会创业的基础知识是需要了解的，虽然自己有一些方面的了解，但是来参与课程还是希望可以得到系统的知识［系统知识］。（CS）

而对于有社会创业意图的受教育者而言，如何解决创业过程中的实际问题则是其所需求的焦点。

对于计划创业的我而言，如何开展初始阶段的创业活动、如何筹措资金、如何定位自己创立的组织等问题是我所急需了解的［实践问题的解决］。（YT）

对于社会创业行业内的受教育者而言，解决社会创业过程中的实际问题，提升管理组织的能力，处理公共关系，提供政府支援政策的解读等是急需提升的方面。

在社会创业的过程中会面临很多意想不到的问题，同相关行业之间的关系是我个人比较不擅长的，也因为社会企业的性质使得社会创业的资金自我维系与循环能力成为一个很大的问题，毕竟我们不同于慈善机构［公共关系处理能力］。（DS）

社会企业的实际管理过程要比商业企业的管理难度大得多，毕竟社会性与商业性的双重目标要完美结合，对员工也不能采取更多的货币激励手段。所以提升管理能力是一直以来不能停止思考的，也是希望在教育项目中得到启发与提升［管理能力的提升］。（XYZ）

对于政府所推出的众多政策我并不能很好地把握，比如将创立的组织注册成非营利组织还是社会企业都分别享受怎样的政策支持，我本身并不能很好地把握。而政府主导型社会创业教育可以帮助我解决这些疑问［政策解读］。（YT）

同时，社会创业教育的受教育者在心理层面上同样有着较强的需求，在日本脱离公司而进行创业是要承受一定压力的，在以上的研究中对这个问题已经做过分析。虽然随着市民社会的发展，社会创业会得到来自市民社会的理解和支持，但受教育者寻求心理认同的需求同样存在。

对于我来说，来参加社会创业教育项目是想要寻找一种认同感，这种感觉我想大家也同样存在吧，这种需求可以在交流中得到满足［寻求认同感］。（YT）

5.2.3　市民社会主导型社会创业教育的需求分析

为了更深入地分析市民主导型社会创业教育需求侧的反馈情况，本研究从社会创业教育的目标、方法、内容等方面对东海创业塾的部分学生进行了焦点小组访谈，选取访谈对象的过程中考虑到了市民社会主导型社会创业教育者受教育群体的构成情况。受访对象的相关信息见表5.6所示。为了研究需要，对受访者的姓名进行了编码处理。

表 5.6　东海创业塾访谈学生基本情况

编码	基本情况	访谈时间及地点
XP	青年社会创业者 东海创业塾学生	2015 年 5 月 19 日 名古屋
CTZ	女性社会创业者 东海创业塾学生	2015 年 5 月 19 日 名古屋
ZTZ	计划进行社会创业 东海创业塾学生	2015 年 5 月 19 日 名古屋
SSH	计划进行社会创业 东海创业塾学生	2015 年 5 月 19 日 名古屋
DP	青年社会创业者 东海创业塾学生	2015 年 5 月 19 日 名古屋
XC	计划进行社会创业 东海创业塾学生	2015 年 5 月 19 日 名古屋
GS	计划进行社会创业 东海创业塾学生	2015 年 5 月 19 日 名古屋
XL	女性青年创业者 东海创业塾学生	2015 年 5 月 19 日 名古屋
PC	计划进行社会创业 东海创业塾学生	2015 年 5 月 19 日 名古屋
SHT	计划进行社会创业 东海创业塾学生	2015 年 5 月 19 日 名古屋
JZJ	计划进行社会创业 东海创业塾学生	2015 年 5 月 19 日 名古屋

1. 受教育者的社会创业教育目标需求

东海创业塾由市民社会主导的性质，使得其变成了社会创业者和社会创业志愿者的聚集地，从东海创业塾的受教育者分布情况可以看到全部是社会创业者和计划进行社会创业的青年人。

因此其目标需求也比较集中，大家都是抱着相似的理想走入了社会创业课堂，寻求社会创业问题的解决方案，获得相应的知识，更重要的是朋辈之间的心理支持，社会创业教育本身为这个提供了一个场域。

这里（东海创业塾）对于东海的社会创业者来说是一个家庭一样的存在，虽然大家不一定都能来参加这里的课程，但是这里的存在给了我们归属感。而我走进这里主要是想同大家分享我创业过程中遇到的问题［心理的归属感］。（SP）

我来到这里学习的主要目的是解决创业前期的准备工作，这里聚集着很多社会创业者，并且有很多资源可以利用［社会资本的积累］。（JZJ）

我来到这里的主要目的是为了同大家一起交流创业过程中的疑问，这里是市民社会对我们这些社会创业者的支持机构，ETIC 在全日本设立了很多类似的机构［交流的需要］。（DP）

这里的存在本身就是对于所有抱一颗社会创业心的人的支持，虽然对于每个社会创业者来说他的创业过程中一定有需要独立面临的阶段，但是来到这里就可以告诉自己并不孤独［交流需要与心理支持］。（CTZ）

来参与社会创业教育是抱着解决社会创业初期准备的目标，但是进入这个场域会发现这里不仅可以提供知识和技能，主要是信心的支持［心理支持］。（GS）

作为女性创业者，这里的教育内容有很多针对性内容，毕竟对女性来说参与社会创业有一定的独特优势，但也面临着一些特殊的困难，所以来到这里的诉求是复合的［多层诉求］。（XL）

2. 受教育者的社会创业教育方法需求

对于社会创业教育方法来说，受教育者表现出比较随意的态度，但是在这种对方法没有特定需求的背后其实是对社会创业教育机构本身的自信。大部分的受教育者对教育方法的核心要素进行了要求——教育方法应该强调互动性、契合教育目标、有利于创业实践，是否可以选择适合自己的学习方式。

对于教育方法，我并没有特别的想法。因为这里可以提供多种类型的课程供我选择，我可以选择更适合我接受的教育方法，我更注重的是教育方法背后的互动性与交流性［教育方法互动与交流］。（SHT）

教育方法没有好坏之分，而只有是否适合，所以对于我们学习者来说应该努力寻找到适合自己的教育方法，并且要知道无论那种教育方法其背后都有一个教育的哲学，学会这个逻辑很重要［需要适合的教育方法］。（ZTZ）

关于教育方法的问题，我想应该是个性化的设计，同时契合教育内容的方法也是需要注意的。如果要建立系统的社会创业理论知识课堂体系，专业讲授是必不可少的；而如果要学习如何处理公共关系；那么去企业见习可能更适合［依据教育内容匹配教育方法］。（JZJ）

教育方法的选择问题应该是教育者和受教育者之间权利的调整问题，很多时候应该给受教育者选择的自由，给受教育者表达的权利。同时，对教育者来说应该根据受教育者的反馈对教育方法进行调整［教育方法的选择应该结合受教育者的反馈］。（PC）

3. 受教育者的社会创业教育内容需求

对抱有相似目标的受教育者来说，社会创业教育内容也呈现出类似的需求。总体上看，社会创业者希望得到社会创业实践过程中实际问题的支持，而计划进行社会创业者希望得到社会创业前期准备工作的支持和相关知识。

作为市民社会主导型社会创业教育项目，受教育者将社会网络的建立作为社会创业教育的一项重要内容，但这一教育内容来自社会创业教育正外部性。

希望社会创业教育的内容包括社会创业的基础知识、社会创业实践的具体技能，同时还希望社会创业教育建立起我们新生社会创业者与成熟社会创业者之间的沟通桥梁［基础知识、实践技能、交流平台］。（XC）

希望社会创业教育可以为我们提供解决创业实践问题的启发思路，同时也希望社会创业教育可以给我们一个审视自身的过程，因为社会创业教育的场域集中着很多和自己类似的人，最起码是创业理想方面类似，所以这是社会创业教育课程以外的东西 [解决实践问题和构筑交流平台]。(DP)

社会创业教育内容并不是我主要关注的，通过参与社会创业教育课程，可以认识到拥有同样理想的创业者、一些成功的社会创业者、社会创业研究的专家，最重要的是通过参与社会创业教育打通了接触市民社会组织的通路 [重视社会创业教育场域的力量]。(XP)

5.2.4   市场力量主导型社会创业教育的需求分析

为了更深入地分析市场力量主导型社会创业教育需求侧的反馈情况，本研究从社会创业教育的目标、方法、内容等方面对社会创业学院的部分学生进行了焦点小组访谈，选取访谈对象的过程中考虑到了市场力量主导型社会创业教育受教育者群体的构成情况。受访对象的相关信息见表 5.7 所示。为了研究需要，对受访者的姓名进行了编码处理。

表 5.7   社会创业学院访谈学生基本情况

编码	基本情况	访谈时间及地点
YMB	九州大学经济学部学生 社会创业学院学生	2015 年 7 月 28 日 福冈
CSK	九州工业大学学生 社会创业学院学生	2015 年 7 月 28 日 福冈
YTX	计划进行社会创业者 社会创业学院学生	2015 年 7 月 28 日 福冈
AYJ	社会创业者 社会创业学院学生	2015 年 7 月 28 日 福冈
GWX	社会创业者 社会创业学院学生	2015 年 7 月 28 日 福冈
CST	计划进行社会创业者 社会创业学院学生	2015 年 7 月 28 日 福冈

续表

编码	基本情况	访谈时间及地点
HDL	女性　计划进行社会创业者 社会创业学院学生	2015 年 7 月 28 日 福冈
QXZ	女性　社会创业者 社会创业学院学生	2015 年 7 月 28 日 福冈
QTY	女性　计划进行社会创业者 社会创业学院学生	2015 年 7 月 28 日 福冈
ABL	计划进行社会创业者 社会创业学院学生	2015 年 7 月 28 日 福冈
SCS	社会创业者 社会创业学院学生	2015 年 7 月 28 日 福冈

1. 受教育者的社会创业教育目标需求

市场力量主导型社会创业教育的最大特征是其入门门槛（学费）较高，因此受教育者的目标都非常明确，并且对社会创业教育的外部性效应要求比较低，基本都把目标关注在社会创业教育本身可以为自己提供的内容上。

由于社会创业学院的课程分为多种类型，受教育者可以根据自身情况进行选择，从访谈的受教育者中可以把目标分成三类（同时也是社会创业实践循序渐进的步骤）：制订社会创业的计划、将创业想法付诸实践、将社会创业事业推入正轨化，这同其他类型社会创业教育的受教育者有所不同，因为其他类型的受教育者相对而言并没有一个特别具体化的目标。

因为有社会创业的打算，也上过一些其他学校的社会创业教育课程，所以来到这里的目标很明确，就是要实现创业想法，这里的老师和专家会给我提供一对一的指导服务，所以很安心［一对一的创业指导］。（YMB）

我的目标是制订社会创业的可实施计划，这对目前的我来说是最重要的。因为我目前对社会创业了解还不多，不过来到这里学习我就不再担心了［制订创业计划］。（CSK）

来到这里的目标很单纯，就是想把目前的社会创业工作做得更好，应该说是自己的创业遇到了瓶颈吧，所以才会想到来学习［解决创业问题］（AYJ）。

来到这里是想在专家和老师的指导下制订一个切实可行的创业计划，至于之后会不会继续学习，目前还没有想过，如果创业顺利可能不会了吧，因为学费也是一个问题啊［制定创业计划］。（CSK）

参与教育项目的目标是把创业的想法付诸实施，创业的计划已经制订了，但当自己真的去开始筹措资金、推广、处理法律和公共关系的时候，我发现很多问题自己力所不及［推动创业实践］。（QTY）

已经在进行的创业项目遇到了很大问题，也争取过一些其他组织的支持，比如一些非营利机构等，但是毕竟是自己一手创办起来的企业，还是不能轻易放弃吧，所以选择了来到这里［解决社会创业实践中的问题］。（QXZ）

2. 受教育者的社会创业教育方法需求

市场力量主导型社会创业教育的受教育者对教育方法的需求呈现了多样化的趋势，根据其参与教育的动机不同呈现出不同的教育方法需求。

但同时，也呈现出一些共同点：目标为制订创业计划的受教育者更倾向于需要课堂内偏向理论的教育方法；目标为实现真正社会创业、解决目前的社会创业问题的受教育者更倾向于专题讲座、工作坊、一对一个性化辅导等方法。

只要是适合的教育方法我都可以接受的，并且学校提供的教育采取了多种方法结合的形式，就我个人来说，课堂讲授和实践指导结合的方法更能接受［讲授与实践相结合的教育方法］。（CSK）

学校的教育方法是十分多样的［多样的教育方法］，对我来说，一对一的辅导时间十分珍贵［一对一的辅导］，因为协调员会有专门解答我创业困惑的固定时间。（SCS）

关于教育方法的问题我考虑的并不多，因为自己其实并不清楚怎样的教育方法是有助于自己的创业事业的，但是现在在学校接受的教育方法是多种多样的［多样化的教育方法］，我认为对于个人制订创业计划最有帮助的是研究型学习。（HDL）

教育方法没有好坏之分吧，只有是否适合，是否可以促进我们的社会创业活动才是关键。对于我来说，希望可以和更多成功的女性社会创业者进行交流，学校通过女性工作坊的形式给了我充分的机会［特色工作坊］。（QXZ）

3. 受教育者的社会创业教育内容需求

市场力量主导型社会创业教育的受教育者对社会创业教育内容的需求是比较明确的，这同市场的交易性质有很大的关系。教育作为一个服务被购买的过程中消费者（受教育者）对于自己需要什么应该是确定的。教育内容需求共分为四类：自我觉醒、社会贡献、商业企划以及事业推进。

我最为需要的是如何进行社会贡献，因为对于商业我自身还是有一定的了解，之前从事的行业也与商业相关，但对于社会贡献我没有头绪，只有一颗想要社会创业的心远远不够［社会性培养］。（ABL）

我需要发掘自己的潜力、促进自我觉醒和社会贡献内容的课程［促进自我觉醒、社会贡献的课程内容］，对于我来说突然面临着一个亟待解决的社会问题并不知道从何处下手开始我的创业实践。（CST）

对于我来说提升商业能力教育内容是急需的，因为之前在非营利组织的工作经验让我对市民社会部门有了一些了解，但是当我自己创业社会企业的时候，我才发觉自己的能力在商业层面有所欠缺［商业能力的培养］。（SCS）

可以帮助我可持续地发展自己的社会创业事业的教育内容是我所急需的，因为自己的社会创业组织已经创立了一段时间，但是在这个过程中并不顺利，应该说公共关系方面如何处理、资金问题如何解决、同相关行业协会之间的纠纷等太多的问题让我对组织是否可以持续下去失去了信心［事业推进］。（GWX）

5.2.5　大学主导型社会创业教育的需求分析

为了更深入地分析大学主导型社会创业教育需求侧的反馈情况，本研究从社会创业教育的目标、方法、内容等方面对关西学院大学的部分学生进行了焦点小组访谈，选取访谈对象的过程中考虑到了大学主导型社会创业教育受教育者群体的构成情况。受访对象的相关信息见表 5.8 所示，为了研究需要，将受访者的姓名进行了编码处理。

表 5.8 关西学院大学访谈学生基本情况

编码	基本情况	访谈时间及地点
XJF	关西学院大学社会创业科学生	2015 年 6 月 8 日 西宫市
YMJ	关西学院大学社会创业科学生	2015 年 6 月 8 日 西宫市
SWG	关西学院大学社会创业科学生	2015 年 6 月 8 日 西宫市
YSL	关西学院大学社会创业科学生	2015 年 6 月 8 日 西宫市
DGS	关西学院大学社会创业科学生	2015 年 6 月 8 日 西宫市
DYF	关西学院大学社会创业科学生	2015 年 6 月 8 日 西宫市
STM	关西学院大学社会创业科学生	2015 年 6 月 8 日 西宫市
SYD	关西学院大学社会创业科学生	2015 年 6 月 8 日 西宫市
JYS	关西学院大学社会创业科学生	2015 年 6 月 8 日 西宫市
XLY	关西学院大学社会创业科学生	2015 年 6 月 8 日 西宫市
GTT	关西学院大学社会创业科学生	2015 年 6 月 8 日 西宫市
BWY	关西学院大学社会创业科学生	2015 年 6 月 8 日 西宫市

1. 受教育者的社会创业教育目标需求

大学主导型社会创业教育的受教育主体是具备社会创业意识的学生，

因此对这些学生来说学习知识是第一序位的，但在获得知识的同时这些学生中有计划进行社会创业的、有自愿参与到社会创业中的、还有计划成为社会创业教育研究者的，因此可以说大学主导型的社会创业受教育者的目标层次是最为多样的，从社会创业支持者到社会创业实践者再到社会创业研究者在受教育者的目标之内。

之所以会选择社会创业作为专业来学习，主要是因为自己对社会创业的兴趣，不过我将成为社会创业研究者为目标，而不是去社会创业［成为社会创业研究者］。（XJF）

学习社会创业的目标是为了在毕业之后成为社会创业者［成为社会创业者］。（YMJ）

将社会创业作为专业进行学习并不是计划在未来创业，而是希望在未来可以成为社会创业支持系统中的一员，相信社会创业在日本的未来［成为社会系统的支持者］。（DGS）

学习社会创业的目标是成为社会创业者，因为自己一直希望可以有自己的社会创业事业［成为社会创业者］。（JYS）

成为社会创业专业的学生存在很多偶然，但是现在我想要成为一名社会创业者［成为社会创业者］。（STM）

学习社会创业之初是因为对社会创业感兴趣，没有明确的社会创业的想法，但经过了一些学习后我现在进行社会创业学习的目标是为了成为社会创业者［成为社会创业者］。（GTT）

2. 受教育者的社会创业教育方法需求

受教育者对社会创业教育的方法并没有太多概念，很多受教育者表现为对学校的教育方法满意。

在访谈中直接出现对接受的教育项目进行评价，这是在对其他类型的社会创业教育受教育者访谈的过程中没有出现的情况。但是从另一个角度来说，受教育者对"什么是适合自己的教育方法"并没有太多的思考。

学校的教育方法是理论与实践相结合，我个人认为有利于我的学习，既可以了解社会创业相关的最新研究，同时可以对社会创业实践领域有直观的认识［理论与实践结合的方法］。（XLY）

关于教育方法的问题我平时确实还没有思考太多，我感觉现在学校提供的教育方法就很好啊。首先课堂讲授比较灵活，也有很多活动可以给我们参与。（YSS）

目前学校的教育方法就很好，所以对于教育方法的问题我也就没有太多其他考虑了［认同目前的教育方法］。（BWY）

在学习社会创业之初，我认为多应用实践性的学习可能会比较合适，但是通过一段时间的学习，我发现一些普通的教育方法对于理论学习更为有效［理论与实践的方法］。（DYF）

据我了解，现在的社会创业教育方法大体都相同吧，我认识的一些朋友也在其他机构学习社会创业，他们可能更多的是企业实习、研讨会之类，相反我认为我们学校的方法更多样化。（STM）

3. 受教育者的社会创业教育内容需求

受访的受教育者对社会创业教育内容需求较为集中，基本上集中于社会创业教育理论知识、社会创业实践经验分享、社会创业者困境的解决思路、社会创业相关的政策法规知识等方面的内容。

我是希望可以学习到社会创业的相关理论知识和内容，无论是从事社会创业还是从事其他行业，我都觉得理论知识是最为基础的［理论知识最为基础］。（YMJ）

希望可以在教育内容中了解到更多国家的社会创业政策和法律，在同很多社会创业者的交流过程中我发现对这个方面有很多不了解的地方［政策解读］。（DGS）

因为打算进行社会创业，所以希望可以有更多的社会创业者分享给我们更多的社会创业实践经验［经验分享］。（GTT）

虽然现在还是社会创业学习者，但是希望通过学习可以获得更多困境解决的方法论，这样在未来的社会创业实践中可以真正地解决现实问题［解决创业问题］。（SYD）

5.3 日本社会创业教育供需的比较分析

以上从供给和需求两个层面对四种不同类型的社会创业教育的目标、方法、内容进行了分析，现对其进行比较分析，探索日本社会创业教育供需之间是否存在不均衡的情况。

5.3.1 政府主导型社会创业教育的供需比较

关于社会创业教育的目标，供给方的角度多反映了主导力量政府的意志，社会创业教育是为了解决地区内的问题，而对于社会创业教育本身的关注并不多，这也从一个侧面反映了政府参与社会创业教育的出发点和最终归宿。政府为了实现通过社会创业教育解决社会问题的目标，为社会创业教育提供了大量的政策优惠，引进了大量优质师资，开展了广泛的地域内的合作活动。

而需求方则多是从社会创业者个人成长角度来思考，虽然也有大量对地域发展抱有高度热情的社会创业学习者，但个人的成长还是被放在了首位。很多学习者抱着提升自身能力的目标走进了社会创业教育课堂，而在接受教育的过程中逐渐关注到地域内的社会问题，并逐渐将解决地域问题、实现社会创业理想作为目标。

政府主导型社会创业教育的目标在供需层面存在一定的差异，而这种差异主要是由于双方的立足点不同所致，对社会创业教育的实际效果并没有造成太大的不均衡现象。

关于社会创业教育的方法，供给方的角度反映出实践类的教育方法更加受到重视，因为有政府的支持作为后盾，实践教学所需要的资源非常丰富，也正因为如此才会开展大量的企业实习、创业竞赛等活动来进行社会创业教育。

需求方的角度则反映出了教育方法的多样化需求，多个层次的教育方法结合可能更适合受教育者个人能力的塑造，毕竟能力的构成是需要完整的知识体系构成的，偏重理论或偏重实践都不可取，因此教育方法也应该是多样化的。

政府主导型社会创业教育的方法在供需层面上存在很大的不同，而造成这种差异的原因可以归结为主导方政府对社会创业教育的定位：更多地关注于问题解决，而不是人才培养。

关于社会创业教育的内容，供给方的角度反映了社会创业过程中各种实践层面的问题，可以说供给的教育内容是以问题解决为导向的专题；需求方的很大一部分需求是同供给相契合的，但是需求方在心理层面的需求却没有在供给的教育内容中有所体现。当然，这些心理层面的需求可以通过教育过程中的互动关系来满足，但在教育供给过程中没有对心理层面进行关注还是一个不小的疏漏。

5.3.2　市民社会主导型社会创业教育的供需比较

关于社会创业教育的目标，供给方的角度反映了强烈的社会取向，希望通过社会创业教育来为市民社会提供足够的人力资源，目的性非常明确；而需求方的角度则反映了自己能力的提升，通过提升能力之后再去创造市民社会的价值。这同之前对政府主导型社会创业教育目标的需求层面分析很相似，从受教育者的角度来看，个人能力的提升、价值的实现总是第一位的，所以从某种角度来看，在目标层面上的不同是同一个问题的不同层面和视角导致的不同。

关于社会创业教育的方法，供给方的角度是体现自身的优势，无论选择何种教育方法其背后的逻辑是依托自身的市民社会背景，创造更多进入市民社会组织的机会；而需求方的角度则没有明确的倾向，受教育者的功利主义倾向决定了将教育方法作为路径，而终点是自身参与社会创业教育时所持有诉求的实现。

从这个角度来看，市民社会主导型社会创业教育无论在供给面还是需求面都对社会创业教育的方法层面缺乏足够的思考。

关于社会创业教育的内容，供给方的角度是以经验性知识为主，可以说一些交流会、论坛等都是在传播极其个人化的主观知识而非客观知识；

同时，需求方所需要的也是这种经验性的知识，在获得知识的同时更多的受教育者希望通过参与社会创业教育活动来增加自己的社会资本，而对于知识内容的客观性并不是受教育者关注的焦点。

因此，本研究认为社会创业教育的内容并不重要，重要的是社会创业教育本身。对于社会创业者来说，是这个场域内的力量来自于知识之外的社会资本。

5.3.3　市场力量主导型社会创业教育的供需比较

对于市场力量主导型社会创业教育供给和需求方面的比较，都呈现出了高度的匹配性。社会创业教育的市场化活动在数量上并不占据优势，但是在规模上却有着不容忽视的优势，日本最大规模的专业社会创业教育机构、也是本研究所选取的市场力量主导型社会创业教育机构——社会创业学院。

教育的市场化是备受争议的大背景，日本的社会环境还是存在着广袤的适合学术权威主义生长的土壤，在社会创业教育领域也不例外。但是社会创业教育本身的多重性——社会性、商业性、个人价值实现性——决定了社会创业教育领域的开放性，各种社会力量都进入社会创业教育领域中。

市场力量的优势在于其没有太多的纠结因素，自身的定位也很明确，对于自己逐利的本质可以毫不避讳，也正因为这种市场化的直接，使得社会创业教育的供需双方可以做到及时调整。

但市场化的社会创业教育也存在着明显的缺陷，并且这种缺陷也可以说是对市民社会的挑战，社会创业教育的市场化过程中再一次铸成了一道有关教育资源分配的鸿沟。市场化的社会创业教育受众很有限，而教育领域本身又是准公共领域，这个看似无解的悖论实际上是给整个社会创业教育领域出了一道不小的难题。

5.3.4　大学主导型社会创业教育的供需比较

关于社会创业教育的目标，供给方的角度反映出了是各个类型社会创业教育中层次最为丰富的，大学所进行的培养是养成性的培养而不是锚定式的培训，大学教育的层次更为丰富，也更符合教育的原则和规律。社会创业教育作为系统性的学位专业，不能仅仅是培养社会创业者，而应该是培养人的教育。

需求方的角度反映出的是大学主导型社会创业教育的塑造性，很多需求是被供给所创造出来的，从最初对社会创业懵懵懂懂的兴趣，发展到要成为行业从业者、研究者、支持者等，都是教育过程的启迪在发挥作用。

关于社会创业教育的方法，需求方更是直接体现了被供给所引导的取向。直接对供给教育方法的认同，一方面可以反映大学作为社会创业教育的特殊性，可以真正从教育的本质出发，将研究领域的最新研究成果运用于人才培养的过程中；而从另一个方面来看，需求者的需求是否真的被满足了呢？抑或是需求者对自己真正的需求视而不见，而沉浸在学术崇拜的巨大表象中？

关于社会创业教育的内容，供给方和需求方都是在围绕着社会创业的过程进行生发。对供给方来说，很多课程的背后也并非是社会创业的内容，而更多的是看待和解决问题的方法论；但需求方的受教育者可以接受多少则又是另一个问题。

5.4　本章小结

本章关注的是日本社会创业教育的供需反馈。选择从供给和需求的角度来分析实践的问题，思考逻辑是将社会创业教育本身作为一个产品或者说服务来分析，这种研究视角受到了市场化思路的影响，同时研究的假设在教育市场上目前的供给与需求方面可能会出现偏差。

而教育目标、方法以及内容的选择则是基于纯教育的视角，也从研究的可行性角度进行了考量，很多更深层次的内容不能通过简单的访谈探析其中一二。仅就目前的研究来看，还有太多难以克服的障碍，在访谈的过程中日本人特定的暧昧与欲言又止都迫使研究者再一次去引导受访者回应研究问题，但是这个过程是否又将研究者自身的研究假设再一次地影响受访者独立的思考逻辑呢?

　　通过文献资料、信息等的搜集,对日本社会创业教育的整体情况进行了分析,而对研究者而言就 72 家教育机构都进行访谈的可能性很低,时间、经费等多方面的制约使得研究者只能在四种类型社会创业教育中选取一个典型的案例进行案例研究。

　　而通过对供需的分析,可以基本确定日本社会创业教育实践的基本逻辑:由大学主导型社会创业教育负责完成社会创业人才培养的完整性,由政府主导型社会创业教育和市民社会主导型社会创业教育负责完成社会创业人才培养过程中利益集团的博弈,由市场力量主导型社会创业教育完成社会创业人才培养的个性化领域。详见图 5.11 所示。

图 5.11　日本社会创业教育实践系统的构成

6

结　语

以上对日本社会创业教育从背景、政策、类型、反馈四个层面的研究，分别是以历史的视角、政策博弈的视角、个案的视角、供需的视角对日本社会创业教育进行研究，通过对不同视角的分析，将日本社会创业教育的图景描绘了出来。

日本社会创业教育具有深厚的历史背景与文化渊源，带着日本教育特别是高等教育发展的独特烙印，在政府、市民社会、市场力量、大学各方利益集团的互动博弈过程中，逐渐形成了其独特的政策领域。

在政策的推动作用下，不同的社会力量进入了社会创业教育实践领域中，并且逐渐形成了不同类型的社会创业教育，而这个过程正是日本社会创业教育的生态体系形成的过程。

6.1　日本社会创业教育的生态系统

日本社会创业教育的复杂性决定了其并不是在一个单一领域中活动，而是在社会系统中逐渐形成并且边界日益清晰的系统。在这个系统中，各个要素之间密切联系，有共同发展的和谐场景，也存在相互博弈的竞争过程，如同一个生态系统一样持续地发挥着作用。

生态学按照研究对象分为四个层次：个体生态、种群生态、群落生态和生态系统生态。影响教育群体的生态因素很多，一所大学就是一个教育系统，一所中学或小学则可视为一个群落，有时也可视为一个小的教育系统。但教育群体之间的各种关系同真实的生物界之间还存在很大的差异。在这之中教育生态系统作为最复杂的层次，一个国家或一个省通常会被视为一个大的教育生态系统。

对教育生态系统的研究，要厘清的关键问题分别是教育生态系统的生态环境、生态结构以及生态功能，以下将从这几个方面对日本社会创业教育的生态系统进行研究。

教育系统的生态环境是以教育为中心，对教育的产生、存在和发展起制约和调控作用的多元环境体系。大致分为三个层次：一是以教育为中心，综合外部自然环境、社会环境和规范环境组成的单个的或复合的教育生态系统；二是以单个学校或某一个教育层次为中心构成的，反映教育体系内部的相互关系；三是以学生的个体发展为主线，研究外部环境包括自然、社会和精神因素组成的系统。

对日本社会创业教育生态系统中生态环境的分析是基于第一个层次的分析，以社会创业教育为中心，要思考的是外部自然环境、社会环境和规范环境。

其中，规范环境包括文化、科技、语言文字、民族、伦理道德、哲学、民主与法制、社会风气、艺术、体育等环境。和社会创业教育产生密切联系的生态环境主要有外部的自然环境、日本社会环境以及规范环境，而各个层面都对社会创业教育有很多规定性的影响。

外部的自然环境主要影响着日本经济资源的地理分布，进而对社会创业教育的地理分布情况产生了制约性的作用，在以上研究的分析中已经可以清晰地看到经济资源分布不均衡对社会创业以及社会创业教育的地理分布所造成的影响。

同时日本的地理特点使得日本成为了自然灾难频发的国家，而这种情况又作为一个外部的推动力量直接促进了日本社会创业事业的发展，促生了日本市民社会，间接推动了社会创业教育的发展。

日本社会环境主要影响着日本社会的经济发展模式，受到经济全球化大背景的影响，日本传统工业发展模式正在接受着前所未有的挑战，经济层面上的震荡带来的是对政治层面的冲击，在过去相当长时间里日本政府的执政模式势必受到影响。

从政府角色的转型到市场中各利益集团力量的悄然变化，这些为社会创业的发展提供了空间，而社会创业教育则依托着社会创业的发展，为其提供必要的人力资源。

规范环境则对社会创业教育的影响更为直接，在以上的研究中已经从很多具体的层面对这些影响进行了分析，从日本社会文化层面的变化可以较为清楚地看出对社会创业以及社会贡献存在着明显的变化轨迹。

同时日本的法律和政策对社会创业教育的影响也很大，这种影响在以上的研究中已经有了很多研究。因此对社会创业教育带来了直接的影响。

根据以上的分析，可以对日本社会创业教育系统的生态环境进行直观的表达，如图 6.1 所示。

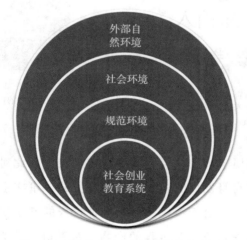

图 6.1 日本社会创业教育系统的生态环境

教育系统的生态结构包括宏观、微观两个侧面。教育的宏观生态结构最大的范围是生态圈，其次是世界上以各国家为疆域的大生态系统，实际上这也是历来教育研究的重点。

本研究对以教育为中心的各种环境系统，分析其功能以及与教育、与人类的交互作用关系，以寻求教育发展的方向、教育应有的体制以及应采取的各种对策。对宏观教育生态结构进行系统分析必须把握好四个环节：
（1）生态环境；（2）教育的外部输入；（3）教育成果的生产过程；（4）教育的输出。

上面已经对日本社会创业教育生态系统的外部生态环境做了分析，现对其他三个环节做详细的分析。

日本社会创业教育生态系统的外部输入主要来自政府、市民社会、市场和大学，如图 6.2 所示。这四个力量对社会创业教育生态系统的投入资源并不均衡，政府从大的方向上规制了社会创业教育生态系统的范围，另外政府对社会创业教育从政策引导到财政和人力资源的投入等都具有政府强大力量的引导，对其他社会力量投入来说这是一种先导性的力量投入。

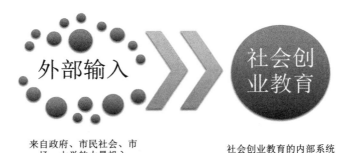

来自政府、市民社会、市　　　　　社会创业教育的内部系统
场、大学的力量投入

图 6.2　日本社会创业教育系统的外部输入

社会创业本身属于市民社会的重要组成部门，因此对于市民社会来说社会创业教育是对自身发展的强大人才储备方式。事实上日本的社会创业教育很大一部分投入来自于市民社会，这种投入的基本逻辑是市民社会部门的不断发展后组织自我扩张过程的产物，对于市民社会而言，社会创业教育的发展是自身发展的必要过程。

市场力量参与社会创业教育的背景比较复杂，以上的研究中对这一内容已经做了分析，教育市场的逐渐开放是直接原因，同时资本逐利的本性使得其不会放弃社会创业教育市场。

虽然从总体上来看，市场对社会创业教育的投入并不多，至少在数量上是如此，但这背后隐藏的线索是目前的社会创业教育市场入门门槛还很高，甚至可能已经形成了垄断。规模最大的社会创业教育机构就是市场力量主导的，从单一的教育机构来看其投入要多于其他类型的社会创业教育。

大学参与社会创业教育看似天经地义，教育领域中大学始终是变革生产者、创新制造者，但要将这个过程放到日本的高等教育语境中就会发现这个过程的纠结与艰难。

大学内部对这类实践指向明确、理论研究层面存在争议的教育活动并非全然接受，至少国立大学还没有勇敢地迈出这一步，现在活跃在社会创业教育领域中大学以私立大学居多，顶级的国立大学在这个领域内的动作还不够明显。

在对外部输入进行了分析之后，社会创业教育的实践过程可以被视为社会创业教育系统的内部运行过程，在以上的研究中通过供给与需求的对比已经进行了分析，在日本社会创业教育的实践过程中不同类型的社会创业教育扮演的角色是不同的，同时运行的机制也存在着差异。

但同时，这种运行机制上的差异一并构成了日本社会创业教育完整的运行系统，在这个系统中各种类型社会创业教育相互合作，并且在必要的时刻共享资源和成果。

而在这个实践过程结束后，社会创业教育的最后环节——成果的输出，作为社会创业教育的结果衡量标准，对其的评估就变得十分重要。考虑到教育具有时滞性，因此对于社会创业教育的输出结果可以通过一些代理指标进行考察。

根据以上对日本社会创业教育生态系统从生态环境、外部输入、内部运行和成果输出四个环节进行了简单的分析，可以概括日本社会创业教育生态系统的构成要素，如图 6.3 所示为日本社会创业教育生态系统示意图。

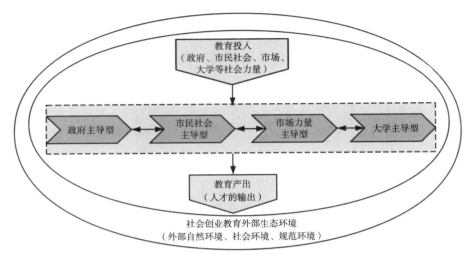

图 6.3   日本社会创业教育生态系统示意图

6.2   日本社会创业教育的发展理念与问题

　　日本社会创业教育在内生与外发的共同作用下开始逐步发展，多方社会力量开始走入社会创业教育的实践领域，并在近 20 年间得到了社会各界的广泛关注。在这个背后日本社会创业教育的发展理念到底有哪些呢？

　　第一，通过错位发展，减少社会创业教育系统内部的同质化竞争。基于以上的分析，日本社会创业教育存在四种不同的类型，其主导力量各不相同。而通过对日本社会创业教育的分析，可以发现不同类型社会创业教育的目标定位也有所不同，无论是经济产业省抑或是文部科学省都没有施展针对社会创业教育的强制力量，这就为社会创业教育提供了一个自由而广阔的发展空间。

　　这种相对宽松的发展环境从客观上为参与社会创业教育的机构制订了个性化的人才培养目标，对教学活动都大有裨益。在日本社会创业教育的生态系统中，不同类型社会创业教育组成了一个完整的社会创业教育体系，政府以地域问题的解决为核心发展导向，市民社会则带有强烈的社会性并汇聚了大量的社会创业实践者，市场力量主导型社会创业教育积极开展市场化的社会创业教育实践，大学提供完整层次的学历课程。对怀着不同目的、不同出发点的受教育者来说目前的日本创业教育体系是一个充满个性的场域，不同类型的社会创业教育可以为不同诉求的社会创业受教育者（或潜在受教育者）提供契合于自身要求的教育。

第二，通过合作与整合资源，实现社会创业教育的迅速发展。根据本研究以上的分析，日本社会创业教育的产生和发展是以日本强大的社会贡献传统为基础，以全球化的社会创业教育发展为前提，社会创业教育的发展不是教育领域内的单一实践，而是涉及了众多利益相关体。

整个日本社会对待社会创业者的态度、社会创业组织的发展环境、政府对社会创业行为的支持力度、市民社会的发展状况、大学参与社会服务活动的热情等诸多方面都影响着社会创业教育事业的发展。

目前日本社会创业教育事业虽然由政府、市民社会、市场和高等教育机构四种力量分别主导，但各主导力量之间存在着密切的合作关系，政府发挥政策支援与资源统筹的强大优势，市民社会展现人力资源的庞大网络，市场彰显资本的巨大导向作用，高等教育机构提供最新的研究成果，社会创业教育在社会资源合作与整合的语境下完成从无到有的蜕变。

第三，结合实践与研究领域的成果，建立动态的社会创业教育体系。基于本研究对日本社会创业教育供需反馈情况的分析，供给侧与需求侧双方都谈到了动态的社会创业教育体系，这是日本传统意义上的创业教育所缺失的。传统的创业教育由于教育的时滞性，无法及时对教育效果进行评估，另外传统的创业教育由于其集中于商业创业领域，使得建立动态社会创业教育体系的可能性比较低。

在社会创业教育领域，虽然社会问题层出不穷，但社会层面的创新与研究活动可以较为及时地反馈到社会创业教育的过程中，如市场力量主导型社会创业教育的典型案例——社会创业学院，就采取了固定基础课程同最新社会动态相结合的手段，定期对学校自行编写的教材进行补充和修订，以最新的社会创新研究成果激发受教育者的社会意识，培养受教育者的社会敏感度和社会责任感。

日本社会创业教育在以上发展理念的指导下不断探索，逐步走出了符合日本国情与文化特征的社会创业教育之路，但与此同时日本社会创业教育实践过程中还存在着潜藏的危机与挑战尚未解决。

第一，看似多元的社会创业教育项目中有很大一部分比例是项目导向，从整体来看日本社会创业教育的系统完整性不足。从项目数量上看，目前日本有一半以上的社会创业教育为市民社会主导型，而市民社会主导型社会创业教育多是以项目为主导，如地区内社会创业大赛、在特定地区内开展的短期社会创业培训等。这类社会创业教育的主要特点是缺乏系统性和长效机制，因此其受众群体有限，同时，受到地域等方面的限制，立足点和视野都不够宽广。

第二，日本社会创业教育在高等教育机构中的边缘化现象严重。以上的研究已对全球范围内高等教育机构中社会创业教育如火如荼的发展形势进行了分析，而日本则表现出不同的发展状况。

一面是世界顶级大学——哈佛大学、牛津大学等纷纷参与社会创业教育，另一面是日本顶级大学——东京大学、京都大学等在社会创业教育实践中的失语。目前参与社会创业教育的日本高等教育机构中只有东京工业大学一所国立大学，其余的均为私立大学；另外，在这些私立大学中还存在如同志社大学、关西学院大学这样的教会性质大学，这些教会大学参与社会创业教育的初衷同其学校的特殊性质密不可分，不得不承认社会创业教育在日本高等教育机构处在"非主流"的状态。

第三，日本社会创业教育的教育方法尚没有突破。即使在大学主导型社会创业教育实践中引入了体验学习的理论，在教育方法上也未能脱离一直以来创业教育过程中所采用的一些常规教育方法。

从社会创业教育的供需反馈中可以看到很多受教育者对教育方法的问题没有引起重视，教师也同样对社会创业教育方法的问题缺乏相应的思考，这种现象使得社会创业教育的供需反馈中教育方法层面并没有出现失衡的状况，但是这个问题背后存在一个巨大的漏洞——受教育者所接受的教育方法是否适合不仅要从受教育者主观层面上寻找答案，更应该从教育科学的层面进行分析。

6.3 日本社会创业教育的理论反思

在以上的研究中对日本社会创业以及社会创业教育的出现做了从历史渊源到实践过程的梳理，那么从社会发展的角度重新审视全球范围内的社会创业与社会创业教育，又将会有怎样的发现呢？

从全球的社会发展来看，社会创业大规模出现在福利国家神话崩塌之后。曾几何时，公众把福利国家视为社会进步的标志。但现在人们对福利国家的看法发生了根本性的变化，越来越多的人开始批评福利国家体制僵化、发展缓慢、机构官僚、非人性并剥夺人权。

只有重建和谐社会，克服分歧和相互排斥，探索提供福利的新方法才能使多变的现代社会有可能获得凝聚力。这种趋势在全球范围特别是早前的福利国家开始发展。这些潮流都朝向着一个方向发展，那就是结合创新与创业精神，创造出一种新的福利形式——社会创业。

日本的福利国家模式同欧洲的福利国家模式有所不同，国家官僚体制是促进日本福利国家产生的主体，1961 年全民保险与养老金制度、1973 年福利元年、1985 年基础养老金制度、1997 年看护保险制度都是在国家官僚体制的主导下建立的。同欧洲相比，日本福利国家建成过程中社会民主力量一直是缺位的，同时，日本文化中独特的"公"文化概念一直没有被消磨掉，一旦时机成熟就可以被唤醒。

"新公共时代"的到来就使得社会民主力量得到发展，同时，日本的独特还在于："福利"作为政治象征被所有政党接受，超越了党派。也正是在这种语境下，国家官僚体制对市民社会的崛起、社会民主力量的发展表现出了极大的支持，因为政府或者说国家官僚体制关注的焦点并不是政策取向的改变、政策对市民社会的倾斜，而是政策实施过程中所发生的利益分配和利益对抗。

因此就不难理解政府制定社会创业支持政策，鼓励市民社会发展、参与社会创业教育，只有积极参与到政策实施过程中才能够进一步调整利益分配格局，实现利益对抗。

从社会创业本身而言，政府从行动层面上的支持为其发展提供了巨大的空间，同时市民社会的不断发展也为社会创业教育发展提供了必要性。日本社会创业教育的发展培养了大批社会创业者，而这些社会创业者所创造的价值又如何衡量呢？

在对日本社会创业教育生态系统的分析中已经提出对社会创业教育成果的评价是至关重要的内容，因此在对日本社会创业教育的深度思考的过程中研究者将对社会创业的价值体系进行分析，为评价社会创业者的实践提供更加系统的模型。

本研究认为日本社会创业者创业行为的价值主要体现在以下五个方面：

1. 解决社会问题

社会创业者通常采用新的途径和方法来应对社会问题，就如同一些小型生物技术公司或软件公司常常把技术创新转让给大的制药厂或者计算机公司一样，社会企业解决问题的新思路也可以为政府部门所用。在商业上有技术转让的模式，在社会创业系统中也需要社会创新的转让机制。公共政策应该帮助其建立起一个更有效的机制去发现、诠释和传播那些社会福利领域里的最佳实践。

对于整个社会而言，鼓励用多元化的方法来解决社会问题是具有其价值的。多元化能促进更广泛的实践，增加可供选择的解决方案。当然这种做法也有其风险性，可能会导致不平等和不公正的状况发生。

2. 供应方效率

社会创业者运作的项目通常会比政府机构更节省开支，因为社会创业者的官僚主义作风较少、灵活性更高，并且有能力调动员工来承担更多的责任。

随着日本政府通过购买式服务等形式逐渐实现权力分散，社会创业者的这种能力日显重要。日本中央政府向地方下放权力的趋势正在不断深化，政府部门中对社会创业的需求也会不断增长。许多社会企业的员工都非常专业，而且所获报酬也与商业部门相等。

3. 主动性福利

在日本，社会创业正在建立新的、主动性的社会福利机制，这种机制鼓励被服务的对象更多地为自己的生活负责。

在这些模式中，福利不再被看作是一笔钱或者权益，它们大多都包含了一种哲学，即自我约束和自信与社会福利不可分割。这些模式强调了创造性个人主义的伦理，这与日本长期以来被动的、单向接受性的文化截然不同。社会企业家则擅长动员来自不同背景的人群和企业一起构成多元化的网络来共同解决社会问题。

4. 就业机会和产出

这些模式大部分都能产生传统经济定义上的"利益"，虽然很多社会创业者并不认为这是衡量这些项目成功与否的唯一标准。

例如，一些社区企业为社区创造了实际的商业及就业机会。从表面上看这降低了失业率，提供了有价值的产出，但事实上这还是有益于整个经济和所有参与者。更关键的是，这些模式大多能使参与人员获得更多的技能，使他们更独立自主。这种对人力资源的投资必然会带来一定的经济价值，虽然这种价值很难用金钱来衡量。

5. 社会资本的创造

社会创业者为社群创造了许多有形资产，如果没有他们，这些资产将不可能存在。最明显的例子是社区里拔地而起的新建筑、增添的新服务项目或者是社区声誉的扭转。但是在很大程度上，社会资本才是社会创业者所创造的最重要的资产。社会资本是支撑经济伙伴和同盟关系的网络。这种网络建立在相互合作的基础上，而共同的价值观和相互信任会使其更坚固。

有关日本经济复苏的研究强调了长期的人际关系和合作伦理的重要性，它们为日本创纪录的制造和创新能力提供了基础。社会企业家发动人们通过建立合作网络来解决那些处于孤立状态时无法解决的问题。

他们启动了一个积累社会资本的良性循环，他们利用支持网络来寻找办公室和启动资金、招募核心员工，由此建立起一个可持续发展的组织。这一过程中所产生的不是经济利益而是社会性利益，即一个由信任和合作连接起来的更为强大、自立的社会共同体。

也许社会企业家最深远的价值是帮助我们应对一个全社会面临的最迫切的问题：在全球信息爆炸的时代，在全球化市场无情的冲击之下，在一个推崇个人自由、缺乏安定的信仰基础或传统社会秩序的、世俗主义的社会中能够产生归属感、信任、尊敬和凝聚力吗？这些社会企业的模式都在帮助我们寻找问题的答案。

社会创业者从一开始就认识到他们是在一个复杂、流动、并且不断变化的环境中工作。他们决心用包容和富于爱心的态度来接受这个复杂的环境。通过这些模式，社会创业者们在努力激发一种满怀信心和乐观向上的精神，让人们相信：充满流动性的现代社会未必就意味着漠不关心和无所归属。

6.4　研究展望

本研究对社会创业教育的政策和实践采取了访谈法进行研究，作为一种偏重获得语言信息的研究方法，其局限性主要表现在：（1）受访者的表达可能并非真实；（2）获得的说法可能存在片面性；（3）受访者可能存在言行不一的情况。

在访谈的过程中涉及到语言的转换过程，在这个过程中研究者只能尽量做到客观，但是一些原有的前见、自己语言系统同受访者语言系统中一些词语、语气、口癖等背后所表达的含义存在一定的区别，因此虽然对访谈资料进行整理的过程中同日语母语者进行了二次沟通，但在这个过程中还是难以摆脱自己阐释的成分。

另外，在对社会创业教育需求方的研究中，研究者最初计划从需求方的角度来探究社会创业教育的供给是否可以满足需要，计划通过对需求方受教育者的访谈来诱导其讲述一些自己对目前接受的社会创业教育的一些直接的反馈。

但是在实地调研过程中，研究者发现受访者很少谈到对现在接受教育的评价，也没有太多的评价性语言的出现，在研究者试图提问一些关于主观评价的问题时，受访对象的回应非常不积极，并且有明显的迹象表明其会受到焦点小组其他成员的影响，这是焦点小组访谈法常会涉及到的问题。从日本人的民族性出发，在群体中的日本人更倾向于表达完全个人化的事实（个人经历、个人情感、个人目标等），而回避对于相对大范围的事实（整体教育项目的表现、授课教师等）的评价。

本研究并没有涉及到对社会创业教育的成果评估问题，而作为教育的重要环节，对成果的评估可以及时纠正实践中的偏差，弥补实践中的不足。因此在今后的研究中将开展对社会创业教育效果评估问题的研究。

参考文献

外文文献

英文学术期刊

[1] Adams，R. ，John B. & Robert，P. Innovation Management Measurement：A Review [J]. International Journal of Management Reviews，2006，8：21—47.

[2] Adrian，L. The politics of case study：problems of innovation in university education [J]. Higher Education Review，1981，13（2）：38—64.

[3] Ahmad，N. Financing of Central Universities：An Overview [J]. Journal of Educational Planning and Administration 1998，3（1）：67—75.

[4] Alder. P. & Kwon，S. Social capital：Prospects for new concept [J]. Academy of Management Review，2002，27（1）：17—40.

[5] Ajzen，I. The Theory of Planned Behaviour [J]. Organisational Behaviour and Human Decision Processes，1991，50：179—211.

[6] Alvord，S. H. ，Brown，L. D. & Letts，C. W. Social entrepreneurship and societal transformation [J]. Journal of Applied Behavioral Science，2004，40（3）：260—82.

[7] Austin，J. ，Stevenson，H. ，& Wei-Skillern，J. Social and commercial

entrepreneurship: Same, different, or both? [J]. Entrepreneurship Theory and Practice, 2006, 30 (1): 1—22.

[8] Bonnet, H., Quist, J., Hoogwater, D., Spaans, J., & Wehrmann, C. Teaching sustainable entrepreneurship to engineering students: The case of Delft University of Technology [M]. European Journal of Engineering Education, 2006, 31 (2): 155—167.

[9] Corner, P. D., & Ho, M. How opportunities develop in social entrepreneurship [J]. Entrepreneurship Theory and Practice, 2010, 34 (4): 635—659.

[10] Cukier, W., Trenholm, S., Carl, D., & Gekas, G. Social entrepreneurship: A content analysis [J]. Journal of Strategic Innovation and Sustainability, 2011, 7 (1): 99—118.

[11] Dees, J. G. Enterprising nonprofits [J]. Harvard Business Review, 1998, 76 (1), 54—65.

[12] Dees, J. G. Social entrepreneurship and education [J]. Current Issue in Comparative Education, 2005, 8 (1): 51—55.

[13] Dees, J. G., & Anderson, B. B. For-profit social ventures [J]. International Journal of Entrepreneurship Education, 2003, 2 (1): 1—26.

[14] Doherty, B., & Thompson, J. The diverse world of social enterprise [J]. International Journal of Social Economics, 2006, 33: 361—375.

[15] Evans, F., & Marcal, L. Educating for ethics: Business dean's perspectives [J]. Business and Society Review, 2005, 110: 233—248.

[16] Fan, W., & Yan, Z. Factors affecting response rates of the Web survey: A systematic review [J]. Computers in Human Behavior, 2010, 26: 132—139.

[17] Fargion, S., Gevorgianiene, V., & Lievens, P. Developing entrepreneurship in social work through international education: Reflections on a European intensive programme [J]. Social Work Education: The International Journal of Entrepreneurship Education, 2010, 30 (8):

964—980.

[18] Ganesh S. H. , &Narahari，N. S. Inherited Skillsand Technology：Indian Entrepreneurship Development ［J］. Journal of Developmental Entrepreneurship，2009，14（2）：195—203.

[19] Gartner，W. B.（1988）. Who is an entrepreneur? Is the wrong question ［J］. American Journal of Small Business，1988，12（4）：11—32.

[20] Gibb，A. A. Enterprise Culture and Education：Understanding Enterprise Education and Its Links with Small Business，Entrepreneurship and Wider Educational Goals（Sage Online）.

[21] Gibb，A. A. Towards the Entrepreneurial University – entrepreneurship education as a lever for change，NCGE：2—4.

[22] Gill，S. Is gender inclusivity an answer toethical issues in business?：An Indian stance ［J］. Gender in Management：AnInternational Journal，2010，25（1）：37—63.

[23] Gundlach，M. J. , & Zivnuska，S. An experiential learning approach to teaching social entrepreneurship，triple bottom line，and sustainability：Modifying and extending practical organizational behavior education ［J］. American Journal of Business Education，2010，3（1）：19—28.

[24] Herring，S. C. Web content analysis：Expanding the paradigm ［C］. J. Hunsinger，M. Allen，& L. Klastrup（Eds. ），The International Handbook of Internet Research，2010.

[25] Jones，A. L. , Warner，B. , & Kiser，P. M. Social entrepreneurship：The "New Kid" on the university blocks ［J］. Plann Higher Education，2010，38（4）：44—51.

[26] Joshi，R. &Ganapathi，B. Current Status of SMEs and Entrepreneurship Education and Training：Intervention in Select South andSouth – East Asian Countries ［J］. The Icfai 36 Journal of Entrepreneurship Development，2008，5（1）：35—60.

[27] Jyothi，P. Revisiting，Linkages between Entrepreneurship and Higher

Education [J]. Advances in Management. 2009, 2 (10): 39—43.

[28] Kharas, H. The Emerging Middle Class in Developing Countries [J]. OECD Development Centre Working Paper, 2010, 1 (285): 1—61.

[29] Kirby, D. A. , & Ibrahim, N. The case for (social) entrepreneurship education in Egyptian universities [J]. Education + Training, 2011, 35 (5): 403—415.

[30] Leadbeater, C. Social enterprise and social innovation: Strategies for the next 10 years [R]. Cabinet Office, Office of Third Sector, 2007, 1—17.

[31] Manimala, M. Entrepreneurship in a Globalizing Economy —Discussion [J]. IIMB Management Review, 2006, 9: 277—289.

[32] Mair, J. , Battilana, J. , & Cardens, J. Organizing for society: A typology of social entrepreneur [J]. Journal of Business Ethics, 2012, 8 (1): 23—47.

[33] Miller, T. L. , & Wesley II, C. L. (2010) . Assessing mission and resources for social change: An organizational identity perspective on social venture capitalists decision criteria [J]. Entrepreneurship Theory and Practice, 2010, 34 (4): 705—733.

[34] Mort, G. S. , Weerawardena, J. , & Carnegie, K. Social entrepreneurship: Towards conceptualization [J]. International Journal of Nonprofit and Voluntary Sector Marketing, 2003, 8 (1): 76—89.

[35] Mottner, S. , & Wymer, W. Nonprofit education: Course offerings and perceptions in accredited US business schools [J]. Journal of Nonprofit & Public Sector Marketing, 2011, 23: 1—19.

[36] Murphy, P. J. , & Coombes, S. M. A model of social entrepreneurial discovery [J]. Journal of Business Ethics, 2011, 87 (3), 325—336.

[37] Navarro, P. The MBA core curricula of top - ranked US business schools: A study in failure [J]. Academy of Management Learning & Education, 2008, 7: 16.

[38] Palacioa, I. , Soleb, F. & Batista – Foguetc, J. M. University entrepreneurship centres asservice businesses [J]. The Service Industries Journal, 2008, 28 (7): 939—951.

[39] Pearce, J. Social enterprise in any town [M]. London: Calouste Gulbenkian Foundation, 2003.

[40] Raichaudhuri, A. Issues in Entrepreneurship Education [J]. Decision, 2005, 32 (2): 73—84.

[41] Ramachandran, K. , Devarajan, T P, & Ray, S. Corporate Entrepreneurship: How? [J]. Vikalpa, 2006, 31 (1): 85—97.

[42] Ratten, B. Book Review: Asian Models of Entrepreneruship from the Indian Union and the Kingdom of Nepal to the Japanese Archipelago: Context, Policy and Practice [J]. Journal of Enterpriseing Culture, 2007, 15 (2): 213—214.

[43] Ripsas, S. Towards an Interdisciplinary Theory of Entrepreneurship [J]. Small Business Economics, 1998 (10): 103—115.

[44] Rosabeth, M. K. From Climbingto Hopping: The Contingent Jobandthe Pot – entrepreneurial Career [J]. Management Review, 1989, 78 (4): 2—28.

[45] Saini, J. S. & Bhatia, B. S. Impact of Entrepreneurship Development Programmes [J]. Journal of Entrepreneurship, 1996 (5): 65.

[46] Schoenfeldt, L. F. , McDonald, D. M. , & Youngblood, S. A. The teaching of business ethics: A survey of AACSB member schools [J]. Journal of Business Ethics, 1991, 10: 237—241.

[47] Singh, R. P. A comment on developing the field of entrepreneurship through the study of opportunity recognition and exploitation [J]. Academy of Management Review, 2001, 26 (1): 10—12.

[48] Smith, B. R. , Barr, T. F. , Barbosa, S. D. , & Kickul, J. R. (2008). Social entrepreneurship: A grounded learning approach to social value creation [J]. Journal of Enterprising Culture, 2008, 16 (4): 339—362.

[49] Tracey, P. , & Phillips, N. The distinctive challenge of educating

social entrepreneurs：A postscript and rejoinder to the special issue on entrepreneurship education［J］. Academy of Management Learning & Education，2007，16（2），264－271.

［50］ Tyrrell，B. The logic of learning and its implication for higher education［J］. Higher Education Review，2000，32（2）：53－65.

［51］ Wu，Y. C.，Huang，S.，Kuo，L.，& Wu，W. H. Management education for sustainability：A Web－based content analysis［J］. The Academy of Management Learning and Education，2010，9（3），520－531.

［52］ Yuanbing，L. Social Entrepreneurship in Japan from the perspective of history［J］. Comparative Study of Education and Culture，2015，15，251－261.

日文学术期刊

［1］ 石川正宏. 社会起業家とそのリスク構造［J］. 21世紀社会デザイン研究，2006，5：49－57.

［2］ 石田英夫.『高い志』をもつ起業家と社会起業家［J］. 東北公益文科大学総合研究論集 2010，14：1－22.

［3］ 岡本栄一. 場－主体の地域福祉論［J］. 地域福祉研究，2002，30：47－59.

［4］ 大室悦賀. ソーシャル・イノベーション―機能・構造・マネジメント（特集ソーシャル・イノベーション―社会課題実現にむけたアプローチ）［J］. 21世紀フォーラム，2007，105：20－27.

［5］ 澤山弘. コミュニティビジネスをどうとらえるか―ソーシャルビジネス、およびコミュニティ産業と関連付けて―［N］. 信金中金月報 2006年2月号.

［6］ 鈴木敏正. 社会的企業の現代的意義と存立根拠について［J］. 北海学園大学経営論集 2005，2（4）：19－34.

［7］ 塚本一郎・土屋一歩. 日本におけるソーシャル・エンタープライズの現状［C］. 塚本一郎・山岸秀雄ソーシャル・エンタープライズ 社会貢献をビジネスにする，丸善，2005：59－83.

［8］橋本理．コミュニティビジネス論の展開とその問題［J］．関西大学社会学部紀要，2007，41（1）：37－62．

［9］橋本理．EU における労働統合を目的とした社会的企業（ワーク・インテグレーション・ソーシャル・エンタープライズ）の動向―社会的企業論の批判的検討から［J］．関西大学社会学部紀要，2007，41（1）：37－62．

［10］服部篤子．社会変革をもたらす社会起業家のアイデアと実行力［J］．21 世紀フォーラム2004，91：34－38．

［11］服部篤子．社会起業家と事業型 NPO（社会的企業研究会）［J］．社会運動，2007，325：28－36．

［12］速水智子．社会起業家と従来型起業家［J］．中京経営紀要，2007，7：1－13．

［13］速水智子．社会起業家における長期的支援と育成の体制について［J］．日本経営教育学会全国研究大会研究報告集 2008，57：70－73．

［14］藤井敦史．『福祉国家のリストラクチャリング』と社会的企業（日本協同組合学会第 25 回大会〈上〉現代社会における地域福祉と協同組合セクター）［J］．共済と保険 2005，47（12）：28－31．

［15］藤井敦史．ボランタリー・セクターの再編成過程と社会的企業―イギリスの社会的企業調査をふまえて（特集 市民活動・NPO と社会政策）［J］．社会政策研究 2007，7：85－107．

［16］藤江俊彦．営利企業形態によるコミュニティビジネスの認識に関する一考察［J］．コミュニティ・ビジネスの診断―公共性・共同性を意識して―（日本経営診断学会論集④），2005：25－36．

［17］牧里毎治．福祉コミュニティビジネスと企業の社会貢献［J］．地域福祉の理論と方法，2009：111－116．

［18］牧里毎治．地域福祉計画と今後の展望［J］．NHK 社会福祉セミナー 8 〜 11 月号，2010：32－35．

［19］松行康夫・松行彬子．新しい公共におけるNPO を中心としたパートナーシップの形成と社会起業家の創出［J］．経営論集 2003，61：61－78．

［20］ 山根栄次．社会科と総合的な学習の時間における起業家教育の意義と方法［J］．教育科学，2003，（54）：1—12.

［21］ 寺島雅隆．百森大学における起業家教育と今後の起業家教育［J］．研究紀要，2006，（31）：24—29.

［22］ 藤崎雅行，大江建．生きる力を育むアントレフレナー教育の教材ソフトの体系［J］．年会論文集，2000，（16）：92—93.

［23］ 新谷由紀子．VBL の現状と課題に関する［R］．筑波大学先端学際領域研究センター，2001. 3.

［24］ 佐々木正剛．農業高校における経営者能力を育む起業家教育［J］．岡山大学農学部学術報告，2007（2）：65—67.

［25］ 神座保彦．社会起業家（ソーシャル・アントルプレナー）の台頭とその機能—マネジメント能力が求められるNPO 推進者［R］．ニッセイ基礎研 report，2005，94：10—17.

专著与论文集

英文

［1］ Bonnet，H. ，Quist，J. ，Hoogwater，D. ，Spaans，J. ，& Wehrmann，C. Teaching sustainable entrepreneurship to engineering students：The case of Delft University of Technology［M］. European Journal of Engineering Education，2006，31（2）：155—167.

［2］ Bornstein，D. How to change the world：Social entrepreneurs and the power of new ideas［M］. Oxford：Oxford University Press，2004.

［3］ Piner，W. F. Autobiography，Politics and Sexuality：Essays in Curriculum Theory，1972—1992［M］. New York：Peter lang，1997：99—101.

［4］ Singh A. K. Entrepreneurship Development and Management［M］Firewall Media，2006. Laxmi Publications（P）LTD. 22，Golden Houses，Daryaganj，New Delhi—110002.

日文

［1］加藤敏春．マイクロビジネス―すべては個人の情熱から始まる［M］．東京：講談社，2000.

［2］斎藤槙．社会起業家―社会責任ビジネスの新しい潮流［M］．東京：岩波新書，204.

［3］平野隆之．地域福祉推進の理論と方法［M］．京都：有斐閣，2008.

［4］原田晃樹・藤井敦史・松井真理子．NPO 再構築への道［M］．東京：勁草書房，2010.

［5］細内信孝．コミュニティ・ビジネス［M］．東京：中央大学出版部，1999.

［6］小西一彦．社会起業とマーケティンクのコース教育に関する［M］．神戸：商科大学経済研究所，2001.6.

［7］松田修一．ヘンチャー企業［M］．東京：経済新聞社，2001.

［8］松田修（1）大江建編著．日本型支援システムの構築［M］．東京：日本経済新聞社，1996.1：315.

［9］寺岡寛．社会起業教育論：起業教育フロクラムの実践［M］．東京：信山社出版，2007.2.

［10］三井逸友．社会起業家形成と地域イノヘーションシステム［M］．東京：御茶の水書房，2005.11.

报告

英文

［1］Dees，J. G. The meaning of social entrepreneurship［R］. Stanford：Kaufman Center for Entrepreneurial Leadership，Graduate School of Business，Stanford University，1998.

［2］Dees，J. G. A closer look at business education：Social entrepreneurship/social enterprise［R］. Report of Beyond Grey Pinstripes，2006.

［3］Capila，A.，Khanna，A. & Bhalla，P. Nurturing Creativity and Entrepreneurship Skills of Youth：Using the Process of Developing a Life Skills based

Gamefor Rural Teen Clubs in India. Department of Development Communi-
cation and Extension——Lady Irwin College (University of Delhi) [R]. In-
diaInspiring Education: Creativity and Entrepreneurship – 15th UNESCOA-
PEIDConference 6－8th December，2011.

日文

[1] NPO 法人．大学におけるメンター組織に関する調査［R］．産業技術
　　活用センター，2008.

[2] アントレフレナー教育研究会。起業家精神を有する人材輩出に向け
　　て［R］．通商産業省，1998.

[3] 産業構造審議会．先導的起業家育成システム実証事業［R］．産業技術
　　分科会評価小委員会，2003.3.

[4] 創業・ヘンチャー国民フォーラム．自主独立独創型人材輩出の教育改
　　革［R］．調査委員会，2001.

[5] 創業・ヘンチャー国民フォーラム．起業家輩出教育のありかたについ
　　て創業［R］．調査委員会，2000.

[6] 創業・ヘンチャー国民フォーラム．起業家社会の実現のために創業
　　［R］．調査委員会，2002.

[7] 厚生労働省．高校、中学新卒者の求人求職状況［R］．年者雇用対策
　　室，2003.

[8] 厚生労働省．日本の将来推計人口について［R］，国立社会保障・人口
　　問題研究所，2007.

[9] 厚生労働省．若者自立・挑戦フランに基つくの取組について［R］．若
　　年者雇用対策室，2003.

[10] 経済産業省．2005 年度大学创办企业基本调查［R］．日本智能信托公
　　　司，2006.3

[11] 経済産業省．产学连携人材育成事业（起業家人材育成事业）报告
　　　［R］．新规产业室，2009.

[12] 経済産業省．創業意識喚起活動事業——起業家教育導入実践の手引

き［R］.中部产业局 2006.

［13］经济产业省.大学・大学院における起业家教育实态调查について［R］.起业家教育推进网,2010.

［14］经济产业省.大学発ベンチャー 1000 社計画(平沼フラン)［R］.大学推进科,2002.

［15］经济产业省.若者自立・挑戦フランに基つく经济产业省の取组について［R］.产业人材政策室,2003.

［16］经济产业省.我か国の今後のBI施策の方向性と戦略について［R］.经济产业政策局,2005.6.

［17］经济产业省.新市場雇用創出に向けた重点フラン［R］.产业构造改革雇佣政策本部,2001.

［18］经济产业省.产学連携人材育成事業(起业家人材育成事業)［R］.经济产业政策局,2009.

［19］经济产业省.創業ベンチャー支援事業［R］.经济产业局,2003.

［20］经济产业省.創業ベンチャー支援事業［R］.经济产业局,2003.

［21］经济产业省.大学・大学院における起业家教育实态调查おける［R］.大和総研,2008.

［22］经济产业省.大学発ベンチャーに関する基礎調查［R］.価値総合研究所,2005.

［23］经济产业省.大学発ベンチャーの現状と課題［R］.经济产业局,2005.

［24］经济产业省.女性創業者の活動実態とそれらを支援するネットワーク［R］.经济产业省,2003.

［25］内閣府.若者自立・挑戦フランに基つくの取組について［R］.产業・雇用担当参事官室,2003.

［26］内閣府.イノヘーション 25［R］.閣議決定,2005.

［27］内閣府.第 165 回国会における安倍総理所信表明演説［R］.2006.9.

［28］内閣府.経済財政白書［R］.日本内閣府,2006.

［29］内閣府.少子化社会白書［R］.日本内閣府,2007.

［30］橋本龙太郎．経済構造の変革と創造のための行動計画［R］．日本内閣府，1997．

［31］全国商工会联合会、日本商工会议．創業人材育成事業（創業塾．経営革新塾等）報告［R］．2008．

［32］商工会议所．平成 20 年度中小企业厅創业塾、经营革新塾 CS 调查［R］．2008. 12．

日本社会创业教育的相关网站

［1］アントレフレナーシッフ開発センター：http：//www.entreplanet.org/．

［2］アントレフレナーシッフ教育コンソーシアム：http：//www.murc.jp/entre/gaiyo/index.html．

［3］創業・ヘンチャーフォーラム：http：//j‐venture.smrj.go.jp/．

［4］創業・開業支援のための創業塾：http：//www.sogyojinzai.jp/．

［5］大学・大学院起業家教育推進ネットワーク：http：//www.jeenet.jp/userrule/．

［6］大学・大学院起業家教育講座テータヘース：http：//www.meti.go.jp/interface/php/honsho/．

［7］大和総研：http：//www.dir.co.jp/souken/research/report/emg‐inc/intellect/06041001venture．

［8］起業家教育交流促進事業：http：//www.meti.go.jp/policy/newbusiness/edu.html．

［9］こくきん創業支援センター：http：//www.k.jfc.go.jp/sinkikaigyou/center/index.html．

［10］国内のイノヘーション政策：http：//www.cao.go.jp/innovation/policy/link.html．

［11］起業家育成ラホ：http：//kato‐lab.jp/venture/incubation/index.html．

［12］日本ヘンチャー学会：http：//www.venture‐ac.ne.jp/gakkai/gakkai.html．

［13］特许厅．承認・認定 TLO（技術移転機関）一覧：http：//www.jpo．

go.jp/kanren/tlo.htm.

［14］職業能力開発促進センター：http：//www. ehdo. go. jp/loc/1. html.

［15］総務省. 教育公務員特例法：http：//law. e－gov. go. jp/htmldata/
S24/S24HO001. html.

中文文献

学术期刊

［1］曹明. 基于 GEM 模型的中日创业环境比较研究［J］. 厦门理工学院学
报，2007（6）：67－70.

［2］池仁勇. 美日创业环境比较研究［J］. 外国经济与管理，2002（9）：13－19.

［3］郭姗. 大学生自主创业培养体系的开发与研究［J］. 职业生涯发展教
育，2008（2）：5－9.

［4］洪宇. 日本教育体制改革与大学生创业活动［J］. 现代日本经济，2004
（4）：54－58.

［5］贾文华. 心理学视野中的创业教育［J］. 现代教育科学，2004：（5）：23－27.

［6］费黎艳. 高等院校创业教育的层次化模式研究［J］. 职业生涯发展教
育，2008（2）：16－18.

［7］刘原兵. 学术资本主义下的留学生教育［J］. 高等教育研究，2013
（9）：101－107.

［8］刘原兵. 社会创业视域下日本大学社会服务的考察［J］. 比较教育研
究，2015（6）：77－82.

［9］李志永. 日本大学创业教育的发展与特点［J］. 比较教育研究，2009
（3）：40－45.

［10］李志永. 日本大学创业教育述评［J］. 外国教育研究，2009（8）：65－70.

［11］马飞. 美日创业文化对创业投资发展影响的比较及借鉴［J］. 东北亚
论坛，2004（1）：53－58.

［12］清华大学中国创业研究中心. 全球创业观察中国报告要点［J］. 中国
人才，2003，（8）：5－7.

［13］任玥. 创业文化体系视角下的大学社会服务创新［J］. 比较教育研究，

2008，（9）；29—34.

[14] 佟桂先、洪栖川 . 日本大学技术转移组织与大学创业活动互动性研究 [J]. 日本问题研究，2004（1）：12—14.

[15] 向东春、肖云龙 . 美国百森创业教育的特点及其启示 [J]. 现代大学 教育，2003（2）：79.

[16] 谢凯雯 . 日本的经济环境对创业率的影响 [J]. 创业管理研究，2008， （9）：103—118.

[17] 徐小洲、李志永 . 我国高校创业教育的政策与制度选择 [J]. 教育发 展研究，2010（11）：12—18.

[18] 徐小洲、倪好 . 社会创业教育：哈佛大学的经验与启示 [J]. 教育研 究，2016（1）：143—149.

[19] 张磊、王清华 . 大学生创业教育研究 [J]. 邢台职业技术学院学报， 2007（6）：20—22.

[20] 张玉利 . 新经济时代的创业与管理变革 [J]. 外国经济与管理，2005 （1）：2—6.

[21] 钟宏武 . 日本企业社会责任概况及启示 [J]. 中国工业经济，2008 （9）：12—13.

[22] 周春美 . 美日两国创业教育发展及对我国商业教育教学的借鉴 [J]. 环球技术学院，2006.

报纸

[1] 杜海清 . 唤醒沉睡的资源——日本高校"校园创业"悄然升温 [N]. 上海译报，2002.10.

[2] 郝平 . 培养创新人才应作为大学重要职责 [N]. 中国教育报，2010.5.

[3] 李华 . 大学生创业的 10 年变革："淘金者"从精英到平民 [N]. 中国教 育报，2007.5.

[4] 张项民 . 创业型人才理念的新变化 [N]. 光明日报，2010.3.

专著

[1] 席升阳．我国大学创业教育的观念、理念与实践［M］．北京：科学出版社，2008．

[2] 李志永．日本高校创业教育研究［M］．杭州：浙江大学出版社，2012．

[3] 胡瑞．新工党执政时期英国高校创业教育研究［M］．北京：高等教育出版社，2013．

附　录

附表 1　日本社会创业教育实践主体的分布情况

项目	时间	目的	实施主体	协作团体	实施地区	培养目标				传授技能	教育方法						合作部门				其他
						社会创业者	中间支援者	研究者	其他		讲座	工作坊	交流会	实践课程	实习	其他	企业	政府	大学	市民社会	
土地与食物女性创业支持项目	2009—	支持致力于地域发展（如农业等）的创业者（特别是女性）	旭川 NPO 支援中心	WWB日本（NPO）	北海道地区	•				创业的心理准备、有关地域资源行业从业的相关技能和经验	•					•				•	经济产业省相关政策支持

续表

项目	时间	目的	实施主体	协作团体	实施地区	培养目标				传授技能	教育方法						合作部门				其他
						社会创业者	中间支援者	研究者	其他		讲座	工作坊	交流会	实践课程	实习	其他	企业	政府	大学	市民社会	
社区创业协调人培养计划	2009—	为了培养社会创业的中间支援者	北海道二十一世纪综合研究所(公司)	NPO法人あうるず	北海道地区		•			理解中间支援意义，构筑地域内的人力资源体系			•							•	北海道地方促进就业项目的支持
社区创业地域支持事业	2009—	对有社会创业理想的主妇进行技能培养和支援	就业支援实践委员会主妇工作组	北见市4个NPO团体共同工作	北海道地区	•				商业计划指导，在职培训，讲义教学	•					•					2009年北海道厅补助事业
不同种类NPO合作共生事业	2009—	培养有志于从事福利事业的人	北见NPO支援中心	北见市5个NPO团体共同合作	北海道地区	•				商业计划指导，新型服务提供与评估，实验	•										2009年医疗福社成事业助助事业

续表

项目	时间	目的	实施主体	协作团体	实施地区	培养目标				传授技能	教育方法						合作部门				其他
						社会创业者	中间支援者	研究者	其他		讲座	工作坊	交流会	实践课程	实习	其他	企业	政府	大学	市民社会	
45岁后创业塾	2009年7月18日、25日	为有志于创业的人提供心理准备、基础知识等	仙台市年长人士生活支援活动中心	日本政策金库仙台支店	仙台市	•				创业初期的心理准备、基础知识、商业模式的思考方法	•	•		•				•			第二期结束后有个别的研讨会,定员30人,参加费用5000日元
青年创业塾	2007—	为想要创业的年轻人提供一个实现梦想的场所	ユニ三十ス公司	ユヌ社会创业研究所	仙台市	•				基础讲座、专业讲座、商科课程	•	•	•								
社会创业启动课程	2009—	为了培养社会创业者	仙台市产业振兴集团		仙台市	•				社会创业的必备知识(基础商业知识、商业能力)	•	•	•	•							学费:3000日元,时长一周,无定员限制

续表

项目	时间	目的	实施主体	协作团体	实施地区	培养目标				传授技能	教育方法						合作部门				其他
						社会创业者	中间支援者	研究者	其他		讲座	工作坊	交流会	实践课程	实习	其他	企业	政府	大学	市民社会	
社会创业、非营利事业的市场知识课程	2009年9月26至10月31日	培养具备市场专业知识的社会创业者	山形创变者协会(NPO)	山形市民活动支援中心	日本东北地区	•				市场营销技能	•							•			每次课定员15人，参加费用1500日元
社会创业成育者讲座	2009年10月1日开始	以对社会创业过程中的心理实践与支援为核心努力培养社会创业者	社会创业成育研究会	东北公益文科大学，日本政策金融公库	东北地区	•				社会企业家精神的获得、实践性的计划构成能力	•		•				•		•		
最佳协作实习（coordination best internship）	2009	培养具有社会创业精神（主体性、成长愿望、社会性、实践性）的人才	ETIC(NPO)	高知大学	东京					社会创业者（主体性、成长、社会意愿性、实践性）					•				•		

续表

项目	时间	目的	实施主体	协作团体	实施地区	培养目标				传授技能	教育方法						合作部门				其他
						社会创业者	中间支援者	研究者	其他		讲座	工作坊	交流会	实践课程	实习	其他	企业	政府	大学	市民社会	
横滨新一代经营塾	2009年9月	对横滨市内创业5—10年的年轻创业者和经营管理者进行支援	横滨企业经营支援财团		横滨市	•				各种经营课题的解决	•	•									参加费:1.5万円
NPO组织强化项目	2009	为了强化NPO组织培养发展人才	东京支援市民活动中心	新一代全球领导者培养机构	东京				•	为成长时期的NPO组织提供优质的咨询服务、商业沟通技巧、经营战略的制定			•				•			•	免费参加
KS社会创业学院	2008	对实践取向的社会创业支援	川崎市政府	日本专修大学	川崎市	•				打造社会创业的通路				•	•		•		•	•	

续表

项目	时间	目的	实施主体	协作团体	实施地区	培养目标				传授技能	教育方法						合作部门				其他
						社会创业者	中间支援者	研究者	其他		讲座	工作坊	交流会	实践课程	实习	其他	企业	政府	大学	市民社会	
NPO组织领导力育成项目	2007—	培养运营NPO组织的下一代领导者	日本慈善协会	美国埃利斯弗朗斯协会	东京	•				强化财政管理能力、企划能力、建立社会网络的能力			•				•				
社区清啷俱乐部	2008	培养致力于社区振兴的领导者	NPO法人社会责任工厂	日本财团CANPAN事务局	东京	•				明确自己作为领导者致力于的问题领域，为了解决问题找到合适的路径		•	•								参加费：3000日元
NEC社会创业塾	2002	培养社会创业和事业型NPO的经营者	NPO法人ETIC	NEC公司	东京	•				培养注重中长期发展的事业眼光，解决实践课题的实践能力			•	•	•	•	•				限定35岁以下

续表

项目	时间	目的	实施主体	协作团体	实施地区	培养目标				传授技能	教育方法						合作部门				其他
						社会创业者	中间支援者	研究者	其他		讲座	工作坊	交流会	实践课程	实习	其他	企业	政府	大学	市民社会	
社会贡献工作研讨会	2008年1月	对致力于在NPO组织工作、将社会贡献作为事业的年轻人提供支援	社会贡献组"饭田桥会"	日本财团	东京				•	提供在NGO、NPO组织工作的必备技能			•							•	
新一代创变者项目	2009	提供给社会创业后备军成长的机会，培育下一代社会领导者	NPO法人 ETIC	日本电器株式会社	东京、京都等地	•				领导力、企业家精神、实践技能的培养			•				•				以19—29岁为对象
高盛教育社会创业者NPO支援项目	2009	培养事业型NPO的经营者	NPO法人 ETIC	高盛集团	东京	•				组织经营与战略、为社会创业人才提供合作的资源			•				•				根据申请表进行审查

续表

项目	时间	目的	实施主体	协作团体	实施地区	培养目标				传授技能	教育方法						合作部门				其他
						社会创业者	中间支援者	研究者	其他		讲座	工作坊	交流会	实践课程	实习	其他	企业	政府	大学	市民社会	
知识力提升人才育成讲座	2009—	走访地方的企业，为地域内具有发展潜力的领域培养人才	法政大学政策创造研究科	信州大学社会科学科	东京		•			为地域产业未来的发展做知识准备			•							•	
法政大学地域创建塾	2008—	培养以自身生活为背景、发出地发展，解决地域问题的人才	法政大学地域研究中心	秋田县仙台市、石川县白山市	东京、秋田、石川、岐阜			•		地域重塑的思考方式与相关的组织运营方法、财政分析		•						•	•		
社会创业顾问讲座	2005—	对社会创业抱有理想的人提供地域网络的创业过程的指导	社会创业支持中心		东京		•			训练社会创业的思考方法、搭建地域网络的手段、财务人事管理			•						•		顾问讲座共6次，每次26小时，参与费81000日元

续表

项目	时间	目的	实施主体	协作团体	实施地区	培养目标				传授技能	教育方法						合作部门				其他
						社会创业者	中间支援者	研究者	其他		讲座	工作坊	交流会	实践课程	实习	其他	企业	政府	大学	市民社会	
社会创业协调讲座	2006—	以社会创业调查对象，推进社会创业中间支援组织的发展	社会创业支持中心		东京					介绍中间支援机构设立、运营的经验，提供相关实务调研			•	•							参与费：84000日元
企业社会责任实习项目	2005—	为了推进企业支援开展贡献市民社会的活动	立教大学院21世纪社会设计研究科	NPO和NGO组织	东京			•		培养提升企业社会责任的知识	•	•	•	•			•	•	•		
地域企业家养成研修	2008—	为具有5—10年企业经验的社会人提供必要的知识体系	庆应商学院	文部科学省	东京圈	•				为参与的学员培养创业的动机、意识，能力、知识											案例研究

续表

项目	时间	目的	实施主体	协作团体	实施地区	培养目标				传授技能	教育方法						合作部门				其他
						社会创业者	中间支援者	研究者	其他		讲座	工作坊	交流会	实践课程	实习	其他	企业	政府	大学	市民社会	
庆应湘南社会创业者课程	2009—	培养可以通过商业手段解决公共诉求的专门人才	庆应大学湘南校区		神奈川湘南	•	•	•		共通科目：获得个人与公共利益的概念和方法 技能科目：信息处理、统计商业专门课程	•					•					
庆应大学湘南低碳社会设计课程	2009	为了防止全球变暖，保持社会的可持续发展，培养在经济创造过程中注重社会生态层面的人才	庆应大学湘南分校	环境省	神奈川					构筑低碳社会的事业与降低碳排放开发扩大市场的影响力专门知识与发现与解决问题的能力	•							•			

项目	时间	目的	实施主体	协作团体	实施地区	培养目标				传授技能	教育方法						合作部门				其他
						社会创业者	中间支援者	研究者	其他		讲座	工作坊	交流会	实践课程	实习	其他	企业	政府	大学	市民社会	
国际社会工作者培养项目	2006	在社会工学的基础上，培养具备更高的理论与实践技能，具备国际视野的社会创业者	东京工业大学大学院社会工学专业		东京	·				为了成为国际社会创业者所要具备的社会工学理论与实践技能	·					·					
"大和社会责任投资基金"助成项目	2006	支持关注社会发展的NPO和专业型人员成长	市民社会创造基金	大和证券	全国	·				通过在职培训、研修等途径实现对人才的培养						· 助成	·				
创业者模拟公司计划	2009年4月	不受"利益至上"的局限，回归创业最初的理想	NPO法人创业支援网络		创业支援网络事务所	·				培养创业者的经营感觉		·	·								

续表

项目	时间	目的	实施主体	协作团体	实施地区	培养目标				传授技能	教育方法						合作部门				其他
						社会创业者	中间支援者	研究者	其他		讲座	工作坊	交流会	实践课程	实习	其他	企业	政府	大学	市民社会	
创业之校	2005—	为了有效地利用地域资源解决地区性问题，为东海地区培养年轻的创业者	NPO法人创业支援网络		爱知县	•				指导具体创业的识别、规划的制定等	•						•				在创业之前作为学生参加的严格训练，每期限定20名
东海青年创业塾	2008—		NPO组织ETIC	日本兄弟工业株式会社	东海地区	•				为了提升事业的发展性，使事业走上更高层次轨道所需要的技能	•		•	•			•				项目活动的专属协调人提供对应的支持，并且提供奖学金

续表

项目	时间	目的	实施主体	协作团体	实施地区	培养目标				传授技能	教育方法						合作部门				其他
						社会创业者	中间支援者	研究者	其他		讲座	工作坊	交流会	实践课程	实习	其他	企业	政府	大学	市民社会	
事业型NPO创业支援讲座	2008—	以致力于创立事业型NPO组织的个人为目标群体,和团体群体,提供创业支持	东海劳动金库	特定非营利活动法人市民21世纪论坛NPO中心	东海三县：爱知县,岐阜县,三重县	•				创办事业型NPO所必备的知识和技能；针对任务与机会认识、资金调配,商业计划都开设了课程	•			•		助成金	•				
企划之学校富山校	2009—	为了培养富山地区发展活动的创业领导者,并为其提供相关的技能支持	越中富山企划塾		富山县	•				提供企划相关的营销专业知识	•		•								

续表

项目	时间	目的	实施主体	协作团体	实施地区	培养目标				传授技能	教育方法						合作部门				其他
						社会创业者	中间支援者	研究者	其他		讲座	工作坊	交流会	实践课程	实习	其他	企业	政府	大学	市民社会	
富山创业未来塾	2009—	培养持有梦想和热情的创业者成为地域振兴领导者	富山县新世纪产业机构		富山县	•				创业、地域振兴的必备知识与技能，通过专家讲座、个别指导、团体支援等方式			•								
丰森创业塾	2009—	激发地区发展的创业活动	地域未来支援中心	丰田汽车公司	丰田市	•	•			地域了解力、事业构想力，生活创造力	•	•	•		•	•	•	•			
家园福祉领导者养成讲座	2009—	培养地域福祉活动新的力量	名古屋社会福祉协会		名古屋市	•				为地域内的创业者提供必要的支持			•					•			

续表

项目	时间	目的	实施主体	协作团体	实施地区	培养目标				传授技能	教育方法						合作部门				其他
						社会创业者	中间支援者	研究者	其他		讲座	工作坊	交流会	实践课程	实习	其他	企业	政府	大学	市民社会	
社区创业养成担当塾	2006	对以社区创业为职的对象,向取提供技能学习机会	中部地区可循环运动市民会	爱知县委托事业	爱知县	•			感兴趣者 •	提供各种学习案例与实践	•				•			•			
非政府组织人才社区学院	2002—	通过实习、调研、讲座等手段培养新一代NGO人才,使其具备必要的知识和技能	名古屋NGO中心	中部地区的NGO组织	中部地区	•			志愿者 •	提供必要的视点、知识、技能构筑网络		•			•	•		•			
渤海未来塾	2008年3月	培养地域经济振兴的中坚力量	渤海社会网络中心(财团法人渤海文化振兴财团)		滋贺县	•	•			共识力、社会资本积累力、管理能力	•	•				•					

续表

项目	时间	目的	实施主体	协作团体	实施地区	培养目标				传授技能	教育方法						合作部门				其他
						社会创业者	中间支援者	研究者	其他		讲座	工作坊	交流会	实践课程	实习	其他	企业	政府	大学	市民社会	
真实的实习	2002—	以岐阜地区年轻人为核心,为其提供有挑战性的机会	NPO组织 G—net		岐阜地区	•				创业意识的培养					•		•				
管理支援教室	1998—	市民活动团体运营的必备知识习得	大阪NPO中心				•			市民活动团体运营必备的会计、税务知识	•										
NPO社会创业科	2000—2005	NPO组织人才的培养	大阪NPO中心	雇用能力开发机构大阪中心	大阪府	•				NPO经营的基础知识、创业计划、广泛的现场实习	•				•						
NPO大学院讲座	2002—2005	培养NPO运营领导者	大阪NPO中心		大阪府	•				法务、会计、人力资源管理专门教育	•										

续表

项目	时间	目的	实施主体	协作团体	实施地区	培养目标				传授技能	教育方法						合作部门				其他
						社会创业者	中间支援者	研究者	其他		讲座	工作坊	交流会	实践课程	实习	其他	企业	政府	大学	市民社会	
市民活动事业性化业	2004—	社会创业支援者的培养	大阪NPO中心	近畿经济产业局	近畿地区		•			建立社会创业者完善的知识技能体系	•							•			
地域贡献型社会创业者养成项目	2007—	促进地域内问题的解决	关西学院大学、同志社大学、立命馆大学、关西大学	大阪市、关西经济联合会、关西生产本部、关西社会院人大学院	大阪市	•				基础科目：生涯规划 管理科目：经营管理、人力资源开发、财务管理、市场营销、创业相关法律法规 社会创业科目：社会创业论、NPO管理理论 实习科目：社会事业例演习、社会事业实习	•				•			•	•		

续表

项目	时间	目的	实施主体	协作团体	实施地区	培养目标 社会创业者	中间支援者	研究者	其他	传授技能	教育方法 讲座	工作坊	交流会	实践课程	实习	其他	合作部门 企业	政府	大学	市民社会	其他
社会创业支持者经营培养研修	2008—	培养支持社会创业者的专业人士	大阪NPO中心	大阪市社会创业事业持项目	大阪市			•		成为社会创业支援者所必须的知识和技能	•					• 实习					
NPO动机企划塾	2008—	使用各种融资手段支持社会创业者	大阪NPO中心	大阪市民活动推进基金	大阪市	•				创业计划书的写作指导、融资技能培养	•	•						•			
社会创业经营改善支持塾	2008—	为了改善社会创业组织的经营状况提供市民活动团体的支援	大阪NPO组织	大阪市民局	大阪市	•				经营改善必要的三个要素：管理的方法改善，批判思考能力、沟通能力	•	•						•			

续表

项目	时间	目的	实施主体	协作团体	实施地区	培养目标				传授技能	教育方法						合作部门				其他
						社会创业者	中间支援者	研究者	其他		讲座	工作坊	交流会	实践课程	实习	其他	企业	政府	大学	市民社会	
NPO会计入门讲座	1998—	为NPO组织的工作人员提供培训	宝塚NPO中心		宝塚市周边				•工作人员	日常会计技能、会计出纳目现金知识相关知识	•										
实务讲习会	1998—	NPO组织实务管理培训	宝塚NPO中心		宝塚市周边				•工作人员	NPO管理相关技能	•										
NPO法人设立讲座	1998—	NPO设立支援	宝塚NPO中心		宝塚市周边	•				以任务为导向的判断与执行能力	•					•个别指导					
社会创业者领导培育讲座	2008—	培养社会创业者	和歌山县社会创业者支援中心	和歌山县NPO中心	和歌山县	•				对创业团队的掌控力	•	•									

续表

项目	时间	目的	实施主体	协作团体	实施地区	培养目标				传授技能	教育方法						合作部门				其他
						社会创业者	中间支援者	研究者	其他		讲座	工作坊	交流会	实践课程	实习	其他	企业	政府	大学	市民社会	
故乡振兴塾	2009—	构建地域内的社会网络,通过青少年育成、福祉活动、环境保护等形式多种类地开展地域创业活动	冈山县社区协会	冈山县政府	冈山县	•				发现地域内存在的问题,抱着解决这些问题走进讲堂、通过讲师的指导,实地调研实等方法现	•	•									
地域重建团体管理研修	2009—	提升NPO法人、市民组织、公民馆等地域型组织服务型人员的管理能力	岛根县市民活动支援中心		岛根县	•				促进地域内市民对活动的理解、促进NPO组织的发展											

续表

项目	时间	目的	实施主体	协作团体	实施地区	培养目标				传授技能	教育方法						合作部门				其他
						社会创业者	中间支援者	研究者	其他		讲座	工作坊	交流会	实践课程	实习	其他	企业	政府	大学	市民社会	
冈山县社会创业基础讲座	2009—	提供学习社会创业知识基础的机会	冈山县重域建推进支持机构		冈山县	•				社会创业的企划、运营、组织，广告，案例研究		•	•								
年长人士地域领导者养成讲座	2006—	为年长人士提供社会创业帮助	仓敷市政府	仓敷市社会福祉推进协会	仓敷市	•				成为社会创业领导者所必备知识和能力	•					•		•			
社区重建人才养成讲座	2002—2006	推动市民参与社区重建活动	仓敷市政府				•			地域重建所须的知识和技能	•				•			•			

is not applicable.

续表

项目	时间	目的	实施主体	协作团体	实施地区	培养目标				传授技能	教育方法						合作部门				其他
						社会创业者	中间支援者	研究者	其他		讲座	工作坊	交流会	实践课程	实习	其他	企业	政府	大学	市民社会	
地域领导养成会	2004—	培养地域建设活动的领导者	松山市与爱媛大学合作项目		松山市	•				有关地域建设的基础知识与应用能力	•	•	•						•		
领导型社会创业者育成项目	2004—2005	为选择挑战的年轻人提供社会创业组织内的实习机会	NPO组织ETIC	松山工商联合会	爱媛地区	•	•			社会创业领导力					•			•			
爱媛县实践型实习项目	2005—	为本地的年轻人提供自我挑战的机会并通过实习获得一定的创业支援	NPO组织ETIC		爱媛县	•	•			社会创业精神的培养					•						

续表

项目	时间	目的	实施主体	协作团体	实施地区	培养目标				传授技能	教育方法						合作部门				其他
						社会创业者	中间支援者	研究者	其他		讲座	工作坊	交流会	实践课程	实习	其他	企业	政府	大学	市民社会	
支持型运营人才育成	2008—	建立支持型人才培养模式,推动社会创业中间事业的支援发展	大分县政府	经济产业省	大分县		•			建立社会创业的社会支持网络,保证中间区域援助机构的可持续性	•	•									
凤雏塾学院	1999 年 10 月开始	培养对创业感兴趣的学生、社会人等的实践流力,充分利用政策开展创业实践活动	NPO 组织凤雏塾	佐贺银行、佐贺工商联合会等	佐贺县	•	•			创业行动力,事业划力,形成社会网络资源			•				•	•	•		

续表

项目	时间	目的	实施主体	协作团体	实施地区	培养目标				传授技能	教育方法						合作部门				其他
						社会创业者	中间支援者	研究者	其他		讲座	工作坊	交流会	实践课程	实习	其他	企业	政府	大学	市民社会	
社会创业事业"工作创造塾"	2002—	为了了解地域问题，学习利用社会创业的方法以解决	久留米市政府		久留米市					社会创业的知识与技能	•	•	•								
NPO创业经营者养成塾	2002—	培养具备公益视野和创业经营能力的人才	NPO组织 Naturely Project	雇用能力开发机构鹿儿岛市中心	鹿儿岛市	•				有关NPO的理论知识并开展实地调研	•							•			
社会创业实践科	2005—	培养具备经营素养和社会意识的人才	NPO组织 Naturely Project	雇用能力开发机构鹿儿岛市中心	鹿儿岛市	•				企业经营方面的知识、创业技能、社会意识	•							•			

续表

项目	时间	目的	实施主体	协作团体	实施地区	培养目标				传授技能	教育方法						合作部门				其他
						社会创业者	中间支援者	研究者	其他		讲座	工作坊	交流会	实践课程	实习	其他	企业	政府	大学	市民社会	
さつま游学塾	2008—	关注鹿儿岛的地域性问题	NPO组织 Naturely Project		鹿儿岛市	•				实践乡土学、创业学、创业学与实地研修	•	•									
社会创业讲座	2009—	以社会创业为核心，聚集相关人士讨论相关问题	SINK九州、社会创业者网络	日本社会创业网络	福冈	•				对社会创业的实践进行分析、对案例进行讨论	•	•									
地域领袖 KICK OFF	2009—	培养地域领袖	NPO组织 CLC21县生活环境部县民生活男女共同参画科		大分县	•															

续表

项目	时间	目的	实施主体	协作团体	实施地区	培养目标				传授技能	教育方法						合作部门				其他
						社会创业者	中间支援者	研究者	其他		讲座	工作坊	交流会	实践课程	实习	其他	企业	政府	大学	市民社会	
かりゆし塾	1998—	培养地域贡献人才	冲绳经营者协会		冲绳县	•				地域活性化计划性演习、地域振兴理论，地域活性化计划制订			•					•			
离岛活性化人才育成项目	2005—	回应地方自治体的需要，为振兴离岛特别设立的人才培养项目	オーシャン21公司		冲绳县	•	•	•		传统工业艺术、地域工业等振兴 具备契合未来地域发展战略的技能	•			•	•	•				
社会创业学院	2010	为了回应社会创业者的需求建立的 以实践为取向的社会创业专门学院	社会创业学院运营委员会		东京校本部、九州分校	•				社会创业过程的实践必备体系知识与实践技能	•			•	•					

附录 2　日本社会创业教育受教育者的分布情况

项目	实施主体	协作团体	实施地区	社会创业从业者			具备社会创业意识的人员					一般民众	其他
				经营者	中层管理者	职员	年长人士	中年社会人	青年社会人	大学生	女性		
土地与食物女性创业支持项目	旭川 NPO 支援中心	WWB 日本（NPO）	北海道地区						•	•	•		
社会创业协调人培养计划	北海道二十一世纪综合研究所（公司）	NPO 法人 あうるず	北海道地区						•				
社区创业地域支持事业	就业支援实践委员会主妇工作组	北见市 4 个 NPO 团体共同合作	北海道地区								•		
不同种类 NPO 合作共生事业	北见 NPO 支援中心	北见市 5 个 NPO 团体共同合作	北海道地区					•	•	•	•		
45 岁后创业塾	仙台市年长人士活动支援中心	日本政策金融公库仙台支店	仙台市				•	•					
青年创业塾	テュナミス公司	ユス 社会创业研究所	仙台市						•	•			
社会创业启动课程	仙台市产业振兴集团		仙台市									•	

续表

项目	实施主体	协作团体	实施地区	受教育者									
				社会创业从业者			具备社会创业意识的人员					一般民众	其他
				经营者	中层管理者	职员	年长人士	中年社会人	青年社会人	大学生	女性		
社会创业、非营利事业的市场知识课程	山形创变者协会（NPO）	山形市民活动支援中心	日本东北地区	•								•	•
社会创业者育成讲座	社会创业家育成研究会	东北公益文科大学、日本政策金融公库	东北地区					•	•			•	
最佳协作实习（coordination best internship）	ETIC（NPO）	高知大学	东京							•			
横滨新一代经营塾	横滨企业经营支援财团		横滨	•	•								
NPO组织强化项目	东京支援者市民活动中心	新一代全球领导者培养机构	东京									•	
KS社会创业学院	川崎市政府	日本专修大学	川崎市	•	•			•	•	•	•		
NPO组织领导力育成项目	日本慈善协会	美国埃利斯弗朗斯协会	东京		•	•							
社区清聊俱乐部	NPO法人社会责任工厂	日本财团 CAN PAN事务局	东京	•	•	•							
NEC社会创业塾	NPO法人ETIC	NEC公司	东京	•				•	•				
社会贡献工作研讨会	社会贡献组"饭田桥会"	日本财团	东京									•	

续表

项目	实施主体	协作团体	实施地区	受教育者									
				社会创业从业者			具备社会创业意识的人员					一般民众	其他
				经营者	中层管理者	职员	年长人士	中年社会人	青年社会人	大学生	女性		
新一代创变者项目	NPO法人ETIC	日本电器株式会社	东京、京都等地						•	•			
高盛教育社会创业者NPO支援项目	NPO法人ETIC	高盛集团	东京	•	•	•							
知识力提升人才育成讲座	法政大学政策创造研究科	信州大学社会政策科学科	东京									•	
法政大学地域创建塾	法政大学地域研究中心	秋田县仙台市、石川县白山市	东京、秋田、石川、岐阜									•	
社会创业顾问讲座	社会创业支持中心		东京	•	•	•	•	•	•				
社会创业协调讲座	社会创业支持中心		东京	•		•							•
企业社会责任实习项目	立教大学大学院21世纪社会设计研究科	NPO和NGO组织	东京							•			
地域企业家养成研修	庆应商学院	文部科学省	东京圈						•				
庆应湘南社会创变者课程	庆应大学湘南校区		神奈川湘南						•	•			
庆应大学湘南低碳社会设计课程	庆应大学湘南分校	环境省	神奈川						•	•			

续表

项目	实施主体	协作团体	实施地区	受教育者									
				社会创业从业者			具备社会创业意识的人员					一般民众	其他
				经营者	中层管理者	职员	年长人士	中年社会人	青年社会人	大学生	女性		
国际社会创业者养成项目	东京工业大学大学院社会工学专业		东京							•	•		
"大和社会责任投资基金"助成项目	市民社会创造基金	大和证券	全国			•							
创业者模拟公司计划	NPO法人创业支援网络		创业支援网络事务所	•	•		•		•	•	•		
创业之学校	NPO法人创业支援网络		爱知县						•				
东海青年创业塾	NPO组织ETIC	日本兄弟工业株式会社	东海地区	•					•	•			
事业型NPO创业支援讲座	东海劳动金库	特定非营利活动法人市民21世纪论坛NPO中心	东海三县：爱知县、岐阜县、三重县					•	•	•	•		
企划之学校富山校	越中富山企划塾		富山县	•	•	•							
富山创业未来塾	富山县新世纪产业机构		富山县					•	•	•			
丰森创业塾	地域未来支援中心	丰田汽车公司	丰田市									•	
家园福祉领导者养成讲座	名古屋社会福祉协会		名古屋市									•	
社区创业担当养成塾	中部地区可循环运动市民会	爱知县委托事业	爱知县					•	•	•	•		

续表

项目	实施主体	协作团体	实施地区	社会创业从业者			具备社会创业意识的人员					一般民众	其他
				经营者	中层管理者	职员	年长人士	中年社会人	青年社会人	大学生	女性		
非政府组织人才社区学院	名古屋NGO中心	中部地区的NGO组织	中部地区									•	
淡海未来塾	淡海社会网络中心（财团法人淡海文化振兴财团）		滋贺县									•	
真实的实习	NPO组织G-net		岐阜地区							•			
管理支援教室	大阪NPO中心		大阪地区		•	•							
NPO社会创业就业科	大阪NPO中心	雇用能力开发机构大阪中心	大阪府										•
NPO大学院讲座	大阪NPO中心		大阪府		•	•							
市民活动活性化事业	大阪NPO中心	近畿经济产业局	近畿地区		•								
地域贡献型社会创业者养成项目	关西学院大学、同志社大学、立命馆大学、关西大学	大阪市、关西经济联合会、关西生产本部、关西社会人大学院	大阪市					•	•	•	•		
社会创业经营支持者培养研修	大阪NPO中心	大阪市社会创业支持事业项目	大阪市										• 经营支援

续表

项目	实施主体	协作团体	实施地区	社会创业从业者			具备社会创业意识的人员					一般民众	其他
				经营者	中层管理者	职员	年长人士	中年社会人	青年社会人	大学生	女性		
NPO 动机企划塾	大阪 NPO 中心	大阪市市民活动推进基金	大阪市	•	•	•							
社会创业经营改善支持塾	大阪 NPO 组织	大阪市民局	大阪市	•	•	•							
NPO 会计入门讲座	宝塚 NPO 中心		宝塚市周边	•	•	•	•	•	•	•			
实务讲习会	宝塚 NPO 中心		宝塚市周边	•	•								
NPO 法人设立讲座	宝塚 NPO 中心		宝塚市周边		•	•	•	•	•				
社会创业领导者育成讲座	和歌山县社会创业者支援中心	和歌山县 NPO 中心	和歌山县	•	•								
故乡振兴塾	冈山县社区协会	冈山县政府	冈山县									•	
地域重建团体管理研修	岛根县市民活动支援中心		岛根县			•							
冈山县社会创业基础讲座	冈山县地域重建推进支持机构		冈山县									•	
年长人士地域领导者养成讲座	仓敷市政府	仓敷市社会福祉推进协会	仓敷市				•						
社区重建人才养成讲座	仓敷市政府												• 不以创业为目的

续表

项目	实施主体	协作团体	实施地区	经营者	中层管理者	职员	年长人士	中年社会人	青年社会人	大学生	女性	一般民众	其他
地域领导养成讨论会	松山市与爱媛大学合作项目		松山市									•	
领导型社会创业者育成实习项目	NPO组织ETIC	松山工商联合会	爱媛地区						•	•			
爱媛县实践型实习项目	NPO组织ETIC		爱媛县							•			
支持型运营人才育成	大分县政府	经济产业省	大分县		•								
凤雏塾商学院	NPO组织凤雏塾	佐贺银行、佐贺工商联合会等	佐贺县					•	•	•	•		
社会创业事业"工作创造塾"	久留米市政府		久留米市										
NPO创业经营者养成塾	NPO组织Naturely Project	雇用能力开发机构鹿儿岛中心	鹿儿岛市					•	•	•			
社会创业实践科	NPO组织Naturely Project	雇用能力开发机构鹿儿岛中心	鹿儿岛市					•	•	•			
さつま游学塾	NPO组织Naturely Project		鹿儿岛市				•						
社会创业讲座	SINK九州社会创业者网络	日本社会创业网络	福冈				•	•	•	•	•	•	•
地域领袖KICK OFF	NPO组织CLC21县生活环境部县民生活男女共同参画科		大分县								•	•	

续表

项目	实施主体	协作团体	实施地区	受教育者									一般民众	其他
				社会创业从业者			具备社会创业意识的人员							
				经营者	中层管理者	职员	年长人士	中年社会人	青年社会人	大学生	女性			
かりゆし塾	冲绳经营者协会		冲绳县				•	•	•	•	•	•		
离岛活性化人才育成项目	オーシャン21公司		冲绳县		•				•	•			
社会创业学院	社会创业学院运营委员会		东京校本部、九州分校	•	•	•	•	•	•	•	•		

附录3　日本社会创业教育相关政策研究访谈提纲

1. 从您的角度来看,社会创业教育相关政策是怎样的系统?

（您认为哪些因素会影响到社会创业教育相关政策的制定呢?）

2. 您如何看待日本在制定社会创业教育相关政策过程中的独特性?

（您认为日本在制定社会创业教育相关政策过程中是否有一些"日本化"的思考呢?）

3. 您认为哪些因素是制定社会创业教育相关政策过程中难以绕过的国民性因素?

（您感觉是否存在一些因素是影响您对制定政策过程中的判断? 您是否思考过这个问题?）

4. 您认为在制定社会创业教育政策过程中您是否代表着您所来自的集团?

（是否您所在的组织有一些特殊的利益诉求? 您认为有吗? 您认为如果有会是什么呢? 您可以说明您所在的组织在政策制定过程中给过您一些明示或者暗示吗? 一些官方的文件有吗? 口头上? 会议的形式呢?）

5. 您认为政策制定的过程中您关于社会创业教育的核心价值判断是否会影响到政策的制定呢?

（您如何看待您自身的价值判断？会给您在政策制定的过程中带来影响吗？这些影响是正面的吗？或者是负面的吗？您试图避免吗？您认为可以避免吗？）

6. 您认为政策制定的过程中哪些问题是关键或者说是核心的？

（您认为政策工具的选择关键吗？你认为政策的相关信息对政策制定的影响力大吗？如果可以的话，仅就社会创业教育政策领域，您认为哪个因素是最重要的？）

附录4　日本社会创业教育的需求访谈提纲

1. 您认为您所在的教育机构的教学目标是什么？

（您可以说明您授课的目标吗？有明确的目标规定吗？您认为您的教学为了什么呢？您可以明确教学目标吗？有明文规定吗？）

2. 您认为您所在的教育机构的教育方法有哪些呢？

（您所在的机构在教育方法上有什么特色吗？据您所知，您的教育机构在教育方法上有创新吗？可以详细说明一下吗？）

3. 您认为您所在的教育机构在教育内容上有哪些呢？

（可以简单介绍下您所讲授的课程吗？可以说一下您所在教育机构提供的课程吗？可以说明您所讲授的课程在这个教学体系中所占据的位置是什么吗？）

附录 5　日本社会创业教育的供给访谈提纲

1. 大家可以说说为什么参加社会创业教育的学习吗？

（大家来上这个课程的原因是什么呢？大家感觉这个课程怎样？有什么收获？可以说说课程中的有趣事吗？来上这个课程有什么惊喜和意外吗？大家在上这个课程之前有什么关于课程的预想吗，可以谈谈吗？）

2. 可以说说课程都采取什么方法吗？大家认为这些方法效果怎么样？

（课程的方法很多吧？比如……大家可以说说上课中的有趣事吗？可以分享下自己最喜欢上的课程的授课过程吗？为什么喜欢这种方式的课程？可以谈谈你们认为“好的课程”的标准吗？）

3. 可以说说课程的具体内容吗？大家认为这些内容是不是有趣，有意义？

（大家可以说说课程教给了大家什么吗？你们本来想学习到什么呢？你们感觉课程有用吗？对现在？对未来？你们是为了创业来到课堂的吗？为什么选择来这里而不是去其他地方学习？）